JN085930

ニッチジャーニー VOL.1

東スラヴの源泉　中東欧の穴場国

Хірано Такамі
平野高志

ウクライナ
ファンブック

はじめに

　「こんにちは／ドブリー・デーン」。一見無表情に見える国境警備隊員にパスポートを差し出すと、彼らはあなたに少し微笑みあいさつをする。ボリスピリ空港を出て、電車かバスかタクシーかに乗り、30分ほど西へと走る。大きなドニプロ川に差し掛かると、窓から見える向こう岸には、夏なら青々とした木々、冬なら一面真っ白な雪に覆われている街が目に入る。それがキーウ（キエフ）だ。緑や白の景色の合間に見えるいくつかの金色のドームは、季節を問わずに鮮やかなコントラストと得も言われぬ調和を生み出し、街を訪れる者を魅了する。

　丘の上には、1000年の歴史を誇る聖ソフィア大聖堂が立つ。大聖堂の中に入り、当時の姿の絢爛なモザイク画を眺めれば、否応なくルーシ時代の繁栄に想いを馳せることになる。鐘楼をくぐって外へ出たら、まっすぐアンドリー坂へ向かおう。このアンドリー坂は、古より丘の上の「政（まつりごと）」の台地と川沿いの低地に広がる「商い」の地「ポジール」を繋ぐ道であった。聖ソフィア大聖堂の周りに漂う、麗しいながらも、どこか厳かでいささかの緊張を帯びた雰囲気は、お土産屋の並ぶアンドリー坂を下っていくにつれほぐれていき、辺りは次第に、くだけた、「人の顔」の見える町へと変わっていく。そこでは、楽しそうに散歩をする市民、あちこちから漂うコーヒーの香り、ひっそりと佇む教会、気取らない建物、といった、キーウのもう一つの顔があなたを待っている。あなたが最初に食事をするお店では、おそらくウクライナの伝統料理「ボルシチ」を見つけるだろう。真っ赤な煮込みスープは、見た目からの想像とは裏腹に、まろやかで奥深く、ほんのり甘みを感じさせ、豊かなウクライナの大地の恵みを絞り出した味がする。そうして、あなたは、ウクライナに「出会う」のだ。

　この本を手にした方の多くが、ウクライナ、と聞いたときに、あまり多くのことをイメージできないのではないだろうか。日本とウクライナは、単に遠い国、というだけでなく、間に存在するロシアの存在が分厚いフィルターとなり、ウクライナの姿はしばしば歪んだ形で伝えられる。しかし、黒土、カルパチア山脈、黒海に育まれた食材から生まれる豊かな料理、戦闘集団コサックが生み出した激しい舞踊、艶かしいほどに繊細な刺繍の民族衣装、数十の弦で複雑な音を奏でるバンドゥーラ、数々の美しい教会やお城、地平線まで続く夏のひまわり畑、あなたを優しく迎えてくれる個性豊かな人々……、ウクライナは、欧州の東端にある、おいしくて楽しくて美しい、隠れた宝石のような国である。

　ウクライナ人とは、どんな人達であろうか。日本ではサムライがしばしば歴史上のシンボルとして扱われるのと同様に、ウクライナでは多くの人が自らの先祖を「コサック」とみなしている。ウクライナのコサックとは、周辺の民族と戦い、奪い、守り、敗れながら、自らの自由のために生き抜いてきた戦闘集団のことである。彼らが国の真の「独立」を得たのは1991年であるが、それ以前のウクライナには、様々な闘い、苦しみ、悲しみと喜びからなる複雑な歴史があった。そして、悲願の独立を得たウクライナの人々にとって、「自由」と「独立」は今日まで重要な価値となっている。

　日本国民がウクライナへ短期の観光で訪れる場合、ビザは必要ない。しかし、今のところ日本からウクライナへの直行便はない。日本からはどの国を経由してウクライナへは行くのが便利か。到着したら、まず何を見れば良いか。何を食べるといいか。ウォッカ以外にもお酒はあるのか（たくさんある！）。そもそも、ウクライナ人とはどんな人達なのか。このような当たり前の質問に答える本が今まで日本にはほとんどなかった。この本では、1000年の歴史、深く多様な文化と伝統、美味しい食事、あたたかな人々、魅力あふれる素敵な国ウクライナを、多くの写真と言葉で皆にわかりやすく紹介したい。ウクライナに関心を抱く人が一人でも多く増えてくれれば、心から嬉しく思う。

ひまわり畑 Соняшникові поля

6 月後半から 7 月上旬にかけて、ウクライナの各地で満開の
ひまわり畑が見られる。バスや乗用車で移動していると、目
にすることであろう。ウクライナの国旗を思わせる青空と黄
色の対比が美しい。ソフィア・ローレン主演の映画『ひまわ
り』に出てくる一面のひまわり畑のシーンはウクライナで撮
影されたもの。

目次

凡例

・ウクライナに関係する人名・地名は、歴史上のものを含め、基本的に現代ウクライナ語にもとづいた表記を用いる。
　例）キーウ、ハルキウ、シェウチェンコ、フルシェウシキー
・クリミア・タタール民族に関係する場合は、主にクリミア・タタール語に基づいた表記を用いる。人名はこの限りでない。
　例）チベレク、ヤントゥク
・平成3年内閣訓令「外来語の表記」の第1表、第2表にない表記は、一部例外を除き、使わない。
・国名「ウクライナ」を漢字一字で省略する場合、「宇」を用いる。
　例）日宇関係、宇露戦争

基本情報・旅行情報

正式名称	ウクライナ（Україна）
首都	キーウ（Київ、英語表記は Kyiv）（※広く使われる表記「キエフ」は、ソ連時代に使用の広まったロシア語由来のものであり、本書では、国家語であるウクライナ語にもとづいた表記「キーウ」を用いることとする）
面積	60 万 3600㎢（ロシアを除けば、欧州最大。日本の約 1.6 倍）
人口	4232 万人（2018 年 4 月）
国家語	ウクライナ語（Українська мова） （※ロシア語も全土で広く話される。また、地域によってクリミア・タタール語、ハンガリー語、ルーマニア語が使われるところもある。）
民族構成	ウクライナ人 77.8%、ロシア人 17.3%、ベラルーシ人 0.6%、モルドバ人 0.5%、クリミア・タタール人 0.5%、ブルガリア人 0.4%、ハンガリー人 0.3%、ルーマニア人 0.3%、ポーランド人 0.3%、ユダヤ人 0.2% 等（2001 年※最新） （※クリミア自治共和国の民族構成　ロシア人 58.5%、ウクライナ人 24.4%、クリミア・タタール人 12.1% 等（2001 年※最新））
宗教	ウクライナ正教会、ウクライナ・ギリシャ・カトリック教会（東方典礼カトリック教会）、ユダヤ教、イスラム教（スンニ派）、ローマ・カトリック教会等
政治	元首は大統領（任期 5 年）で、外交と防衛に強い権限を持つ。立法府は、一院制のウクライナ最高会議（国会）（任期 5 年、議席数 450）。行政は、閣僚会議（内閣）が担う。
経済	ソ連時代から鉄鋼、造船、航空宇宙産業等の軍需産業が盛ん。世界最大の貨物飛行機アントノウは、ウクライナ製。また、肥沃な黒土に恵まれており、農業も重要な産業。
時差	ウクライナは、グリニッジ標準時刻（UTC）+2 であり、日本との時差は－7 時間だが、サマータイム時は UTC+3 となり、日本との時差は－6 時間となる。
通貨	フリヴニャ（гривня、略称 hrn）。通貨記号は、₴。補助単位は、コピーカ（копійка）。1 フリヴニャ約 3.96 円（2022 年 3 月 15 日レート）
査証	日本国民は、90 日間以内の観光目的の滞在に査証は必要ない。

1 月 1 日	新年
1 月 7 日	クリスマス（正教会、ギリシャ・カトリック教会）
3 月 8 日	国際女性の日
4 月	復活祭（年によって日が異なる）
5 月 1 日	メーデー
5 月 9 日	戦勝記念日（※5 月 8 日は終戦記念日が祝われる）
5 月か 6 月	三位一体祭（年によって日が異なる）
6 月 28 日	憲法記念日
8 月 24 日	独立記念日
10 月 14 日	ウクライナ防衛者の日
12 月 25 日	クリスマス（ローマ・カトリック教会）

祝祭日 の表は上記の通り。

気候	概ね国土全域が温帯に位置し、クリミアの南部沿岸一部のみが亜熱帯に含まれる。
飲料水	水道水は石灰分が多く飲料にはあまり適していない。ミネラルウォーターを購入するのが良い。
郵便事情	以前より郵便事情は改善しており、到着しないという話はあまり聞かれない。EMS や DHL 等もある。日本からは、航空便は約 1 週間、船便は約 2 か月で到着する。
チップ	チップの習慣は、近年急速に拡大している。飲食店であれば、サービスへの満足度に応じて、支払いの際に請求された額の 5 ～ 10% 程度残すと良い。
電圧・プラグ	電圧は、220V/50Hz。プラグは、C タイプ。
治安	2022 年 2 月 24 日にロシア連邦によるウクライナに対する全面的な侵略戦争が始まった。2022 年 3 月 15 日現在、ロシア軍の侵攻に対して、各地でウクライナ軍が防衛戦を強いられて

いる他、ロシア軍の攻撃により民間人に多くの死傷者が出ている。また、ウクライナ東部ドネツィク・ルハンシク両州の一部地域と南部クリミア半島は 2014 年以降ロシアによる占領下にある（2022 年 2 月のロシアの全面的侵攻以前から被占領地に指定されていた地域は、次のページのウクライナ地図における■色の部分となる）。2022 年 3 月時点で、日本外務省海外安全ホームページでは、ウクライナ全域が危険レベル 4 の「退避してください」に指定されている。平時では、首都キーウをはじめとするその他の地域は、他のヨーロッパの都市と比べても一般犯罪発生率は低く、治安が安定している。しかしながら、現在のロシアによる対ウクライナ侵略戦争の今後の展開については一切予断を許さない状況が続いており、各地の治安状況も今後の軍事・政治情勢に大きく左右されることになる。

緊急電話番号　消防 101、警察 102、救急車 103

国章

1992 年 1 月 19 日制定。「三又のほこ」は、呪術的な意味を持つお守りとして、ウクライナの地に住む人々に古くから用いられていた。その後、キーウ・ルーシの大公達が自らの象徴として用いた。20 世紀初頭に存在したウクライナ人民共和国も国章として制定していた。

国旗

1992 年 1 月 28 日制定。青と黄の二色が上下に同じ割合で用いられる。青は空、黄は小麦を象徴している。キーウ・ルーシがキリスト教を受容する前から青と黄の色はルーシを象徴する色として用いられ、以後、現代まで様々な場面でこの二色の組み合わせは用いられている。民族の団結、国家を表す二色であると言われる。

ヴォロディーミル聖公の紋章

ヤロスラウ賢公の紋章

ウクライナ人民共和国の国章

国歌

「ウクライナ未だ死なず」。独立ウクライナでの国歌制定は、1992 年 1 月 15 日。作詞・作曲は 1862 〜 63 年であり、ウクライナ人民共和国 等の 20 世紀初頭に存在した国家でも国歌として用いられた。

ウクライナ語
Ще не вмерла України і слава, і воля,
Ще нам, браття молодії, усміхнеться доля.
Згинуть наші воріженьки, як роса на сонці.
Запануєм і ми, браття, у своїй сторонці.
　　　　　　※以下繰り返し
Душу й тіло ми положим за нашу свободу,
І покажем, що ми, браття, козацького роду.

日本語
ウクライナの栄光も自由も未だ死なず
若き兄弟よ、運命はまだ我々に微笑むであろう
我らが敵は、陽光の中の雫のように、滅びるであろう
兄弟よ、我々は、我らの国を治めよう
　　　　　　※以下繰り返し
我々は、魂と体を我らが自由のために捧げよう
そして、兄弟よ、我らがコサック民族であることを示すのだ

ベラルーシ

ヴォリーニ州

リウネ州

チョルノービリ

ポーランド

ルーツィク

愛のトンネル

リウネ

ジトーミル州

ジトーミル

キーウ

キーウ州

リヴィウ

リヴィウ州

テルノーピリ
テルノーピリ州

フメリニツィキー
フメリニツィキー州

ヴィンニツャ

ヴィンニツャ州

チェルカーシ州

イヴァノ＝
フランキウシク

ウジホロド

イヴァノ＝
フランキウシク州

ザカルパッチャ州

チェルニウツィー

チェルニウツィー州

モルドバ

オデーサ州

ロシア

ポーランド

ベラルーシ

ウクライナ

オデーサ

アッケルマン要塞

ルーマニア

黒海

トルコ

ロシア

チェルニーヒウ

チェルニーヒウ州

スーミ □

スーミ州

□ ハルキウ

ポルタヴァ州

ポルタヴァ

ハルキウ州

ルハンシク州

チェルカーシ

ドニプロ川

キロヴォフラード州

キロヴォフラード

ドニプロ

ドニプロペトロウシク州

ドネツィク州

ルハンシク

ドネツィク

サポリッジャ

ミコライウ州

ザポリッジャ州

マリウポリ

ミコライウ

オレシュキ砂漠

ヘルソン

ヘルソン州

ピンクの湖

アゾフ海

クリミア自治共和国

シンフェローポリ

セヴァストーポリ

ウクライナへ行くには

　ウクライナへの 90 日以内の観光にはビザは要らない。そのため、パスポートがあるなら、ウクライナまでの移動手段を決めてしまえば、ウクライナへの入国はもう間近である。日本からウクライナへの直行の航空便は今のところ存在しないため、他の国を経由して行くことになる。

✈ 日本から航空機で

日本からウクライナへの渡航で最も便利なのは、飛行機の利用であろう。首都キーウ以外にも、リヴィウ、ハルキウ、ドニプロ、オデーサ等、主要都市には国際便が飛んでおり、目的地が決まっているなら必ずしも最初にキーウへ飛ぶ必要はない。航空券の値段は、例にもれず、首都キーウに飛んだ方が安いことが多いので、値段と旅程と移動時間を見比べた上で購入するのが良いだろう。ここでは、東京からキーウへ飛行機で渡航する場合の考えられるルートを紹介するが、関空からでもキーウへの経由可能都市は大きく変わらない。

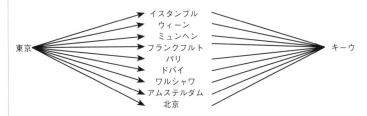

東京 — イスタンブール／ウィーン／ミュンヘン／フランクフルト／パリ／ドバイ／ワルシャワ／アムステルダム／北京 — キーウ

日本・ウクライナの直行便がない以上、乗り継ぎが発生するのはやむをえないのだが、キーウには国際空港が 2 つあるため、経由できる都市は上記に紹介した以上に多い。Skyscanner や Hopper のような複数オンライン航空券購入サイトを横断検索できるウェブサイトを利用し、航空券の値段と飛行時間や出発・到着時間を比較しながら、最適な路線を選択すると良い。

なお、個人的なおすすめは、比較的値段の安いイスタンブール経由。時間が許せば、乗り継ぎの間にイスタンブールの街を見に行くというのも良いし、黒海を挟んでウクライナがトルコと隣国であるというのを感じるのも乙である。

※以前は、成田→モスクワ→キーウという便もあったが、ロシアの対ウクライナ侵略を受け、ウクライナはロシア～ウクライナ間の航空便を全て停止している（バスや鉄道は可）。

ウクライナ国際航空利用の際の注意事項

ウクライナへ航空機で渡航する場合、「ウクライナ国際航空（Ukraine International Airlines）」を利用することになるかもしれない。この航空会社は、ウクライナを代表するフラッグシップなのだが、LCC 並の節約システムを採っていることで有名。チェックインは、有人カウンターで行うと有料になるため、オンラインで事前にしておく必要がある（出国の際は、ロビーにチェックイン専用のデスクがある）。搭乗券は、モバイル搭乗券となる。また、機内食や飲み物は、短距離の場合全て有料だ。添乗員の接客態度は良い。

🚌 近隣国からバスで

ウクライナは多くの国と陸路国境を接しているため、隣国からバスや電車を使った入国というのも可能である。もちろん、飛行機よりも多くの時間がかかるため、旅程に余裕のある人にしかおすすめできないが、一方で陸路の旅には、文化が徐々に変化するのを感じることができるというメリットがある。国境沿いの町は、隣国の文化が混ざっていたり、そもそも民族が混じって生活していたりするし、飛行機では味わえない文化変化のグラデーションを感じる機会が得られる可能性がある。また、歴史に詳しい方であれば、例えば、ハプスブルク帝国の街を巡る、というテーマ設定をして、ウィーンやプラハを見てから、ウクライナのリヴィウまで、歴史を感じる旅程を作るのも面白いだろう。大陸国家ならではの歴史の多層性があるため、個々の関心に合わせた独自の旅程を見つけられれば楽しい。

- **・キーウへのバスが出ている町**
  ワルシャワ、プラハ、ウィーン、ブダペスト、モスクワ等
- **・リヴィウへのバスが出ている町**
  ワルシャワ、プラハ、ウィーン、ブダペスト、クラクフ、ルブリン、ヴィリニュス等
- **・チェルニウツィーへのバスが出ている町**
  ブカレスト、スチャヴァ（ルーマニア）、キシナウ（モルドバ）等
- **・ハルキウへのバスが出ている町**
  モスクワ等
- **・オデーサへのバスが出ている町**
  キシナウ等

バス運行情報はしばしば変更があるので、インターネットで情報をよく調べてから向かうと良い。また、陸路国境を利用する際に特別に注意することはあまりないが、路線が主に地元住民に利用されるものである場合は、バスのチケット購入の際や国境通過手続き時に英語があまり通じず、多少不安になるかもしれない。それでも、筆談や身振り手振りにより意図さえ伝われば何とかなるものであるし、小さなリスクを補って遥かに余る旅情を感じることができるのがバスの旅である。時間に余裕があるなら、一度陸路越境で中・東欧諸国の間にある長い歴史と深い文化のグラデーションを感じてもらいたい。

なお、陸路国境の待ち時間は、ウクライナから出国する際の方が、ウクライナへ入国するより長いのが一般的である。これは、ウクライナから外国への入国時にウクライナ人渡航者が自国の安い商品を多く外国に持ち出して、外国で外貨を獲得しているため、外国の税関職員の荷物検査に時間がかかるためである。逆にウクライナへの入国時には、そのような状況は生じないため、比較的待ち時間は少ない（なお、2017年にウクライナ国民は欧州のシェンゲン圏へビザなしで渡航できるようになったため、ウクライナからの出国時に国境で待たされる時間も以前より相当短くなっている）。

🚃 近隣国から電車で

ウクライナへの入国に近隣国から電車を使うのも可能な手段である。鉄道好きには、旧ソ連ならではの鉄道に残る独特の慣習を楽しむのも良いだろう。しかし、一つ問題がある。EU各国と旧ソ連各国では鉄道の線路幅が違うため、国境地点で2時間程、車輪の交換を行う必要が生じるのである。最近は、このゲージ幅の問題を解決した線路もあり、今後何らかの手段で改善されていく可能性は十分にある。しかし、今のところは、鉄道越境は国境で長い時間殺風景な風景をしばし眺めるのを楽しめる人にだけおすすめしたい（それも旅情の一つと呼べなくもない）。もちろん、ベラルーシやロシアとの間では、そのような問題は生じない。ウクライナの国境警備員とロシアやベラルーシ国境警備員の対応の違いを観察するのも面白い。

⚓ 近隣国から船で

ウクライナへ船で？と疑問に思う方もいるかもしれないが、ウクライナは黒海に面しており、歴史上でも海洋交易を続けてきた海洋国家である。現在でも、不定期ながら、オデーサ（イリイチェウシク港）からイスタンブール（トルコ）やバトゥミ（ジョージア）といったフェリー航路がある。ただし、航海時間は長く、季節によって運行しないこともあるため、予定をきちんと立てた上で、あらかじめインターネットで検索したり現地で確認したりして運航情報を丁寧に確認する必要がある。

これらの情報を総合すれば、入国に便利なのは、やはり飛行機である。時間に余裕がある方は、ポーランド、チェコ、オーストリア等の隣国からバスや鉄道でウクライナ西部に入国し、国内を鉄道やバスで移動し、出国はキーウの空港から飛行機で、という手段も楽しいであろう。ウクライナへ入国するための選択肢は豊富なので、それぞれの旅のスタイルに合わせて個性的な旅程を考えて欲しい。

■■ ビザ・宿泊施設の探し方

ビザ（査証）

　一般の日本旅券（パスポート）所有者の場合、ウクライナへの観光目的の入国は 90 日の滞在までビザが必要ない（180 日間中 90 日間、ビザが必要ない）。

　学術や就業目的の場合は、用途別ビザの取得が必要であり、東京にあるウクライナ大使館の領事部に必要な書類を尋ねよう。

宿泊施設の探し方

　近年ウクライナでは観光業が着実に発達しており、様々な宿泊施設検索サイトで高級ホテルからシェアルームタイプのホステルまで幅広い種類の宿泊施設が見つかる。Booking.com やHostel world といった有名なサイトで探すと良い。Airbnb やカウチサーフィングも利用可。

両替・ATM

　キーウ市はじめ、主要都市であれば、町中のあちこちに両替所がある。空港でも両替できるがレートは悪い。日本円は取り扱っていないか、レートが非常に悪いため、あらかじめ用意した米ドルかユーロから両替した方が良い。ATM は町中にあり、サービスに対応しているカードを所有していれば、VISA や Plus と書かれたATM にて日本等ウクライナ国外の自分の口座から直接フリヴニャを引き出すことも可能だ（※ ATM によっては VISA の関連サービスに対応していないものもある）。両替所や ATM の近くは、スリに注意。

ウクライナはバックパッカー天国？

　ビザが要らないことと物価の相対的安さから、ウクライナは現在リュックサックを背負って低予算で旅行する人々、通称バックパッカーの人気の目的地となっている。私自身がバックパッカーなので、ウクライナの陸路旅行の面白さは身に沁みて感じている。その特徴は、まず、物価全般が近隣諸国に比べて安いことであろう。ウクライナに暮らす人々からすればその近隣諸国の物価が高いのだが、大半の外国人にとっては、ウクライナはどうしても安さを感じずにはいられない国である。食堂なら 200 ～ 300 円位でスープと肉にありつけるし、1000 円以上出せば、ワイン飲み飲みシェフの豪華な料理にありつける。しかも、歴史的に欧州のパンかごと呼ばれただけあり、食事はどこに行ってもとにかく旨い。ホステル（ゲストハウス）は 500 ～ 1000 円程度からあり、近年は大都市だけでなく、小さな都市でも安宿が見つかる。都市間交通費は、距離にもよるが、2000 円も出せば、キーウからリヴィウまで特急に乗れる。各地の遺産の観覧料は、微々たるものである。加えて日本国民はウクライナ入国にビザが要らない。ウクライナは東西南北で大きな多様性を有し、いくら旅行しても飽きることはない。地方の小都市では英語は通じにくいが、その辺りは身振り手振りといったバックパッカー的サバイバル能力でしのごう。国内全体の犯罪率も高くない。ゆっくり人とふれあいながら、美味しいものを食べ、美しいものを見つけ、楽しい人と無駄話を楽しむのが、ウクライナ・バックパッカー旅行の醍醐味である。

空港からキーウ市中心部への移動

多くの観光客が最初に到着するのは、ボリスピリ国際空港かキーウ国際空港（ジュリャーニ）であろう。無事にパスポート・コントロールと税関を通れば、晴れて自由に移動することができる。おそらく大半の方の最初の目的地は、キーウ市中心部、あるいは、予約済みの宿となろう。

ボリスピリ空港

🚈 特急電車

ボリスピリ国際空港から市内に向かうのであれば、特急電車が最も便利である。空港を出て右に曲がり、1分程度で特急電車専用駅に着く。プラットフォームの近くに切符売り場があり、乗車は大人一律 100 フリヴニャ（2022 年 2 月現在）なので間違えることもない。到着は、キーウ中央駅となる。

鉄道駅の方角

鉄道駅

🚌 シャトルバス

ボリスピリ空港を出たところに、キーウ南駅（キーウ中央駅の反対側出口）到着するシャトルバス「Sky Bus」がある。こちらも便利だが、ラッシュ時等の道路状況により到着が遅れる場合がある。

🚕 タクシー

急ぐ場合や、宿に直行したい場合は、タクシーに乗ることになる。ただし、空港内外で話しかけてくる運転手は、必ず通常より 1.5 〜 3 倍ほど高い値段になるので、空港内のタクシー呼び出し窓口を利用するのがおすすめ。

ボリスピリ空港到着ロビーにあるタクシー・オフィス（英語可）

タクシー・オフィスで発券される乗車チケット。なお、チケットに印字される価格は目安でしかなく、実際の乗車賃はタクシー内のメーターにより決まる。

ボリスピリ空港前のタクシー乗り場。チケットを見せて乗車する。

◑ Uber

Uber も使える。あらかじめ旅行前にスマホアプリの Uber を入れておき、空港内の Wi-Fi を使い設定をする必要がある。ただし、認証用 SMS が届かない（現地入手 SIM カードなら問題なく届く）、空港の Wi-Fi が不安定、等のトラブルに備えて、あらかじめ代わりの移動手段も検討しておいた方が良い。

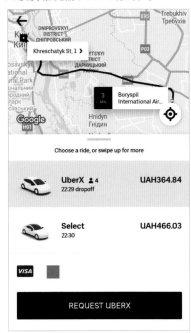

Uber 利用画面。キリル文字がわからなくても英語で空港名・通り名を入れれば使える。

なお、市外のボリスピリ空港ではなく、市内のキーウ空港（ジュリャーニ）に到着する場合もある。キーウ空港からは、鉄道やシャトルバスはない。空港窓口のタクシーか Uber を利用すれば安く済む。また、キーウ空港から市中心部移動の場合は、Google マップで目的地までの経路を調べて、バス等の市内交通機関を使う手もある。ただし、バスの乗り場が空港の敷地を出たところにあること、Google の示したバスが予定通りに来ないことがあること等の不便も覚悟しておこう。

国産タクシー・アプリの Uklon も便利

市内の移動

キーウ市内の大半の主要な観光地へは徒歩で行ける。基本は地図で場所と距離を見て移動することになる。例えば、スマホの Google マップに地図をあらかじめダウンロードしておけば、あとは GPS を頼りに歩き回れる。ただし、ペチェルシク大修道院は中心から少し離れているし、悪天候の場合や時間の節約を考えると、いくつかの交通手段を利用することも検討しておいた方が良いだろう。

🚕 タクシー

空港から市内への移動同様、Uber あるいは Uklon で呼ぶのが便利。運転手が英語を話せない場合もあるが、アプリ内で目的地を正しく入れておけば、会話ができなくても大きな問題になることはまずない。キリル文字がわからなくても、あらかじめ英語の通り名を調べて入力すればオーケー。なお、これらのタクシー・アプリはリヴィウやオデーサ其他の大きな都市でも利用できるが、小さな都市では対応していない場合もあるので注意。

世界一深い地下鉄駅「アルセナル駅」

QR コード付一回乗車券と地下鉄以外でも使える共通電子乗車カード（要登録・チャージ）

一回乗車券購入画面（お釣りなく用意が必要。2022 年 2 月時点で 1 乗車 8 フリヴニャ）

地下鉄乗車券（電子カードと一回乗車券）

🚇 地下鉄

市内の移動で最も便利な公共交通機関は地下鉄である。乗る場所と降りる場所がはっきりしており、乗車料金も一律。キーウ市内を赤線、青線、緑線の 3 線が走っている。2020 年 1 月時点で複数駅にてジェトンが廃止されており、代わりに一回券の場合は QR コード付チケット、複数回の場合は電子乗車カード「Kyiv Smart Card」を購入してチャージし、専用の読み込み機にかざして使う。電子乗車カードの購入は窓口、カードのチャージは窓口か専用機かオンラインで行い、QR コード付一回乗車券は専用機あるいは窓口で購入することになる。電子乗車カードの方が一回の乗車料金は若干安くなるが、観光客には QR コード付一回乗車券の方が便利であろう。

🚌 バス・トラム（路面電車）・トロリーバス

市内でインターネットを使える環境を用意し、Google マップを使いこなせるなら、バスやトラム、トロリーバスに乗ることも可能。「Kyiv Smart Card」という地下鉄と共有の電子乗車カードを持ち、乗車料金分のお金がすでにチャージされていれば、乗車してから専用の読み取り機にかざすことでバス・トラム・トロリーバスを利用することができる。車内には、一回券を販売している乗員もいるため、乗ってから料金を支払うことも可能。購入した一回券は、車内の専用器具で穴を開けることで、初めて乗車の権利を得たことになる（今後システム変更の可能性あり）。なお、キーウやリヴィウ等多くの町では、バス等の支払いは乗車時に行われるが、オデーサ等ウクライナ南部の一部の町では降車直前に支払うシステムとなるため、注意が必要。また、数は少ないが、場所によっては小型乗合バス（マルシュルートゥカ）も走っている。料金は乗車時に運転手に渡す。

都市間の移動手段

キーウから他の町へ移動するには、電車、バス、飛行機の３つの移動手段が一般的である。

🚆 電車

キーウからリヴィウ、オデーサ、チェルニウツィーまでのように長距離を移動する場合、電車が最もよく利用される移動手段である。チケットを購入する際は、日中の特急電車か、夜間の夜行寝台電車かを選ぶ。特急電車は、夜行電車より速いが、その分日中の時間がつぶれる。夜行電車は、特急電車より安く、寝て起きたら目的地に着いている、というメリットがあるが、個室寝台はなく、知らない人たちに囲まれて寝ることになるため、ある程度の「慣れ」が必要である。

電車のチケットは、駅や町中の旅行代理店の窓口でも買えるが、オンラインサイトでも買うことができる。国鉄「ウクルザリズニツャ（Укрзализныця/Ukrzaliznytsia）」のウェブサイト（https://uz.gov.ua/en/）のチケット予約ページ（https://booking.uz.gov.ua/en/）にて購入可能だ。出発日、出発駅、到着駅を入力すると、現在の空席状況が表示され、好みの席を選択し、クレジットカードで支払いをすれば、入力したeメールアドレスに電子チケットのファイルが送られてくる。この電子チケットには、乗客の名前、電車番号、出発時刻、到着時刻、車両番号、席番号が書かれている他、QRコードが付いている。

電車チケット予約ウェブサイト
（ホーム画面
Passengers → Online ticketing）

電車チケット予約ウェブサイト（電車・席選択後の料金表示画面）

電車チケット予約ウェブサイト（出発・到着駅と日付入力後の検索結果画面）

電車チケット見本
1. 姓・名
2. 出発駅
3. 到着駅
4. 出発時間（日．月．年　時：分）
5. 到着時間（日．月．年　時：分）
6. 電車番号（この場合、705）
7. 車両番号（この場合、5番）
8. 席番号（この場合、46）
9. QRコード

出発日に駅に着いたら、まず構内の掲示板とチケットの電車の番号と出発時刻を照らし合わせ、何番のホームに電車が到着しているか確認しよう。日中の特急電車なら、到着した電車にそのまま乗り、自分の席に座れば良い。電車が走り出したら、車掌が乗客のところへ来て、チケットと身分証明書（通常はパスポート）の提示を求める。購入したチケットがQRコード付きのものなら、あらかじめ印刷したチケットを見せるか、スマートフォンにチケットを表示させるかして車掌に見せれば良い。夜行電車の場合は、乗る前に、各車両の扉の前に立っている車掌にチケットと身分証明書を見せる。この場合も、スマートフォンにQRコード付きチケットを表示させるだけでも大丈夫だ。

最も料金の安い寝台車両「プラツカルト」

キーウ中央鉄道駅。駅構内には掲示板があり、各電車の発着ホーム番号、電車番号、出発・到着駅、到着・出発時刻が書かれている。

🚌 バス

都市間の移動は、バスもよく利用される。本数が多いので、短い距離の移動はバスの方が便利だ。オンラインでも予約可能だが、前日・当日に窓口で買っても大体席が取れる。日中便も夜行便も走っているが、夜行は、背もたれがあまり倒れず、シート間も狭いので、長距離を移動する際は覚悟が必要だ。長時間走行の場合は、数時間ごとにトイレ休憩がある。各町にバスターミナル（автовокзал/ アウトヴォクザール）があり、切符はそこかオンラインで買える。

🚈 飛行機

大型・中型の都市には大体空港があり、国内線での移動も可能だ。どの町も1〜2時間で到着するが、料金は電車やバスより数倍高い。チケットは、オンラインサイトか旅行代理店で購入できる。

🚌 マルシュルートゥカ（乗合バス）

マルシュルートゥカとは、バスより小型の乗合バスのことである。乗客が少ないのと小回りが利くので、バスより若干早く目的地に着く。料金はバスと大体同じ。駅やバスターミナルの近くで目的地の名前を叫んで客を集めているのがマルシュルートゥカの運転手だ。

キーウ（キエフ） 東スラヴの文化・宗教・歴史のはじまりの町

Ⓤ Київ Ⓔ Kyiv

　ウクライナには多くの美しい町があるが、それでもやはり歴史、政治、経済、文化、芸術の中心が首都キーウ（キエフ）であることを疑うウクライナ人はいないであろう。公式には、キーウの町が建設されたのは、西暦482年ということになっており、約1000年前にはキーウ・ルーシの首都として機能していた、栄えある歴史と伝統を抱く東欧の中心都市の一つである。現在のキーウの人口は、約300万人であり、ウクライナ最大の人口を有す（2019年10月1日時点）。日本の京都市と姉妹都市を提携している。

　キーウの町の由来には種々の説があるが、親しまれている説は『原初年代記』における記述であり、東スラヴ人ポリャーネ族の3兄弟キー、シチェク、ホリフと妹のリービジがこの町を作り、長男のキー（Kyi）の名から「キーウ」と名付けたというものである。また、ハザール・ハン国の将軍クィ（Ky）の砦という意味の名、という説もある。

　キーウ・ルーシが988年にコンスタンティノープル総主教からキリスト教を受容したことにより、キーウは東スラヴの地において長い間キリスト教の中心地であった。そのため、キーウは、ウクライナ人をはじめ多くの東スラヴ人にとって現在でも特別な意味を持つ町である。

　キーウの経済発展には、その地形を見ればわかるように、ドニプロ川沿いを使った交易が重要な役割を果たしていた。聖ソフィア大聖堂、什一教会、ミハイル黄金ドーム修道院、黄金の門といった重要建築がキーウの小高い丘の上に建てられたことからもわかるように、キーウ・ルーシでは、「古キーウ」と呼ばれる丘の上の空間が政治、宗教、軍事の中心であり、対照的に、そこから川沿いから丘の下までのポジールと言われる地域が商人・職人が活動する経済の中心であった。現在でも、この古キーウとポジールを結ぶアンドリー坂を通れば、政治と商業の繋がりという、キーウの地形の意味を感じることができる。

独立広場 4C
（マイダン・ネザレージュノスチ）

Ⓤ Майдан Незалежності Ⓔ Maidan Nezalezhnosti

独立広場は、キーウの中心部にあり、多くの旅行者が移動の起点とする場所である。周りには飲食店やホテル・ホステルも多く、複数の観光ポイントへ徒歩や地下鉄で移動することができる位置にある。この広場もキーウ・ルーシ時代から歴史があり、大天使ミカエルの像を冠したリャツィキー門のオリジナルは1151年には既に存在したことが確認されている（現在の門は再建されたもの）。独立広場という名前がついたのは、ウクライナが独立してからのことである。観光時は、着ぐるみを着た者やハトやサルを手にした者が近づいてきて、一緒に写真を撮るよう促してくるが、違法ビジネスであり、後で金を要求されるので、徹底して無視した方が良い。

英雄「天国の戦士」通り 5C
（マイダン革命犠牲者慰霊記念通り）

Ⓤ Алея Героїв Небесної Сотні
Ⓔ Heavenly Hundred Heroes Alley

独立広場から南東方面へ上る坂道は、マイダン革命以降に名称が変更され、現在「英雄『天国の戦士』通り」と呼ばれている。2014年2月のマイダン革命の終わりに、抗議者に対して治安部隊が銃撃した事件の被害者を追悼・慰霊することを目的とした場所。通りには亡くなった人々の遺影が置いてあり、マイダン革命の激しさを今に生々しく伝える。坂の上の慰霊碑には、市民が今でも献花をしに訪れる。

13 世紀にモンゴル軍によりキーウは滅ぼされ、町は以降数百年にわたって寒村と化すが、17 世紀にはサポロッジャ・コサックの指導者サハイダチニーがキーウの再建に取り掛かる。多くの教会が再建され、出版所や神学校（キーウ・モヒラ・コレギウム）が設立され、多くの正教聖職者が集まるようになり、キーウは再びウクライナ、そして東欧全体にとっての文化と宗教の中心の地位に返り咲くことになった。また、その頃の多くのコサックのエリート達は、この 1634 年に設立されたキーウ・モヒラ・コレギウムを卒業しており、以降、キーウはウクライナの民族意識の中心地としての役割も果たしていくことになる。

　1917 年には、キーウにおいてウクライナ人民共和国の創設が宣言されたことから、ロシア・ソヴィエトがウクライナへの侵攻を開始、これにより数年間継続するウクライナ・ソヴィエト戦争が始まる。キーウは赤軍の攻撃を受け、一進一退を続けるも、最終的には赤軍がキーウを占領する。また、第二次世界大戦中、1941 年にナチス・ドイツ軍もキーウを占領。その後、1943 年には赤軍が奪還するもの、ナチス占領下の 1941 年には、キーウ市内で多くのユダヤ住民が殺害されるバービー・ヤールの虐殺が生じた。それ以外にも、キーウの町は、ナチスとソヴィエトの戦闘により激しい破壊を受けた。

　戦後の復興を経て、1970 年代にはキーウの人口は 200 万人を超える。1991 年にウクライナが独立を達成すると、キーウは首都として、経済、政治、文化の中心の機能を担い始めた。街中には、数多くの博物館・美術館、劇場、レストラン、カフェ、バーが立ち並び、市場には人々が新鮮な食材を求めて集まっており、かつてキーウ・ルーシの中心であったこの町は、今日も老若男女の市民の活動によりいつもエネルギーに満ちあふれている。成功を夢見る若者達がウクライナ全土から集まり、世界中からビジネスマンと観光客が日々押し寄せる。市内は、交通の大動脈である 3 本の地下鉄に加え、トロリーバス、路面電車、バスの路線が無数に交差し、市民が移動に困ることはない。国内最新の流行は、いつもキーウから始まるし、ソ連時代の堅牢かつ無骨

な建物の壁には、近年若手アーティスト達が個性豊かな壁画アートを描くため、町を歩くたびに何かしら新しい発見がある。伝統を今日に伝えるとともに、ビジネスの中心でありながら、アートの実験場でもあるキーウは、一年中人々の活気に満ちており、住人にも旅人にも、飽きを感じさせることはない。

　ボリスピリ国際空港から市内へ向かう観光客達は、ドニプロ川の向こうのあふれる緑の合間に、いくつもの金のドームがそびえ立つこの町の光景を目にしては、かつてのキーウ・ルーシの栄華、屈強なコサックの戦士達の活躍を思い浮かべ、この東スラヴの聖地に魅了されていくのである。

町の名前の表記について

　なお、本書ではこの町の名前を広く使われる「キエフ」ではなく「キーウ」としているが、その理由は、ウクライナの言語事情に関わる。ソ連時代は、ロシア語が実質的な公用語であり、当時の町の名前は「Киев（キエフ）」であった。それが、ウクライナが独立した際にウクライナ語が唯一の国家語となり、町の名前もウクライナ語の「Київ（キーウ）」が唯一の正式なものとなった。そのため、この本では公式の名前から転写した表記を採用することにした。なお、Київ の日本語表記は「キーウ」の他、「キイウ」「キーイウ」等が確認されている（ウクライナ語の в の文字は、ロシア語と違い、通常単語の末尾で「フ」とは発音しない）。ところで、古くは 1810 年、江戸時代に書かれた「新訂万国全図」にて「キイウ」の表記が用いられていることが確認されている。また、2019 年 9 月 7 日にウクライナ研究会が主催した「ウクライナの地名のカタカナ表記に関する有識者会議」において、ウクライナの首都名については、「キーウ」「キイフ」「キエフ」の 3 例の併用を可とするとの見解が採択されている。

本書内の複数都市紹介のページの地図に関しては、作業時に観光ポイントや店などの場所を Google My Map にマッピングしたものを、以下のアドレスで共有する。旅行の際に自由にお使いいただきたい。

http://bit.ly/ukrainefanbook

🅜 スポット　🅜 飲食店　🅜 駅　🅜 像

A
B
C
D
E

1　**2**　**3**

イゾリャーツィヤ

タラサ・シェウチェンカ駅

チョルノモルカ

チャング

ラジオ・トビリシ

サーカス

vul. B.Khmelnytskoho

bul. T-Shevchenka

ヴォロディーミル大聖堂

ウニヴェルシテト駅

オラ+ウータン

ヴァルヴァル・バー

vul. S.Petluru

キーウ国立大学

ヴォグザーリナ駅

ベーベーシェー

キーウ鉄道駅

vul. Saksahanskoho

ムサフィル

4 **5** **6**

A

フトレツィ・ナ・ドニプリ

ポジール地区

B

エスプレッソホリック
ザタ・ハタ
国立チョルノービリ博物館
フヴィリョヴィー・プロシチャ
コントラクトヴァ
駅
ジトニー市場
国立モヒラ・
アカデミー大学

ハルブージク
プザタ・ハタ
リヴィウ・ハンドメイド
・チョコレート
ある通りのミュージアム

パンクラフト
スヴィート・カーヴィ
アンドリー坂
カナーパ
アンドリー教会
ポシュトヴァ・プロシチャ駅
国立歴史博物館

スト・ローキウ
・トムー・ウペレド

景色の小道
ヴォロディーミル
坂公園
ヴォロディーミル聖公像
オリハ大公妃像
空中遊歩道
ミハイル黄金
ドーム修道院
ドニプロ川

C

チョルノモルカ
フメリニツィキー像
聖ソフィア大聖堂 ピッツァ
ヴェデラーノ
独立広場
トレ・フランセ
グローブス
オスタンニャ
マイダン・ネザレージ・バリカーダ
ジノスチ（独立広場）駅
キーウ創始者達の像
L.ウクラインカ像
国立美術館
コルチマ・
タラス・ブリバ
アーバン・
スペース 500
英雄「天国の戦士」通り
閣僚会議
マリインシキー宮殿
金の門
プザタ・ハタ
ヴォロータ駅
ドルージ・
カフェ＆バー
ヴェリー・ウェル・カフェ
最高会議
マリインシキー
公園
フレシチャーティク駅
国立オペラ劇場
麺屋武蔵
中央銀行
テアトラリナ駅
ビーリー・ナリウ
キメラ屋敷
キーウシカ
・ベレビカカ
ムシリハ・バー
ムサフィル
大統領府
アルセナリナ駅
M.フルシェウシキー像
T.シェウ
チェンコ像
ベッサラビア市場
パルスク
・ツィーバ
キーウ・フード
・マーケット

D

T.シェウ
チェンコ
公園
ピンチューク・
アート・センター
プロシチャ・
リヴィウ・
トルストホ駅
ソフラ
国立ホロドモール
虐殺博物館
アロマ
・カーヴァ
ベルヴァク
バラツ・
スポルト駅
リヴィウ・
クロワッサン
バロヴォズ・
スピーク・
イージー
ガリバー（シリボー）
ピッツェリア・
ナプレ
ヌードル・
ヴァーサス・
マーケティング
ブヤナ・
ヴェーシ
ニャ
ショー
クロウシカ駅
Klovsk i uzviz
ミステツキー・アルセナル

E

シェー
オリンピーシカ駅
ペチェルシク大修道院
（洞窟修道院）

4 **5** **6**

聖ソフィア大聖堂 （世界遺産） 4C

Ⓤ Софійський собор Ⓔ St. Sophia Cathedral
⚲ пл. Софійська ⚲ pl. Sofiyska

キーウ市の歴史的中心地にある聖ソフィア大聖堂は、11世紀にヤロスラウ賢公の命で作られたビザンツ様式の聖堂であり（建立年は1017年と1037年と二つ説がある）、その名前はコンスタンティノープル（現イスタンブル）の聖ソフィア大聖堂（ハギア・ソフィア）にちなんでつけられている。ウクライナの建築史における最高傑作であり、1000年前のキーウ・ルーシの栄華を感じることのできる、ユネスコ世界遺産リストにも入る重要な建築物である。

キーウが様々な国の攻撃を受けたことから、聖ソフィア大聖堂は何度となく損傷を受け、その度に修理が施されたこともあり、外観は建設当初とは大きく変わっている。この外観の変化は、大聖堂内部に比較のための模型が置かれているので、見比べてソフィア大聖堂の変遷を感じてもらいたい。一方で、聖堂内部はよく保存されており、生神女マリアを含む複数の美しいモザイク画を11世紀建立当時のまま見ることができる。

ビザンツ帝国がオスマン帝国に滅ぼされ、コンスタンティノープルの聖ソフィア大聖堂がモスクに変わった歴史を考えると、黒海を挟みキーウとイスタンブルに存在する二つの「ソフィア」の現在を比較するのも楽しい。

聖ソフィア大聖堂のある敷地内の修道院や鐘楼は、17、18世紀のウクライナ・バロック様式のもので、大聖堂とともにルーシの歴史地区において独特な調和を構成している。

門の下には、ソフィア大聖堂を手にしたヤロスラウ賢公像が立つ。

地下鉄駅ゾロチー・ヴォロータの構内では、多くの美しいモザイクが見られる。

黄金の門（ゾロチー・ヴォロータ） 4C

Ⓤ Золоті ворота Ⓔ Golden gate
📍 вул. Володимирська, 40а 📍 vul. Volodymyrska, 40а

門と呼ばれるが、キーウ・ルーシ時代、実際には門の機能以上に防衛の機能を果たしていたとも。キーウを象徴する建築物の一つ。1037 年には既に存在していたことがわかっており、建設年は 1018 ～ 1024 年と考えられている。なぜ「黄金」と呼ばれるかには諸説あるが、有力な説は門からの入城に金貨の支払いが必要であったから、というものである。この門は、1240 年にモンゴル軍に破壊されて以降、16 世紀まで文書に現れなかった。1584 年にリヴィウの旅人が「黄金の門はまだ存在しているが、その大半が崩壊している」と記述している。18 世紀には、門はほぼ地面に埋まってしまっていたが、発掘作業により史跡として保存された。過去に画家がスケッチしたものをたよりに、黄金の門はキーウ建設 1500 周年となる 1982 年に復元され、今日の姿となった。この黄金の門は、ムソルグスキーの組曲「展覧会の絵」における「キエフの大門」としても広く知られている。

ペチェルシク大修道院（洞窟修道院）　（世界遺産） GE

U Києво-Печерська Лавра E Kyiv Pechersk Lavra
📍 вул. Лаврська, 15 📍 vul. Lavrska, 15

ペチェルシク大修道院は、ドニプロ川西岸の高所に1051年に建設されたものであり、聖ソフィア大聖堂と並んで世界遺産リストに登録されている。なお、「大修道院」と呼ばれる修道院はウクライナとロシアを合わせて5つしかなく、その内の3つがウクライナに（ペチェルシク大修道院、ポチャイウ大修道院（テルノピリ州）、スヴャトヒルシク大修道院（ドネツィク州））、2つがロシアに（セルギー大修道院（モスクワ州）、アレクサンドル・ネフスキー大修道院（サンクトペテルブルク市））ある（スヴャトヒルシクのものは「大修道院」として認められないとの見方もある）。このペチェルシク大修道院は、その中で最も古い歴史を持つ修道院である。

　ペチェルシク大修道院は、ソフィア大聖堂と比べ、敷地が広く、見るべき建築物も多いため、急いで2、3時間、ゆっくり見れば丸一日かかると予想しておくと良い。

ウスペンシキー寺院　ペチェルシク大修道院の主聖堂。1941年に何者かにより破壊された。破壊したのがソ連軍かドイツ軍かについては、未だに謎となっている。2000年に再建。

食堂教会　1895年建立。

三位一体教会 12世紀建立。ペチェルシク大修道院の門の上に位置する教会であり、同修道院の中ではキーウ・ルーシ時代から壊されずに残っている唯一の教会である。

大鐘楼 1731～1745年にハンブルク出身の建築家シェデリにより建設。

洞窟入り口 「近い洞窟」と「遠い洞窟」の二つからなる。キーウ・ルーシの修道士であり、ペチェルシク大修道院の創設者であるアントニーや原初年代記の作者ネストル等、キーウ・ルーシ時代の偉人・聖人のミイラが納められている。敬虔な信者の巡礼の中心となっている。この地下洞窟は入場時、女性は髪や肌の露出が禁止されており、入口付近で貸し出しているスカーフや布で頭や足を覆う必要がある。入口でろうそくを購入して火を灯したものを手に持って進もう。

紀元前のスキタイの金細工をはじめ、ウクライナの地で見つかった考古学的価値の高い様々な発掘物や芸術品を展示している。入館には別料金が必要。極めて精細なスキタイ族の発掘物は必見。
そのほか、書籍・印刷博物館、民芸品博物館、ストルイピンの墓が見どころ。

歴史文化財博物館

フレシチャーティク通り 4D-C

U Хрещатик E Khreshchatyk

独立広場と繋がる、東京でいうところの銀座に相当する目抜き通り。百貨店、レストラン、カフェ、パブ、土産屋などがあちこちにあり、散歩をする市民であふれる賑やかな通りである。日曜日には歩行者天国となり、大道芸人も現れて、特に華やかになる。買い物好きにおすすめは、この通りにあるウクライナの衣服・雑貨・家具のブランドばかり集めたショップ「ウシー・スヴォイー（Всі.Свої）」。おしゃれな服から、日本の物とは一味違う個性的な陶器なまで、選択肢は幅広い。ポロシェンコ元大統領のチョコ会社「ロシェン」の店舗もある。

夜のフレシチャーティク通り

ツム（中央百貨店）

ウシー・スヴォイー

アンドリー坂 4B

U Ардріївський узвіз　E Andriivskyi Descent

古来より、キーウの丘の上の政治の中心と川沿いの経済
の中心を繋いだ坂道通り。アンドリー教会をはじめ歴史
的建築物が見られる他、土産屋が立ち並び、おしゃれな
レストランやカフェも多い。歴史を感じながら、買い物
するのに適している。また、坂の途中に、アンドリー坂
の歴史がわかる「ある通りのミュージアム」や作家ブル
ガーコフの記念館がある。

ある通りのミュージアム 4B

U Музей однієї вулиці
E One Street Museum
📍 Андріївський узвіз, 2б　📍 Andriiskyi uzviz, 2b

アンドリー坂の下に位置する小さなミュージアム。アン
ドリー坂やキーウの昔の様子がわかる写真・絵画等が展
示されており、気軽に歴史を感じることができる。

アンドリー教会 4B

Ⓤ Андріївська церква Ⓔ St. Andrew's Church

アンドリー教会は、イエスの使徒として新約聖書に出てくるアンデレ（アンドリー）がキーウを訪れたことがあるとの言い伝えを元に、1744年にイタリアの建築家ラストレッリがバロック様式で建設したもの。ラストレッリは、サンクトペテルブルクの現在のエルミタージュ美術館となっている冬の宮殿を建てた人物。同教会は現在、ウクライナ正教会にとって母なる教会にあたるコンスタンティノープル総主教庁に譲渡提供されている。

ポジール地区 （歴史地区） <small>4A-B</small>

U Поділ E Podil

アンドリー坂を下りきると、ルーシ時代からの経済の中心地であるポジール地区が始まる。フレシチャーティク通りとは違った落ち着いた雰囲気。市民に混じって、のんびり散歩をしたり、公園でコーヒーを飲んだりすれば、キーウのもう一つの顔を感じることができる。隠れ家的なバーや喫茶店が多く、散策が楽しい。

ピロホシチャ教会（ポジール地区）

聖ミハイル黄金ドーム修道院 <small>4C</small>

U Свято-Михайлівський Золотоверхий монастир
E St. Michael's Golden-Domed Monastery
📍 пл. Михайлівська
📍 pl. Mykhaylivska

キーウ・ルーシ時代に建設されたが、ソ連政権に破壊される。現在のものは 1998 年に復元されたものだが、内部の文化財には歴史あるものが残っている。2018 年に統一されたウクライナ正教会の首座主教大聖堂となった。

ヴォロディーミル大聖堂 3-4D

U Володимирський собор　E St. Volodymyr's Cathedral

📍 бульвар Т.Шевченка, 20　📍 bul. T.Shevchenka, 20

旧ウクライナ正教会キーウ聖庁の総本山の地位を有していた聖堂。キーウ・ルーシのヴォロディーミル聖公を記念し、全て民衆の寄付により 20 年かけて建設された。1882 年に完成。

国立オペラ劇場 4D

U Національна опера України　E National Opera of Ukraine

📍 вул. Володимирська, 50　📍 vul. Volodymyrska, 50

質の高いオペラやバレエが比較的安価で見られる国立劇場。特にバレエは、言語がわからなくても楽しめるので、観光客にもおすすめ。時々、コサック・ダンスの公演も行われる。

キーウ国立大学 4D

U Київський Національний Університет імені Тараса Шевченка

E Taras Shevchenko National University of Kyiv

📍 вул. Володимирська, 60　📍 vul. Volodymyrska, 60

ウクライナの大学の双頭の一つ。真っ赤な外観で知られるキーウ国立大学は、ウクライナの東大にあたる。

国立モヒラ・アカデミー大学 4B

U Національний університет «Києво-Могилянська академія»

E National University of Kyiv-Mohyla Academy

📍 вул. Григорія Сковороди, 2　📍 vul. H.Skovorody, 2

聖職者ペトロ・モヒラが 17 世紀に設立した大学。欧州的教育スタンダードを取り入れ、多くの優れた研究者を輩出。通称モヒリャンカ。

ピンチューク・アート・センター 4D

🇬🇧 Pinchuk Art Centre
📍 вул. Велика Васильківська/Басейна 1/3-2
📍 vul. Velyka Vasylkivska/Baseina, 1/3-2

富豪（オリガルヒ）ピンチューク氏によるアート・ミュージアム。国立美術館が扱わない先端の現代アート作品を見ることができる。

国立チョルノービリ博物館 4A

🇺🇦 Національний музей «Чорнобиль»
🇬🇧 National Museum "Chornobyl"
📍 провулок Хоревий, 1
📍 pr. Khorevyi, 1

チョルノービリ（チェルノブイリ）原発事故の歴史を伝えることを目的とした施設。事故の被害を伝える様々な物品が展示されている。

ミステツキー・アルセナル 6E

🇺🇦 Мистецький Арсенал
🇬🇧 Mystetskyi Arsenal
📍 вул. Лаврська, 10-12
📍 vul. Lavrska, 10-12

国内最大の展示会場を有し、大型展示が行われる文化・芸術施設。現代アートやブックマーケット等展示内容は多彩。

イゾリャーツィヤ（孤立） 欄外

🇺🇦 ІЗОЛЯЦІЯ 🇬🇧 IZOLYATSIA
📍 вул. Набережно-Лугова, 12
📍 vul. Naberezhno-Luhova, 12

ドネツィク市で活躍していた現代芸術集団が、ロシア傀儡の違法武装集団「DPR」により領地を奪取されたことにより、メンバー全員がキーウに避難。廃工場を改造した展示場「IZONE」において、国内外の新進気鋭のアーティストの展示が行われている。

国立ホロドモール虐殺博物館 6D

🇺🇦 Національний музей Голодомору-геноциду
🇬🇧 National Museum of the Holodomor-Genocide
📍 вул. Лаврська 3 📍 vul. Lavrska, 3

1932～33年にウクライナにてソ連体制により引き起こされた人為的大規模飢餓「ホロドモール」の犠牲者追悼博物館。痩せ細った少女の像が目印。

国立歴史博物館 4B

U Національний музей історії України
E National Museum of the History of Ukraine
♀ вул. Володимирська, 2 ♀ vul. Volodymyrska, 2

考古学的価値の高い発掘物、歴史上の貨幣、武器、キーウ・ルーシの歴史や、近現代のウクライナの歴史に関する展示物が見られる。博物館近くでは、キーウ・ルーシ時代の什一聖堂跡や、キリスト教以前の多神教の雷神ペルーンの木像等が見られる。

国立美術館 5C

U Національний художній музей України
E National Art Museum of Ukraine
♀ вул. М.Грушевського, 6 ♀ vul. M.Hrushevskoho, 6

特にイコンの所蔵が豊富で、18世紀のコサックの肖像画や、ウクライナ・アヴァンギャルドの作品、ソ連全体主義時代の作品等が展示されている。

国立航空博物館 圏外

U Державний музей авіації України імені О.К. Антонова
E State Aviation Museum
♀ вул. Медова, 1 ♀ vul. Medova, 1

旧東側の航空機（旅客機、戦闘機、爆撃機等）ばかりが集められた屋外博物館。早期警戒管制機 An-71、爆撃機 Tu-22 の試作機 M0 等、ここでしか見ることのできないレアな航空機が複数ある。

国立屋外建築博物館 圏外

U Національний музей народної архітектури та побуту України
E Museum of Folk Architecture and Life of Ukraine
♀ вул. Академіка Тронька ♀ vul. Akademika Tronka

16世紀以降のウクライナ全土の民間建築を集めて屋外展示をしている博物館。ウクライナ人の伝統的な生活の様子を想像するのに良い。市中心部から離れており、タクシー等の交通手段の利用が必要。

国立第二次世界大戦下の
ウクライナ史博物館 圏外

U Національний музей історії України у Другій світовій війні
E National Museum of the History of Ukraine in the Second World War （旧国立大祖国戦争博物館）
♀ вул. Лаврська, 24 ♀ vul. Lavrska, 24

第二次世界大戦時のナチス軍とソ連軍の戦いにおける主戦場の一つであったウクライナであるが、時代の潮流に翻弄された主権国家なき民の視点からの第二次世界大戦を学ぶことができる博物館。近くには、高さ108メートルの「祖国の母」像が立ち、また現在のドンバス紛争でウクライナ軍が鹵獲したロシア軍の兵器が展示されている。

ベッサラビア市場 4D Ⓤ Бессарабський ринок Ⓔ Bessarabian Market

📍 Бессарабська площа, 2 📍 pl. Bessarabska, 2

フレシチャーティク通りの端に位置する屋内市場。観光地価格となっており、食材を買うには適さないが、主な観光ポイントから徒歩で行けるため、市場の雰囲気を味わうだけには良い。また、場内には、個性的なファーストフード店が複数入っている。ベジタリアン料理、地ビール屋などがある。スーパー併設。

ジトニー市場 4B Ⓤ Житній Ринок Ⓔ Zhytniy Market 📍 вул. Верхній Вал, 16 📍 vul. Verkhnii Val, 16

ポジール地区に位置する市場。ベッサラビア市場と異なり、市民が日常的に利用する市場であり、市場らしい活気を感じることができる。また屋内2階には、民族衣装のヴィシヴァンカを売る店舗が複数入っており、観光地にある土産物屋と違い、妥当な値段で美しいヴィシヴァンカを購入できる。

キーウ市内ミニ彫刻探しプロジェクト「シュカイ！」 Ⓤ Шукай!

キーウ市内中心部には、各地にキーウの歴史や建築物を象徴するミニ彫刻が置かれている。それぞれキーウの歴史と関係があり、彫刻の横のQRコードを読み込むとその説明を読むことができる。それぞれの彫刻がどこにあるかはウェブサイト「シュカイ（**Шукай!**）」（「探して」の意）（https://yuliabevzenko.com/en/shukai）でわかるが、単に街中を散歩しながら偶然見つけると言うのも楽しいもの。観光客が通りそうな道に飾られているので、何気ない道でもきょろきょろしながら歩いて探してみよう。

空中遊歩道 5C U Скляний міст E Glass bridge

2019年に完成した空中遊歩道。フレシチャーティク通り奥の公園からヴォロディーミル聖公像までを結ぶ位置にかかっている。遊歩道から見えるポジール地区とドニプロ川は絶景。

ヴォロディーミル坂公園 5C

U Парк Володимирська гірка
E Volodymyr Hill Park

キーウの丘とドニプロ川の間にあるこの坂は、キーウの中で最も古い場所の一つ。キーウ・ルーシの多神教時代には、この辺り（あるいは現在歴史博物館のある丘辺り）にスラヴ神話の神々6柱の像が置かれ、儀式が行われていたとされる。しかし、988年にキリスト教が国教となった際には、ヴォロディーミル聖公はこの像をポチャイナ川（ドニプロ川支流）に捨て去った。現在、この公園にはヴォロディーミル聖公像がドニプロ川を眺めるようにして建っている。緑があふれドニプロ川と左岸キーウを眺められるこの公園は、地元民にも観光客にも人気が高い。

マリインシキー公園 5D

U Маріїнський Park E Mariinsky Park

最高会議（国会）と国の重要文化財である迎賓館マリインシキー宮殿（マリヤ宮殿）に面した大きな公園で、ドニプロ川の眺めも良い。官庁街に位置し、近くには閣僚会議や省庁、中央銀行、大統領府等が並ぶ。

景色の小道 4B

（ベイザージュナ・アレーヤ）

U Пейзажна алея E Landscape Alley

国立歴史博物館から丘の上を歩く小道で、児童向けのコミカルな像や現代アート作品が並び、ストリートミュージシャンが演奏している等、キーウ市民の憩いの場。都会の喧騒から少しの間離れて散歩するのに最適。

キーウの食べ歩き・飲み歩き

カナーパ 4B ▨▨▨ Ⓤ Канапа Ⓔ Kanapa

📍 Андріївський узвіз, 19　📍 Andriivskyi uzviz, 19

アンドリー坂の創作ウクライナ料理屋。接客、店の雰囲気に加え、料理も創造的。冬季限定のキャベツに注がれるボルシチがおすすめ。緑のビールも良い。眺めの良い屋外の席で、シェフ自慢の料理を楽しもう。

スト・ローキウ・トムー・ウペレド 4B ▨▨▨ Ⓤ 100 років тому вперед Ⓔ 100 rokiv tomu vpered

📍 вул. Володимирська, 4　📍 vul. Volodymyrska, 4

古い料理を調べ直しながら、新しいウクライナ伝統料理を作り出す、というコンセプトでつけられた「100年前・後」という名前。シェフの研究熱心な形が、一つ一つの料理に見られる。

バルスク D4 ▨▨ Ⓤ Барсук Ⓔ Barsuk

📍 Бессарабська площа, 7 等　📍 Bessarabska square, 7 等

ウクライナ料理や欧州料理のガストロノームレストラン。ソリャンカやシルニクのような定番のウクライナ料理から、シェフ考案の創作レシピの料理まで幅広いメニューがある他、お手軽な値段のハウスワインも用意されている。肩肘張らずにワンランク上の食事をしたい時におすすめ。

オスタンニャ・バリカーダ 4C 🍴 U Остання Барикада(ОБ) E Ostannia Barykada

📍 Майдан Незалежності, 1 📍 Maidan Nezalezhnosti, 1

趣向を凝らした経営で人気のお店。入り口の場所が難しく（フードコート「グローブス」内エレベータの 3F で降りる）、入店には合言葉が必要（ネット上で見つかる）。料理もお酒もウクライナ産のみを使っている。

チョルノモルカ 3A 🍴 R Черноморка E Chernomorka

📍 вул. Ярославска 5/2, вул. Олеся Гончара 15/3 等 📍 vul. Yaroslavska, 5/2, vul. O.Honchara, 15/3 等

人気の魚介のお店。新鮮な黒海の魚をその場で選んで注文できる他、オデーサ料理や各国のカキも頼める。魚介スープも美味。白ワインと一緒に。

コルチマ・タラス・ブリバ 4C 🍴 U Корчма Тарас Бульба E Korchma Taras Bulba

📍 вул. Пушкінська, 2-4/7 📍 vul. Pushkinska, 2-4/7

農村を意識した内装の観光客向けウクライナ料理屋。独立広場から近い便利な場所にあり、定番のウクライナ料理が頼めるので便利。外国人にも慣れているので安心。なお、変な日本語訳メニューがある。

ショー 5E 😀 E Sho

📍 вул. Мечникова, 18
📍 vul. Mechnykova, 18

現代風ウクライナ料理のお店。定番のウクライナ料理が一通り揃っており、どれも質が高い。国内産ワインも豊富に用意されている。内装の美しさも一見の価値あり。

フトレツィ・ナ・ドニプリ 4A 😀 U Хуторець на Дніпрі E Khtorets na Dnipri

📍 вул. Набережно-Хрещатицька, 10а   📍 vul. Naberezhno-Khreshchatytska, 10а

ドニプロ川に接岸された船をレストランにしたお店。川を眺めながら食べるのは気持ちが良い。定番ウクライナ料理。店員は必ずしもてきぱきしていないので、時間には余裕を見ておこう。

ペルヴァク 4D 😀 U Первак F Pervak

📍 вул. Рогнідинська, 2
📍 vul. Rohnidynska, 2

内装が凝っており、リヴィウの歴史地区や農村地帯を模した部屋がある。中心部のベッサラビア市場に近く、代表的なウクライナ料理が一通り揃っている。

プザタ・ハタ 4A 4B 4D 🏠 U Пузата Хата E Puzata Khata

📍 вул. Верхній Вал, 30а, Контрактова площа, 2/1 等   📍 vul. Verkhnii Val, 30а, Kontraktova pl., 2/1 等

トレーを持って、自分の好きな物を取ってレジまで持って行くという食堂タイプのチェーン店。安くて安定した味。さっと入ってさっと食べて出られるので便利。街のあちこちにある。他に食堂タイプの店は、フレシチャーティク通りのズドロヴェンキ・ブリー（Zdorovenki buly）も美味しい。

ハルブージク 4B 🈺

U ГАРБУЗиК F Harbuzyk

📍 вул. Фролівська, 1/6 等

📍 vul. Frolivska 1/6 等

ポジールの地味な伝統ウクライナ料理屋。
かぼちゃが目印。味は良く、安くて空いて
いるので便利。ポルタヴァ名物ハルシュキ
（Галушки）が旨い。

ツァールシケ・セロー 楓外 🈺🈺

U Царське село F Tsarske selo

📍 вул. Лаврська, 22

📍 vul. Lavrska, 22

典型的なウクライナの村をモチーフにした
料理店。一通りの伝統料理が食べられる。
ペチェルシク大修道院から近くて便利。

ムサフィル 4D 3E 🈺 G Musafir

📍 вул. Богдана Хмельницького, 3Б вул. Саксаганського, 57a等 📍 vul. B.Khmelnytskoho, 3b, vul. Saksahanskoho, 57a 等

バフチサライの人気店が、クリミア占領のために、キーウへ避難。美味しいクリミア・タタール料理がたらふく食べら
れる人気のクリミア・タタール料理店。麺入りスープのラグマン（лагман）がおすすめ。

ソフラ 5D 🈺 U Софра G Sofra

📍 Кловський узвіз, 10 等 📍 Klovskyi uzviz, 10 等

クリミアから引っ越したクリミア・タタール人が経営する料理屋。プレハブで民族料理チベレクを提供していたら、人
気が出てきて店舗を開いた。家庭的な雰囲気でチベレク（чіберек）とヤントゥク（янтик）が楽しめる。

キーウシカ・ペレピチカ

U Київська перепічка
E Kyivska perepichka

📍 вул. Богдана Хмельницького, 3
📍 vul. B.Khmelnytskoho, 3

キーウっ子のソウルフードであり、ソ連時代から同じレシピで続くソーセージ入り揚げパン。近くを通るとほぼいつも行列ができている。

トレ・フランセ

F Très Français

📍 вул. Костьольна, 3 📍 vul. Kostiolna, 3

独立広場近くのフランスの家庭料理のお店。こじんまりとしてお洒落な内装は、居心地が良い。ウクライナ料理と比べてみるのも面白いだろう。

ラジオ・トビリシ

U Радіо Тбілісі E Radio Tbilisi

📍 вул. Дмитрівська, 9-11
📍 vul. Dmytrivska, 9-11

ジョージア料理はキーウで大流行。ここでは、リーズナブルで本格的なアジャール風ハチャプリやヒンカリが食べられる。

オラ+ウータン

E ORANG+UTAN

📍 вул. С.Петлюри, 16/108
📍 vul. S.Petliury, 16/108

人気のベジタリアン・カフェ。市内には、他にもベジタリアン料理屋は多くある。

ヴェリー・ウェル・カフェ

E Very Well Café

📍 вул. М.Заньковецької, 15/4 等
📍 vul. M.Zankovetskoi, 15/4 等

パスタや肉料理、ハンバーガー等、一般的なカフェ料理が集まったお店。安価でサービスが丁寧で早く、食べ物はどれも外れなく美味しい。

アーバン・スペース500

E Urban Space 500

📍 вул. Бориса Грінченка, 9
📍 vul. B.Hrinchenka, 9

収益の80%を街の発展に使う、という特殊な経営スタイルのお店。500人の出資者が収益の使い道を議論して決めていくプロジェクト。料理の質も高い。

キーウ・フード・マーケット 6D 222 E Kyiv Food Market

📍 вулиця Московська, 8 📍 vul. Moskovska, 8

市内の有名なレストランやカフェを集めたフードコート。人気店が集まっており、わいわいと美味しいご飯が食べられる空間。平日夜や週末は混むので注意。ゼレンシキー大統領が14時間に及ぶ世界最長記録のマラソンインタビューをした場所。

フードコート「グローブス」 4C 8 U Глобус E Globus

📍 Майдан Незалежності, 1 📍 Maidan Nezalezhnosti, 1

独立広場の地下に広がるフードコート。マクドナルドやホットドッグ等のファーストフード店が複数入っており、忙しい時に便利。日本料理や中華料理も食べられる。プザタ・ハタも入っている。その他、スーパーが2店舗入っている。

シリポー 4E 8 U Сільпо E Сільпо 📍 Спортивна площа 1a 等 📍 Sportyvna Square, 1a 等

ショッピングモール Gulliver の地下一階など市内各所にある高級スーパー。惣菜コーナーにウクライナ料理の惣菜が並ぶ。店内にイートインスペースが併設される店舗もある。ケーキなどのスイーツの他、チベレクやウズベク料理、寿司屋が入っている場合もある。菓子類も豊富に陳列されており、お土産物を買うのに便利。

ヌードル・ヴァーサス・マーケティング 6E 8 E Noodle vs Marketing

📍 Хрестовий провулок, 8/9 等 📍 Khrestovyi lane, 8/9 等

本格的ウクライナ・ラーメンとして、大人気のお店。小麦粉から出汁まで全てウクライナの食材のみを使う。マンションの中庭にある。昼時と夕飯時の間に仕込み休憩があるので注意。自家製麺は一度食べるとやみつきに。

麺屋武蔵 4D 8

E Menya Musashi

📍 вул. Лютеранська, 3 等

📍 vul. Liuteranska, 3 等

日本の麺屋武蔵は、ウクライナにも展開している。ちょっとウクライナ人向けにアレンジしてあるが、安心して食べられる日本のラーメン。市内に複数店舗あり。

チャング 3C 88

U Чанг E Chang

📍 вул. Ярославів Вал, 23

📍 vul. Yaroslaviv Val, 23

市内中心部にあるベトナム料理のお店。安くて質の高い本格的フォーや生春巻きが食べられる。個性的なアジア風のデザートも良い。

フジワラ・ヨシ 欄外 8888

E Fujiwara Yoshi

📍 вул. Солом'янська, 15а 等

📍 vul. Solomianska, 15а 等

キーウ最高峰の高級日本食レストラン。観光地からは遠く交通機関を使ってアクセスする。新鮮な魚の寿司は絶品だが、相応の値段がする。カツ丼やカレーうどんも良い。

スシヤ 4E 88

U Susiya E Сушия

📍 ショッピングモール Gulliver 内等

日本で奇天烈な CM が話題になった寿司チェーン。メニューには「シェアするとてもおいしい」や「完璧なレシピ」など変な日本語が見られる。アメリカナイズドされた寿司。それなりに美味しい。

ピッツェリア・ナプレ 5E

E Pizzeria Napule

- вул. Мечникова, 9
- vul. Mechnykova, 9

ウクライナにいながらイタリア並のおいしいピザが食べられるお店。高級スーパー「グッドワイン」の2階にある。

ピッツァ・ヴェテラーノ 4C

E Pizza Veterano

- вул. Софіївська, 8
- vul. Sofiivska, 8

ウクライナ東部の対露戦争から帰ってきた退役軍人（ベテラン）が開いたピザ屋。ピザも美味しいが、部隊の標章や銃弾が飾ってあるミリタリー風店内が個性的。

ムシリャ・バー 4D

E Mushlya Bar

- вул. Хрещатик, 25 等
- vul. Khreshchatyk, 25 等

サバサンドや魚介類のフライ、カキ等を出すファーストフード店。シードルと一緒に。

スヴィート・カーヴィ 4B

E Svit Kavy

- вул. Ігорівська, 12а
- vul. Ihorivska, 12а

コーヒーの町リヴィウからやってきた伝説的喫茶店のキーウ店。店構えは素朴だが、コーヒーには一杯ずつにこだわりが詰まっている。

ドルージ・カフェ&バー 4D

E DRUZI cafe&bar

- вул. Прорізна, 5, Андріївський узвіз, 2д
- vul. Prorizna 5 Andriivskyi uzviz 2d

穏やかな雰囲気のカフェ。軽食や喫茶の他、簡単なお酒類もある。「ドルージ」とは友達の意味。ボードゲームが置かれている等、ゆっくり時間を過ごせる工夫がある。

エスプレッソホリック 4A

E EspressoHolic

- вул. Хорива, 25, вул. Прорізна 23а 等
- vul. Khoryva, 25, vul. Prorizna, 23а 等

市内のエスプレッソ人気店。酸味とコクの強いコーヒーは、確かに「中毒」になる人が出ても不思議でない美味しさ。街中のあちこちの一角に店舗がある。

スープクリトゥーラ・キーウ 圏外 ❸

[U] Супкультура Київ [E] Soup Culture Kyiv
📍 вул. Івана Федорова, 9
📍 vul. Ivana Fedorova, 9

手で持って飲むスープの店。注目は容器に
なっているパン生地も食べられること。ス
プーンもお皿も必要なく、飲んで齧ってを
繰り返して完食する。エコ飯。

リヴィウ・ハンドメイド・チョコレート 4B ❸

[U] Львівська майстерня шоколаду
[E] Lviv Handmade Chocolate
📍 Андріївський узвіз, 26 等 📍 Andriivskyi uzviz, 2b 等

リヴィウ発のチョコレート・カフェの
チェーン店。チョコ系飲み物も豊富な他、
お土産コーナーも併設しており、色々な
チョコレートのお土産が買える。

リヴィウ・クロワッサン 4D ❸

[E] Lviv Croissants
📍 вул. Льва Толстого, 5 等
📍 vul. Lva Tolstoho, 5 等

リヴィウ発のクロワッサンチェーン。日本
サイズの1.5倍はあるかと見られるクロ
ワッサンに様々な種類の具が挟まれる。エ
スプレッソなどのコーヒーも。

アロマ・カーヴァ 4D ❸

[E] Aroma Kava
📍 парк Т.Шевченка 等
📍 Shevchenko Park 等

キーウ市内の様々な場所で目にするコー
ヒーチェーン。店舗型だけでなく、スタン
ド型も乱立。手っ取り早く体を温めたい場
合に重宝する。

ビーリー・ナリウ 4D ❸

[U] Білий Налив [E] Bilyi Nalyv
📍 вул. Хрещатик, 23а 等
📍 vul. Khreshchatyk, 23а 等

りんごのナストヤンカの飲める立ち飲み
店。冬にはシナモン入り熱々のフルーツパ
ンチ（プンシュ）も。

フヴィリョヴィー 4B 22

[U] Хвильовий [E] Khvylovy
📍 вул.Верхній Вал, 18
📍 vul. Verkhnii Val, 18

ナイトライフ好きに人気のこじんまりとし
たバー。DJの洗練された音楽を聴きなが
ら、オリジナルシードルやカクテルに酔い
痴れよう。

プヤナ・ヴィーシニャ 4D 🏠

U П'яна Вишня E Drunk Cherry

📍 Андріївський узвіз, 2а, вул. Велика Васильківська, 16
📍 Andriivskyi uzviz, 2a, vul. Velyka Vasylkivska, 16

リヴィウ発の立ち飲み専門店。チェリーの甘いナストヤンカを楽しみながら、体をほんのり温めると良い。

パロヴォズ・スピーク・イージー 4D 🏠🏠🏠

E Parovoz SpeakEasy

📍 вул. Велика Васильківська, 19
📍 vul. Velyka Vasylkivska, 19

映画館「キーウ」の内部に入り口のある隠れ家バー。レベルの高いカクテルで楽しくおしゃべりをする場所。入り方がわからない時は周りの人に聞いてみよう。

ベーペーシェー D2 E4 🏠

U БПШ E BPSH

📍 вул. Вокзальна площа, 2а, вул. Велика Васильківська 21 等
📍 vul. Vokzalna square, 2а, vul. Velyka Vasylkivska, 21 等

ウクライナの人気ファーストフードチェーン店。揚げパン「ビリャシュ」やドーナツ、ハンバーガー等が手軽な値段で、なかなか美味しい。キーウ中央駅前にあり便利。

ツィーパ 4D 🏠

U Ципа E Tsypa

📍 Бессарабська площа, 2, вул. Велика Житомирська, 27
📍 pl. Bessarabska, 2, vul. Velyka Zhtomyrska, 27

ベッサラビア市場内にあるザカルパッチャ州のクラフト・ビールの飲めるお店。ちょっと1、2杯、個性的なウクライナのビールを楽しむのに便利な場所。

パンクラフト 4B 🏠🏠

E Punkraft - craft beer bar

📍 вул. Ігорівська, 14
📍 vul. Ihorivska, 14

クラフト・ビールを専門に扱うパブ。ウクライナ製だけでなく各国のクラフト・ビールが揃っている。ビール好きには天国のようなお店。

ヴァルヴァル・バー 3D 🏠🏠

E Varvar Bar

📍 вул. Саксаганського, 108/16
📍 vul. Saksahanskoho, 108/16

人気クラフト・ビール・ブランド「ヴァルヴァル」の経営するパブ。ビールにハズレはない。鉄道駅に近く、夜行電車の前に立ち寄れて便利。

キーウのもう一つの顔　ソ連式アパートを壁画に

　さて、ここまでキーウが如何に歴史あふれる魅力ある街かを説いてみたが、実は、そんな歴史ロマンを感じられる地域は町の一部にしかないのも事実。観光ポイントの集まる中心地を地下鉄で数駅離れると、コピー＆ペーストで作られたかのような、巨大で無機質で、どこまでも同じ形で同じ色のソ連型コンクリートマンションが立ち並ぶのである。これもまた、ソ連時代に第三の人口を誇った大都市キーウのもう一つの顔。

　……なのだが、実は、この巨大無機質マンションが、最近、巨大なアート作品に変貌しつつある。馬鹿でかくて、窓がなくて、取り柄はひたすら頑丈なだけのマンションののっぺりとした側面は、アーティスト達にとっては作品制作にうってつけのキャンバスだということがわかり、近年キーウでは、これらのマンションの壁を利用して、たくさんの壁画アートが描かれているのである。

　キーウ市内の壁画の位置をマッピングしたウェブサイト「Kyivmural」（http://kyivmural.com/en/index）を見れば、町のどこに壁画があるか見られることができるので、歴史探訪に飽きてきたら、ウクライナの新しい壁画を探して散歩してみるのも面白いかもしれない。

　ちなみに、この壁画アート・ブームは、キーウだけでなく、ウクライナ全土に広がっている。特に、同じ形で大量に建てられた建物の多い東部のハルキウやドニプロ等の東部の大都市でも多く見られる。ドネツィク州のマリウポリ市には、日本人アーティストのミヤザキケンスケが描いた壁画もあるので、訪問の際には探してみるのも良いだろう。

🏺 犯罪・詐欺に要注意！

キーウの犯罪率は高くない。欧州の主要都市と比べて危ないということは全くないし、レストランやお土産屋でぼられるという話も基本的に聞かない。それでも、外国人を狙った犯罪・詐欺が全くないわけではなく、気をつけるべき点はいくつかある。もちろん、これらの注意点は、他の町の観光地でも共通である。気持ちよく旅をするためにも最低限の注意は日頃から払っておこう。

財布・偽現金落とし

町中を歩いていると、視界に入る少し前や横で財布、または透明な袋に入った偽の現金を落とす人物に出会う。その人物は必ずあなたに「これはあなたのか？」等と話しかけてくるので、徹底的に無視しよう。財布にも現金にも触ってはいけない。その後、偽警官や偽「持ち主」を名乗る人物が現れ、金を要求し出す。どれも偽者なのだが、トラブルの元なので、はじめから相手にしないのが良い。放っておけば自分で拾って去っていく。

スリ・置き引き

フレシチャーティク通り、オペラ劇場付近、キーウ中央駅や地下鉄・バスでは、スリや置き引きのような窃盗被害が聞かれる。開いた鞄やポケット等に貴重品を入れるのは気をつけよう。ホステルのような人の出入りの多い場所に泊まる場合は、貴重品の管理を徹底しないといけない。

着ぐるみ・ハト・サルとの記念撮影詐欺

独立広場で観光客を待ち伏せている詐欺ビジネス。近年は、彼らによる被害が最も多い。人気キャラクター等の着ぐるみを着た人物があなたに馴れ馴れしく近づいて、「写真を撮ろうよ！」等と話しかけてきて、撮影が終わると執拗にお金を要求してくる。これは違法なビジネスであり、料金表も存在せず、もちろん一銭たりとも支払う必要はないのだが、しつこく絡まれ払ってしまう観光客も多い（しかも要求されるがままに大金を払うケースが少なくない）。彼らに話しかけられても無視をするか、最初からはっきりと拒否をするのが最善。同様に手に持ったハト・鷹やサルと写真を撮らないかと言う人たちも同じ違法ビジネス。飛べないように羽の切られた鳥たちのためにも、決してお金を払ってはいけない。

空港待ち伏せ型白タク

詐欺とは言えないがしばしばトラブルを生む空港到着直後の移動集団。空港で外国人を見つけては「タクシー？」と声をかけてくる運転手は、通常の2、3倍の値段をふっかけてくる。ボリスピリ空港であれば中央駅までの特急電車やシャトルバスが出ているし、タクシーを使うならあらかじめUberアプリをスマホに入れておいて呼び出すか、空港施設内の窓口で頼むようにしよう。

リヴィウ 諸民族が作った西ウクライナの中心地

Ⓤ Львів Ⓔ Lviv

飛行機　キーウから所要約1時間
鉄道　キーウから夜行7〜9時間　特急5〜6時間
バス　キーウから所要8〜9時間

歴史地区 （旧市街） （世界遺産）

リヴィウでは、何よりも観光の中心は、この旧市街となり、多くの建築物ともにユネスコ世界遺産リストに加えられている。旅行者用宿や飲食店もこの地域に集中している。石畳の狭い通りは、徒歩で回るのが便利なだけでなく、リヴィウの雰囲気を感じるための最適な手段。街を歩くことこそがリヴィウの観光の醍醐味だと思って、色々な路地を見て回ろう。

　リヴィウは、ウクライナの中で、観光客が訪れて後悔することの決してない町である。キーウと比べても遜色のないどころか、多くの旅行者がウクライナではリヴィウを一番気に入ったと述べるほどで、ミステリアスなまでに美しい教会や歴史建築物、町を包み込むコーヒーの香り、何とも美味しい西部料理の数々、とウクライナの中でも特別な魅力を放つ、人気の町である。

　その魅力の起源は、そのユニークかつ豊かな歴史の中にある。この土地は、キーウ・ルーシの領土にも含まれていたが、リヴィウの名前が歴史に登場するのは、13世紀、ガリツィア・ヴォリーニ大公国の首都としてである。リヴィウという名前は、当時のハーリチ・ヴォリーニ大公の息子であるレウ（獅子の意）にちなみ、「獅子の町」という意味を持つ。リヴィウは、その多様な歴史の中では、ポーランド語（Lwów/ ルヴフ）、イディッシュ語（גרעבמעל/ レンベルグ）、ロシア語（Львов/ リヴォフ）、ドイツ語（Lemberg/ レンベルク）、ラテン語（Leopolis/ レオポリス）と色々な名前を持つが、どの言語でも「獅子の町」という意味を有す点は変わらない。現在でも、町を歩けば、そここでライオンの像や紋章が目に入り、この町の名の由来を感じることができる。

　リヴィウは、ポーランドやハプスブルクの一部であった期間が長いことから、旧市街の町づくりは、市役所のある正方形型の市場広場を中心に整然と広がり、何百年の歴史を持つ教会や歴史建築があちらこちらに建ち並び、観光客は、チェコのプラハやポーランドのクラクフを思い出すことであろう。観光の起点は、世界遺産リストに入っている旧市街が便利であり、旧市街を練り歩くだけでも数日の間は十分に楽しめる。

　リヴィウでは一つ一つの通りの幅はキーウよりずっと狭く、散歩中に偶然見つけた細い路地に入ってみると、市民の生活と歴史の調和からなる、とびきり愛らしい風景があちこちで見つけられる。また、リヴィウの人達は、自らがウクライナで最もコーヒー好きの市民であるとの自負を

ヴィソーキー城址

国立オペラ・バレエ劇場

vul. L.Ukrainky

バラ・ジャーノフ　コルキ・タ・クリフティ

タント・ソフィー

ヴィルメンカ　　チョーヴェン

アルメニア教会

vul. Virmenska（アルメニア通り）

vul. Drukarska

ドミニカ教会

pr. Svobody

vul. Teatralna

歴史地区

pl. Rynok
リーノク広場

薬局博物館

本の市場

vul. I.Fedorova

バチェウシキー・レストラン

ビール・シアター「プラウダ」

市役所

リヴィウシカ
・コパーリニャ
・カーヴィ

レベルニャ

聖ペトロ・聖パウロ駐屯軍教会

vul. Serbska

リヴィウ・ハンドメイド・チョコレート

マゾッホ

ムリンツィ・ヴィノ・キノ

T. シェウチェンコ像

ボーイム礼拝堂

スヴィト・カーヴィ

vul. Staroievreiska

レストラツィヤ
・ナド・ツケルネユ

エピック・チーズ
バーガー・カフェ

トラペズナ・イデイ

vul. Lychakivska

← 鉄道駅

pr. Shevchenka

ベルナルディン教会・僧院

リチャキウ墓地

持っており、町中にはこぢんまりとしたおしゃれなカフェがあちこちにあり、細い路地をいつもどこかからか美味しそうなコーヒーの香りが漂ってくる。

　ウクライナで特に観光に力を入れているリヴィウには、喫茶店だけでなく、素敵なレストランがたくさんあり、食事もキーウに劣らず質が高く、その種類も豊富である。しかも、今のところ物価はキーウよりも低めであり、食べ歩きが好きな方なら、リヴィウはどれだけ滞在しても飽きることがないであろう。

　リヴィウの住民は、そのほとんどがウクライナ語のみで生活をしている。しかし、実は、彼らのウクライナ語は、他の地域のウクライナ語とはひと味違った、この地方の独特な方言である。リヴィウの人と仲良くなったら、ぜひリヴィウとその周辺地域だけで使われる特別な言葉や表現を教えてもらうといい。誰もが嬉しそうにリヴィウらしいウクライナ語表現の面白さを教えてくれるであろう。

　リヴィウは、EU に近い町だけあって、欧州からの観光客が多く、レストランやカフェでは、英語での接客、欧州的な明るい笑顔と丁寧な対応に出会う機会が多い。その意味で、リヴィウは、英語だけでも大きな困難なく旅行することができる町である。

　また、リヴィウの魅力の一つは、クリスマス・マーケット。12 月後半から 1 月上旬にかけて、旧市街とオペラ劇場周辺を中心にクリスマス・ツリー（新年ツリー）を始め、町中が飾られ、多くの屋台が現れる。ロマンティックな雰囲気を味わうには最高のシチュエーションである（ただし、その時期は電車のチケットやホテルの予約が難しい）。鉄道駅からは、トラムの 1 番で歴史地区の中心「リーノク広場（Площа Ринок）」へ向かおう。リヴィウ・トラムの切符は、運転手からか乗り場近くのキオスクで購入し、車内専用器具で自分で穴を開けて使う。

国立オペラ・バレエ劇場

Ⓤ Львівський Національний Академічний театр опери
та балету

Ⓔ Lviv Theatre of Opera and Ballet

📍 проспект Свободи, 28 📍 pr. Svobody, 28

19世紀末、当時ポーランドやドイツで多くの重要建築物を建てたポーランド系建築家ジグムント・ゴルゴレフスキの代表作であり、リヴィウの顔と言える豪華な建築物。もちろん、連日行われている公演も鑑賞できる。

リヴィウ夜

ベルナルディン教会・僧院

🇺 Костел і монастир бернардинів
🇪 Bernardine church and monastery
📍 Соборна площа, 3а 📍 pl. Soborna, 3а

もともとこの地には13世紀から木造教会
があったが、16世紀に消失。現在のベル
ナルディン教会は17世紀に建設されたも
の。現在、僧院は国の歴史建築物指定を受
け、教会はギリシャ・カトリック教会に属
している。

リーノク広場（Площа Ринок）

アルメニア通り（アルメニア教会含む）

U Вулиця Вірменська　E Virmenska Street

13世紀以降、アルメニア人が多くリヴィウへ移住してきており、この通りの周辺がアルメニア人居住区であった。現在も、この通りは中世の雰囲気をよく残しており、14世紀に建てられたアルメニア教会は、外観・内観ともに美しく、内部の壁画は大変良い状態で保存されている。

ドミニカ教会

U Церква Пресвятої Євхаристії　E Dominican Church

📍 Музейна площа, 1　📍 pl. Muzeina, 1

13世紀からリヴィウで活動していたドミニコ会が建設した教会で、複数回にわたり焼失し、現存するものは18世紀建設のバロック様式建築。第二次世界大戦までは、ローマ・カトリック教会に属していたが、第二次世界大戦後にソ連が倉庫として使い、その後、博物館に変えた。ソ連崩壊後に、ギリシャ・カトリック教会に譲渡された。

聖ペトロ・聖パウロ駐屯軍教会

U Гарнізонна церква святих апостолів Петра і Павла
E Saints Peter and Paul Garrison Church

📍 вул. Театральна, 11　📍 vul. Teatralna, 11

17世紀からリヴィウで活動していたイエズス会が建てたバロック様式の教会で、かつてのイエズス会の母教会であったローマのジェズ教会を模範にして建設されている。ソ連時代に書庫に変えられたが、2011年に教会として再開。

聖ユーラ（ゲオルギオス）大聖堂 U Собор святого Юра　E St. George's Cathedral

📍 площа Святого Юра, 5　📍 pl. Sv.Yura, 5

1760年完成のバロック・ロココ様式の教会。2005年まで、ウクライナ・ギリシャ・カトリック教会の本山となっていた教会。他の教会との様式の違いを見ると面白い。

ボーイム礼拝堂

U Каплиця Боїмів E Boim Chapel

📍 площа Катедральна, 1 📍 pl. Katedralna, 1

天頂のイエス・キリストの像が十字架から降りて物思いに耽る格好をしているのが独特。ルネッサンス後期からバロッコへの移行期の建築物。17世紀初頭に作られた。また「西の壁」と呼ばれる黒色の西側壁面は精細かつ豊かな彫刻による装飾が施されており、目をみはる。

リチャキウ墓地

U Личаківський цвинтар E Lychakiv Cemetery

📍 вул. Мечникова, 33 📍 vul. Mechnykova, 33

歴史・文化博物館に分類される遺産として保存される墓地。1786年、オーストリア治世時に開設。無数の暮石が立ち並ぶ厳かな空間を歩くと、作家イヴァン・フランコをはじめ、ウクライナとポーランドの著名人の墓が見つかり、リヴィウの歴史の深さの一端を感じられる。

ヴィソーキー城址（高い城）

U Високий замок E Bysokyi zamok

かつてルーシ時代やポーランド時代にお城の建っていた城址。19世紀までに完全に破壊されたが、現在でもいくつかの残骸を見ることができる。また、頂上地点からリヴィウの街全体を眺めることができる。

薬局博物館

U Аптека-музей E Chemist Shop Museum

📍 вул. Друкарська 2 📍 vul. Drukarska, 2

リヴィウに現存する薬局の中で最も歴史が長く、博物館となっている。1735年創業。当時の薬作りの道具や、様々な薬瓶等、珍しいものが集められている。

市役所（ラートゥシャ）

U Ратуша E Town Hall

リーノク広場の中心地に立つ市役所。行動の目印となる。市役所の塔は必ず登って、歴史地区のパノラマを堪能しよう。

リヴィウの食べ歩き・飲み歩き

バチェウシキー・レストラン ⓊРесторація Бачевських ⒺBachevski Restaurant

📍 вул. Шевська, 8　📍 vul. Shevska, 8

旧市街の中心部にあり、いつも大人気で予約必須のレストラン。味、メニューの幅、インテリア、接客とどれもレベルが高く、キーウのレストランとは全く異なる料理と雰囲気が味わえる。リヴィウ発のクンペリ・グループのビールも美味しい。バイキング形式の朝食もあるが、いつも行列。

コルキ・タ・クリフティ ⓊКорки та крихти ⒺCorks and Crumbs

📍 вул. Лесі Українки, 27　📍 vul. Lesi Ukrainky, 27

野菜や果物に、目玉焼きやシルニク等の載った、盛り沢山の朝食プレートが人気。しかも、ワイン、牡蠣、コーヒーも付いてくる。落ち着いた雰囲気でゆっくり美味しい朝ごはんを食べたい人に一押し。

タント・ソフィー ⒻTante Sophie

📍 вул. Друкарська, 6а　📍 vul. Drukarska, 6а

エスカルゴを提供するお店。パリのこぢんまりしたレストランを思わせる雰囲気が個性的。エスカルゴには色々なソースが選べるので、ソースとワインの相性を考えると良いだろう。

レストラツィヤ・ナド・ツケルネユ

U Ресторація над Цукернею
E Restoratsia nad tsukerneyu
📍 вул. Староєврейська, 3
📍 vul. Staroyevreiska, 3

人気甘味処「ツケールニャ」の二階にあるレストラン。店名は「ツケールニャの上のレストラン」の意。静かでゆっくりと丁寧な料理を堪能できる。

トラペズナ・イデイ

U Трапезна ідей E Trapezna idey
📍 вул. Валова 18a 📍 vul. Valova, 18a

トラペズナとは修道院等の食堂の意。ひっそりとした空間で丁寧に作られた料理が出される。旅行者の気付きにくい穴場のお店。美術館「ムゼイ・イデイ」の地下にある。

カフェ・エルサレム

U Кафе Ієрусалим E Kafe Jerusalem
📍 вул. Мечникова, 39
📍 vul. Mechnykova, 39

リチャキウ墓地入口から歩いて行けるユダヤ料理屋。長年市民に愛されて続いている。ユダヤ文化はリヴィウ史の大切な要素。おいしい家庭料理から歴史を感じてみよう。

パラ・ジャーノフ

U Пара Джанов і Портвейн E Para Janov & Port wine
📍 вул. Лесі Українки, 12 📍 vul. Lesi Ukrainky, 12

ウクライナ題材映画で知られるジョージア生まれアルメニア人セルゲイ・パラジャーノフ監督の名を持つお店。アルメニア料理ジェンギャロフ・ハツをポルトワインと一緒に。

ムリンツィ・ヴィノ・キノ F L'amour de trois.Млинці, вино, кіно E L'amour de trois. Pancakes, wine and cinema

📍 вул. Староєврейська, 25/27 📍 vul. Staroyevreiska, 25/27

このお店は、本来素朴な家庭料理であるムリンツィ（パンケーキ）を、料理人の工夫で質の高い料理に引き上げている。一つ一つの料理が個性的。ワインと一緒に。

レベルニャ 🚇

🅄 Реберня 🄴 Rebernia

📍 вул. Підвальна, 5, вул. Старознесенська, 24-26

📍 vul. Pivalna, 5, vul. Staroznesenska, 24-26

行列のできる豚のアバラ肉料理のお店。出された肉は、客の目の前で小型の斧で切り分けられる。地ビールを飲みながら、豪快に手で骨を持ってむさぼり食べよう。

エピック・チーズバーガー・カフェ 🚇

🄴 Epic Cheeseburger Cafe

📍 вул. Галицька, 15   📍 vul. Halytska, 15

中心地にあるこってりどっしりのチーズバーガー店。疲れた時に、気取らずに、チーズとジューシーな肉とビールで腹を満たしたい方にはぴったり。

マゾッホ 🚇

🅄 Мазох 🄴 Mazoch

📍 вул. Сербська, 7   📍 vul. Serbska, 7

オーストリア帝国時代のリヴィウ（レンベルク）出身の「毛皮を着たヴィーナス」のザッハー・マゾッホをモチーフとしたお店。聖地巡りとして観光客に人気がある。

スヴィト・カーヴィ 🚇 🅄 Світ Кави 🄴 Svit Kavy

📍 площа Катедральна, 6   📍 pl. Katedralna, 6

数あるコーヒー屋の中で、最も有名なリヴィウのコーヒー屋がこちら。いつも混み合っており席の確保が難しいが、賑やかさを含めてリヴィウらしさが存分に感じられる。

リヴィウシカ・コパリニャ・カーヴィ 🚇

🅄 Львівська копальня кави

🄴 Lviv Coffee Mining Manufacture

📍 пл. Ринок, 10   📍 pl. Rynok, 10

「リヴィウ・コーヒー炭鉱」の意。地下に炭鉱を模した空間があり、見て回るだけでも面白い。個性豊かなコーヒーもおすすめ。コーヒーをモチーフとしたお土産も充実。

ヴィルメンカ 8

U Вірменка　E Virmenka

📍 вул. Вірменська, 19　📍 vul. Virmenska, 19

1979 年にヒッピー文化の広まったソ連邦リヴィウにて開かれて以来、今日までカルト的人気を維持する珈琲屋。コーヒーは熱した砂の上でジャズベを使って作る。

リヴィウ・ハンドメイド・チョコレート 22 U Львівська Майстерня Шоколаду E Lviv Handmade Chocolate

📍 вул. Сербська, 3　📍 vul. Serbska, 3

国外展開もしている人気のチョコレート屋兼カフェの本店。店に入る前から、通りがチョコレートの香りであふれ、店内ではチョコレートを作る様子が見られる。

ビッグ・ブルゲル 8

U Біґ Бурґер　E Big Burger

📍 вул. Січових Стрільців, 21、вул. Джохара Дудаєва, 4 等

📍 vul. Sichovykh Striltsiv, 21、vul. Dzhokhara Dudayeva, 4 等

リヴィウ国立大学前等にある学生の味方の安くて大きくて割と美味しい迫力ホットドッグとハンバーガーのお店。とってもジャンクだが、根強い人気がある。

ビール・シアター「プラウダ」 22

U Театр пива "Правда"　E Beer Theatre "Pravda"

📍 пл. Ринок, 32　📍 pl. Rynok, 32

リヴィウを代表する地ビール「プラウダ」のパブ。「機嫌の悪い牛」「ウクライナ人民共和国建国 100 周年」等ユニークな名前のビールを色々試そう。

チョーヴェン 8

U Човен　E Choven

📍 вул. Вірменська, 33　📍 vul. Virmenska, 33

各地のクラフト・ビールを集めたリヴィウっ子に愛されるパブ。少し乱雑な接客は地元民向けの証拠。キーウでは見つけにくいビールが見つかることも。

オデーサ 黒海が香り、歴史建築が並び立つ国際都市

Ⓤ Одеса Ⓔ Odesa

飛行機　キーウから所要約1時間
鉄道　キーウから夜行8〜10時間
　　　　特急7時間
バス　キーウから所要6〜7時間

ポチョムキン階段

Ⓤ Потьомкінські сходи Ⓔ Potemkin Stairs

海から市街地へ向かう巨大な階段であり、オデーサの象徴的存在。とりわけ、ソ連映画の巨匠セルゲイ・エイゼンシュタインの作品『戦艦ポチョムキン』に出てくることで有名になった。

　ウクライナ南部の中心都市であり、海へ面した港町オデーサは、その地理的位置と町の歴史的成り立ちから多くの面で他のウクライナの都市とは大きく異なる。その独特さは、この町の抱える文化、建築、多様性と、あらゆる点で見て取れ、町を訪れる人々を魅力してやまない。

　オデーサの歴史を紐解くと、600年ほど前に遡る。オスマン帝国支配下にあった頃は「ハジベイ」と呼ばれていた。その頃から港はあったようだが、一方で、オデーサが現在知られるような近代的な港町として発展するのは、1794年、ロシア帝国時代にエカチェリーナ2世の指示で町の再建が行われてからである。現在のオデーサという名前もその時につけられている。

　都市の発展に大きな貢献をしたのは、フランスの政治家、リシュリュー公爵である。貴族の出自であったリシュリューは、フランス革命時にパリから亡命し、ロシア帝国陸軍に義勇兵として参加。その時の活躍からロシア帝国との繋がりが生まれ、1803年、リシュリューは、アレクサンドル1世により、オデーサの知事に命じられる。

　10年余りのリシュリュー統治時代にオデーサは飛躍的な発展を遂げ、現在の町の姿の原型が生まれる。そのため、エカチェリーナ2世とリシュリュー公爵なくして、現在のオデーサはなかった、というのが、多くのオデーサ市民の意見であり、両者は今日まで多くの市民に愛されている。

　リシュリュー公爵のおかげというわけではないが、この当時のロシア帝国の流行もあり、オデーサの建築をよく見るとわずかながらフランス風の趣を感じられるものがある。フランスから多くの職人を呼んでいたのであろう。きっちりと碁盤目に整えられた町を練り歩くと、オデーサをただ「港町」と呼んでしまうのは勿体ないほどの、ひと昔前の欧州の雰囲気を帯びた建物があちこちに見られる。100〜200年前の建築が多く残っているのは、この町の重要な特徴である。西のリヴィウがオーストリア帝国の雰囲気を残しているとすれば、オデーサの古い建築は、ロシア

国立オペラ・バレエ劇場

U Одеський національний академічний театр опери та балету

E Odesa Opera and Ballet Theatre

📍 провулок Чайковського, 1   📍 pr. Chaikovskoho, 1

市内で最も目立つ建築物は、1810年建設の国立オペラ・バレエ劇場である。フェルディナント・フェルマーとヘルマン・ヘルナーの2名が建築した劇場は、外観の荘厳さのみならず、内装の微細かつきらびやかな装飾も必見である。観劇をしても良いが、時間のない方のためには内部のガイド付きグループ見学も行われているので、窓口で聞いてみると良い。

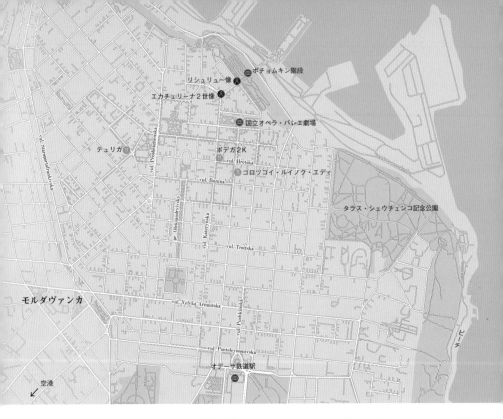

ポチョムキン階段
リシュリュー像
エカチェリーナ２世像

国立オペラ・バレエ劇場

テュリガ

ボデガ２K
vul. Hretska
ゴロツゴイ・ルイノグ・エディ
vul. Bunina

タラス・シェウチェンコ記念公園

pr. Oleksandrivsky
vul. Katerynska
vul. Troitska

vul. Staroportofranki-vska
vul. Preobrazhenska

モルダヴァンカ

vul. Velyka Arnautska
vul. Pushkinska

ビーチ

vul. Panteleymonivska

オデーサ鉄道駅

空港

帝国時代、王政時代のフランスの名残を感じられる町とも言えるかもしれない。この二つの対照的なウクライナの町は、比べて歩くと面白い。

　映画史においては欠かせない、エイゼンシュタイン監督の映画『戦艦ポチョムキン』で有名なオデーサの階段は、リシュリュー公爵の銅像と黒海へと続く間を結んでいる。海辺に大きな階段が横たわるということは、町が海岸からせり上がった小高い丘の上に作られた、ということを意味する。その海岸にはところどころにビーチが広がり、ハイシーズンには国内外の観光客でごった返すが、一方で秋の訪れる９月になると、街中は極端なほどに人の姿が見えなくなる。この町の訪問時期は、よく選ぶ必要がある。

　港で有名、と言われるが、実際には大きな港があるのはオデーサの近隣の衛星都市で、市内には小型の港があるのみ。以前は、観光用の小型の船も多く出ていたようだが、ウクライナ独立以降、収益が得られず、船が売り飛ばされることで廃れてしまった。残った波止場だけが、もっぱら釣りを楽しむ市民の憩いの場となっている。寂れた港町、とまでは言わないまでも、波止場周りに限って言えば、幾ばくかの哀愁を感じるだろう。釣りをする人を眺めながら、海の向こうの国々、例えばかつてのオスマン帝国の姿を想像するのも悪くない。事実、オデーサからは、イスタンブル行きの船が時々出ている。

　黒海に面しているので海産物が多く食される。黒海の魚というのは、日本では見かけたことのない魚が多く、せっかく海の近くに来たからには色々試してみるといいだろう。街中にはお店が色々ある。揚げ物かスープの料理が多い（本書「オデーサ料理」のページ参照）。

オデーサの魅力は美しい建築

オデーサの町作りを行ったフランス人アルマン・エマニュエル・リシュリューの像

オデーサ駅

モルダヴァンカ

U Молдаванка E Moldavanka

海から離れ、旧市街を進むと「モルダヴァンカ」と呼ばれる地区に入る。ここには19世紀にオデーサが急成長した頃、各地から労働者が押し寄せた際に急造で作られた多くの2階建の簡易住宅が今も残っており、旧市街の中で一際独特な雰囲気を放つ地区である。当時の市の境界線であったスタロポルトフランキウシカ通り（Вулиця Старопортофранківська）を越えると、急にそれまでの雅な建物が見当たらなくなり、ほとんどが最高2階の建物ばかりの地区に入る。オデーサの発展をもたらした当時の労働者階級に思いを馳せながら散歩をしてみると良いだろう（ただし、治安が悪いとの評判もあるので、貴重品等に注意）。

カタコンベ博物館

U Музей Катакомби Одеси E Museum Catacombs of Odesa

📍 Розумовський провулок, 3б 等 📍 pr. Rozumovskyi 3b 等

オデーサ市内外の地下には、あちこちに「カタコンベ」と呼ばれる地下通路が残っている。第二次世界大戦にソ連がナチスに抵抗してパルチザン闘争をしていた時に作られたものである。現在でもいくつかの場所には博物館として訪問ができる。市内外に複数あるので、アクセスの良いものを選ぶと良いだろう。

オデーサ市外

アッケルマン
（ビルホロド・ドニストロウシキー）要塞

🇺🇦 Аккерманська (Білгород-Дністровська) фортеця
🇬🇧 Akkerman fortress
📍 вул. Адмірала Ушакова, 2в, Білгород-Дністровський
📍 vul. Admirala Ushakova, 2v, Bilhorod-Dnistrovskyi

忘れてはならないのは、オデーサから車で1時間半ぐらいの海岸に残る、アッケルマン要塞跡、別名ビルホロド・ドニストロウシキー要塞である。ウクライナ国内の城や要塞の中でも、保存状態の良い大型要塞跡であり、半日かけてでも十分に訪問の価値がある。

シャーボ・ワイナリー

🇺🇦 Центр культуры вина SHABO 🇬🇧 Shabo Winery
📍 вул. Швейцарська, 10, Шабо
📍 vul. Shveitsarska, 10, Shabo

アッケルマン要塞から近くの村シャーボ（Шабо）には、ウクライナ国内で一二を争う最新の施設を備えたワイナリーがあり、試飲を含めたエキスカーションをしている。オデーサ市からのツアーも出ている。

オデーサの食べ歩き・飲み歩き

ゴロツコイ・ルイノク・エディ 🆔 🇷🇺 Городской рынок еды 🇬🇧 Gorodskoi rynok edy

📍 вул. Рішельєвська, 9а 📍 vul. Rishelievska, 9a

小型店舗が集まった個性的なフードコート。魚介、ファーストフード、地ビール、バー、パスタ、と色々な食事を提供するお店が集まっている。市内散歩の際にちょっと立ち寄ると便利。

ボデガ2K 🆔 🇷🇺 Бодега 2K 🇬🇧 Bodega 2K 📍 вул. Грецька, 44 📍 vul. Hretska, 44

2Kとはドゥヴァ・カルラ（二人のカール）という意味で、お店がかつてのカール・マルクス通りとカール・リープクネヒト通りの交差する場所に立っていることに由来する名前。オデーサ料理に加え、モルドバ料理やルーマニア料理などベッサラビア地方等の食事も楽しめる。シャーボなどのオデーサ地方のワインと一緒に。

テュリカ 🆔 🇷🇺 Тюлька 🇬🇧 Tyulka 📍 вул. Коблевська, 46 📍 vul. Koblevska, 46

テュリカとは黒海でとれるスプラット（ニシン）のこと。揚げたテュリカや小エビをつまみにビールを飲む、というオデーサの昔からのスタイルを提供するお店。店内は、ソ連時代のインテリアを残しており、地元の人にとっての哀愁を感じさせるパブとなっている。

ハルキウ
産業と学術が盛んな北東部に位置する第二の都市

🇺🇦 Харків 🇬🇧 Kharkiv

飛行機　キーウから所要約1時間
鉄道　キーウから夜行7～9時間
　　　特急5時間
バス　キーウから所要6～8時間

生神女福音大聖堂
🇺🇦 Благовіщенський собор
🇬🇧 Annunciation Cathedral
📍 пл. Благовіщенська, 1
📍 pl. Blahovishchenska, 1
その独特の色使いから、丘の上から町を見下ろすととりわけ目立つのがこの大聖堂である。現在の姿は1901年に完成したものだが、同名の教会が17世紀には作られており、歴史は長い。

ウクライナ北東のスロボダ地方の大都市ハルキウ。約150万の人口を持つ、ウクライナ第二の規模のこの都市は、産業と学術の中心都市としてウクライナ経済を支える他、ハルキウ閥はウクライナ政治でも一定の影響力を持っている。ロシア語が優勢であることから、ロシア帝国の作った町と誤解されることが多いが、ハルキウを建設したのは、ウクライナ・コサックや農民であることがわかっている。16世紀初頭に西のポーランドの圧政から逃れてきたウクライナ系の人々がこの地に移り住んだのである。同時に、その当時、この地は既に名目的にはモスクワ国の一部であったため、1656年にはモスクワ大公のアレクセイの命により、要塞が作られるが、その要塞がウクライナのチェルカーシ式で作られたことからも、この町の当時のウクライナ色の強さが窺える。要塞を得たハルキウは、ハルキウ・コサック連隊の中心地となり、コサック的軍事行政が敷かれたが、要塞により町が守られたことで文化が発展し、次第に工芸・貿易の中心地へと変わっていく。18世紀には、コサックの行政が解体されるが、ハルキウはこの頃には学術都市として知られるようになっている。ハルキウ・コレギウムは、キーウ・モヒラ・アカデミーに次ぐ学術拠点となり、あらゆる学問が教えられていた。1805年には、ヴァシーリ・カラジンがハルキウに西欧型大学を設立。ここで研究者達がウクライナの民謡や詩を集め、ウクライナ民族研究を進め、後のウクライナ文学の発展に大きな貢献をしている。

　18世紀後半にイギリスで始まった産業革命がウクライナの地に到達するのは19世紀後半である。現在のハルキウの町の姿は、19世紀以降、この町が産業の中心地となった際の趣を色濃く残している。それを感じるためには、ハルキウ駅から憲法広場のある中心地の間の地区を、地下鉄を使わずに散歩してみると良い。寂れながらも、趣と色気のある建物があちらこちらに残っている。1時間程練り歩けば、この町の産業発展史を感じることができるであろう。

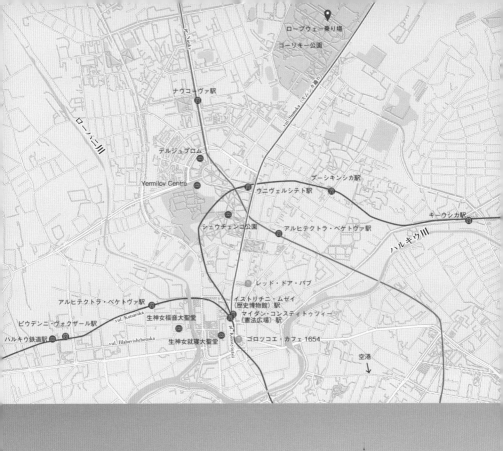

ロープウェー乗り場
ゴーリキー公園
ナウコーヴァ駅
ローパニ川
デルジュプロム
vul. Sumska (スムシカ通り)
プーシキンシカ駅
Yermilov Centre
ウニヴェルシテト駅
キーウシカ駅
シェウチェンコ公園
アルヒテクトラ・ベケトヴァ駅
ハルキウ川
レッド・ドア・パブ
イストリチニ・ムゼイ
（歴史博物館）駅
アルヒテクトラ・ベケトヴァ駅
vul. Kotsarska
マイダン・コンスティトゥツィー
（憲法広場）駅
ピウデンニ・ヴォクザール駅
生神女福音大聖堂
pr. Konstytutsii
ゴロツコエ・カフェ 1654
空港
↓
ハルキウ鉄道駅
vul. Blahovishchenska
生神女就寝大聖堂

ローパニ川

 Ріка Лопань **E** Lopan River

町の中心を走るローパニ川は、沿岸がよく
整備されており、散歩にちょうど良い。また、
ローパニ川の周辺に生神女就寝大聖堂や生
神女福音大聖堂といった重要な教会施設が
集まっている。川沿いからの教会の見える
景色は、ハルキウのシンボルの一つである。

憲法広場

U Площа Конституції
E Constitution Square

ハルキウ駅からは、まず憲法広場を向
かい、観光のスタート地点とするのに
丁度良い。ローパニ川と北のスムシカ
通りの周辺に観光ポイントが集まって
いる。

生神女就寝大聖堂

U Успенський собор E Dormition Cathedral
📍 вул. Університетська, 11 📍 vul. Universytetska, 11

17世紀には名前が出てくる正教会の重要な大聖堂（現在の姿は19世紀に完成）。市の中心部に立つ。89.5メートルの高さを持つこの大聖堂は、長らくハルキウで最も高い建築物であった（現在は、これより高い高層マンションがある）。

ロープウェー

U канатна дорога E Kanatna doroha

スムシカ通りをさらに北上すると、ゴーリキー記念公園（Парк ім.М.Горького）がある。市民の憩いの場であるが、ここには古めかしくも可愛いロープウェーの乗り場があり、観光スポットとなっている。1971年に作られた全長1385メートルのこのロープウェー、乗ればハルキウの自然をのんびり（約18分間）見ることができるが、町のさらに北の方に到着するので、乗るときは帰り道と時間に気をつける必要がある。

スムシカ通り～デルジュプロム

U Вулиця Сумська E Sumska street U Держпром/Госпром E Derzhprom

憲法広場からスムシカ通りを北へ進むと、より現代的なハルキウの姿に出会える。よく整備されたシェウチェンコ公園、ごつごつしたハルキウ・アカデミー・オペラ・バレエ劇場を通り過ぎ、デルジュプロム（露語：ゴスプロム）へ行くと、1920年代にソ連が作った最初の高層ビルがあり、ソ連から現代までのハルキウの姿が見られる。現代アート好きな方は、ハルキウ国立大学施設の一部となっているYermilov Centre（ЄрміловЦентр）を訪問するのもいいだろう。

ゴロツコエ・カフェ1654 🏴

🅡 Городское кафе 16/54
🅔 Gorodskoe kafe 16/54
📍 площа Конституції, 2/2
📍 pl. Konstytutsii, 2/2

憲法広場の近くにあるカフェ。おしゃれな
店内で美味しい食事やデザートが楽しめる。

レッド・ドア・パブとブラック・ドア・パブ 🏴

🅔 Red Door Pub, Black Door Pub
📍 вул.Гоголя, 2а/провулок Отакара Яроша, 18
📍 vul. Hoholia, 2a, pr. Otakara Yarosha, 18

同系列の二つのパブ。お店が厳選した各地
のクラフトビールが揃っている。

チェルニウツィー
ルーマニアに近く、
文化・言語の入り混じる街

U Чернівці　E Chernivtsi

飛行機　キーウから所要約1時間
鉄道　キーウから夜行12時間
バス　キーウから所要9〜11時間

チェルニウツィーの街の景色

ブコヴィナと
ダルマティア府主教の邸宅（世界遺産）

U Резиденція митрополитів Буковини і Далмації
E Residence of Bukovinian and Dalmatian Metropolitans
📍 вул. Коцюбинського, 2　📍 vul. Kotsiubynskoho, 2

チェルニウツィーで、誰もが息を飲むのは、現在チェル
ニウツィー国立大学の一部として利用されている建築
物群「ブコヴィナとダルマティア府主教の邸宅」であ
る。チェコ人建築家のヨセフ・フラヴカが1864年から
1882年にかけて建てたもので、聖堂、修道院、庭園か
らなるこの建築物群は、ハプスブルクの宗教寛容政策の
時期に実現した、この地方の様式に、東方正教会の伝統
であるビザンチン建築様式、さらにバロック、ゴシック
の様式を融合させた、19世紀の歴史主義建築の最高傑
作の一つであり、ウクライナ屈指の建築として評価され
ている。2011年にはユネスコの世界遺産リストにも加
えられており、この邸宅を見るためだけにでも、チェル
ニウツィーを訪れる価値がある。

なお、大学の敷地であることから、個人でアクセスで
きる場所には制限がある。建物の中までじっくり見たけ
れば、正門のところで頼めるガイドの敷地内ツアーに参
加すると良い。

　チェルニウツィーは、ウクライナの南西に位置する人口約26万人の中規模都市である。1408年には既に存在していたことが確認されており、長く複雑な歴史と民族的多様性を抱く町である。チェルニウツィーの最大の特徴は、美しい街並みである。リヴィウ同様、長い期間モルダヴィアやオーストリアに属していたため、規模こそ小さいが、当時の雰囲気を残す美しい建築が維持されており、通りを歩くだけで、この町の持つ歴史の深みがそこここで見られ、心が踊る。また、この町も、その歴史的経緯から、ドイツ語（Czernowitz/ チェルノヴィッツ）、ルーマニア語（Cernăuţi/ チェルナウツィ）、イディッシュ語（טשערנאָװיץ/ チェルノヴィッツ）、ロシア語（Черновцы/ チェルノフツィー）と色々な言語での名前を持つ。

　チェルニウツィーは、ルーマニアとの国境からも近く、ルーマニア系の住民も暮らしており、町中では、ウクライナ語、ロシア語に加え、ルーマニア語もしばしば聞こえてくる。しかも、面白いことに、市民3人がこの3言語を一つの会話で使って話しても、皆がそれを問題なく理解するのである。また、歴史的には、ユダヤ人の数も多かった町であり、ユダヤ関連施設を巡るのも興味深い。そして、チェルニウツィーでは、ルーマニア料理やユダヤ料理を食べられる施設が複数あり、国境地域ならではの多文化料理を楽しむのもチェルニウツィーの楽しみ方である。また、チェルニウツィーからバスで1時間ほど北上したところに、13〜14世紀に建てられたホティン要塞が良い状態で保存されている。時間に余裕があれば是非足を延ばしてもらいたい。

　キーウからチェルニウツィーへの移動手段は、安価な夜行電車が一般的。ボリスピリ空港から飛行機も飛んでいる。また、ルーマニア各都市からウクライナに入国することも可能。ルーマニア北部にも世界遺産である美しい壁画教会群があり、チェルニウツィーとスチャヴァ市（ルーマニア）をセットに旅行計画を立てるのも面白かろう。

コビリャンシコイ通り

Ⓤ Вулиця О.Кобилянської Ⓔ vul. O. Kobylianskoi

チェルニウツィーの中心地にある目抜き通りで、歴史あ
る建物や土産物屋やレストラン・カフェ等が集まる華や
かな場所。

ユダヤ人墓地

Ⓤ Єврейське кладовище Ⓔ Jewish cemetery

📍 вул. Зелена, 13 📍 vul. Zelena, 13

かつてチェルニウツィーはユダヤ人の一大文化を築いて
いたが、ホロコーストの被害を受ける。残ったユダヤ人も、
多くはソ連崩壊後にイスラエルへ移住。市内に残る広大
なユダヤ人墓地は、過去のユダヤ人の繁栄を今に伝える
ものである。

チェルニウツィー市外

ホティン要塞

Ⓤ Хотинська фортеця Ⓔ Khotyn Fortress

チェルニウツィーから車で1時間程離れた場所にある要
塞。13〜14世紀に建築されたホティン要塞は、その立
地から、様々な国の要所として用いられていた。中でも、
1621年のホティンの戦いでは、この地で、コサック（ウ
クライナ）軍・ポーランド・リトアニア軍と、オスマン
軍・クリミア・ハン軍・モルドヴァ軍・ワラキア軍が戦っ
ている。チェルニウツィーからは、バスで約1時間。

イエスの祝福された心臓教会

Ⓤ Костел Пречистого Серця Ісуса
Ⓔ The Church of the Sacred Heart of Jesus

📍 вул. Шевченка, 2a 📍 vul. Shevchenka, 2a

1894年に完成したイエズス会の教会。

チェルニウツィーの食べ歩き・飲み歩き

パンシカ・フラーリニャ 🔲 Ⓤ Панська гуральня Ⓔ Panska Huralnia 📍 вул. Кобилянської, 5 📍 vul. Kobylianskoi, 5

フラーリニャ（グラーリニャとも）とは、蒸留酒工場の意味。ナリウカのような果実で作った蒸留酒や、地ビール「ホイラ（Гойра）」が飲める。チェルニウツィー住民がお酒のつまみとして好む、ピリ辛に炒めた鳥の心臓や豚の耳も美味しい。また、この地方の料理である、とうもろこしの粉で作るバノシュを試してみるのも良い。

リタ・ステインベルグ 🔲 Ⓔ Rita Steinberg

📍 вул. Університетська, 48 📍 vul. Universytetska, 48

ユダヤ料理をコンセプトに、現代風にアレンジした料理を出すお店。「鳥の心臓とフムス」といったこの地方の食生活とユダヤ料理を融合した創作料理が食べられる。ユダヤ風を意識した内装も注目。

ファイノ 🔲 Ⓔ Fayno

📍 Головна вулиця, 48 📍 Holovna vulytsia, 48

定番のウクライナ料理に加えて、この地方で見られるルーマニア料理「ミテテイ」等も食べられる。店内は広く、賑やか。中心地にあり、アクセスも便利。

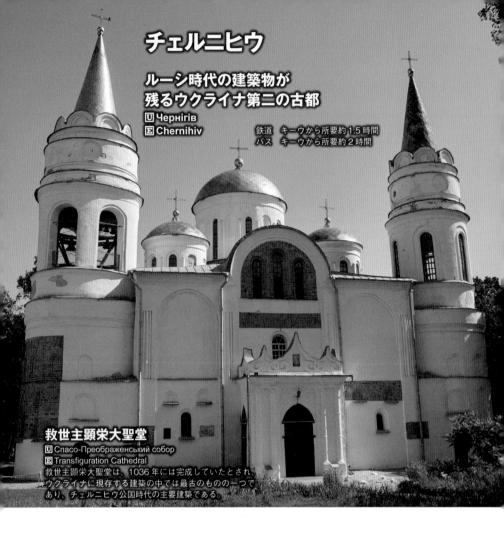

チェルニヒウ

ルーシ時代の建築物が
残るウクライナ第二の古都

Ⓤ Чернігів
Ⓔ Chernihiv

鉄道　キーウから所要約1.5時間
バス　キーウから所要約2時間

救世主顕栄大聖堂
Ⓤ Спасо-Преображенський собор
Ⓔ Transfiguration Cathedral
救世主顕栄大聖堂は、1036年には完成していたとされ、
ウクライナに現存する建築の中では最古のものの一つで
あり、チェルニヒウ公国時代の主要建築である。

　人口29万人の中規模都市、キーウから北方約150キロに位置するチェルニヒウの魅力は、何と言ってもキーウ・ルーシを今日まで感じられるところにある。キーウ・ルーシにおいて2番目に繁栄していたチェルニヒウには、モンゴル襲来、戦争被害やソ連の政策により多くの教会が破壊されたキーウと違い、ルーシ時代の重要な建築物が複数よく保存されている。チェルニヒウは、西暦907年には既に存在したことが確認されており、ウクライナ最古の都市の一つと言って間違いない。キーウを京都に比するなら、さしずめチェルニヒウは奈良であろうか。

　11〜13世紀に、キーウ・ルーシの中で、チェルニヒウを中心としてチェルニヒウ公国が存在したことが確認されている。同時に、この町が栄えたのはこの時期がピークであり、だからこそ優れた建築が手付かずで残されることになったと言えるのかもしれない。

　キーウからバスで約2時間。町自体は小さく、教会だけを急いで見て回れば、キーウから日帰りで見て回ることもできる。キーウの喧騒に疲れた時に、少しタイムトリップをするかのようにチェルニヒウを訪れ、ルーシ時代の栄華を感じてみると良いだろう。

プヤトニツャ教会

U П'ятницька церква E Pyatnytska Church

📍 вул. Гетьмана Полуботка, 10/2

📍 vul. H.Polubotka, 10/2

文献に最初に名前が出てくるのは1670年であるが、12世紀末から13世紀初頭に建設されたものだと言われている。3世紀の聖人、聖パラスケヴァ・プヤトニツャにちなんだ教会。聖パラスケヴァは商業の守護聖者として崇拝されていた。

ボリス・フリブ大聖堂

U Собор Бориса й Гліба

E Saints Borys and Hlib Cathedral

銀色の丸型ドームのボリス・フリブ大聖堂は、12世紀建築。1015年に公位継承の争いの中で殺害された、ルーシ最初期の聖人ボリスとフリブの二人の名を冠する大聖堂。中にはキーウ・ルーシ時代の発掘物が展示されている。

イェレツ修道院

U Єлецький Успенський монастир

E Assumption Cathedral of the Yelets Monastery

📍 вул. Князя Чорного, 1 📍 vul. Kniazia Chornoho, 1

1060年に建設され、1239年のモンゴル襲来時に一度破壊、1680年代に再建された修道院。

至聖三者修道院

U Троїцько-Іллінський монастир

E Trinity Monastery

📍 вул. Л. Толстого, 92 📍 vul. L.Tolstoho, 92

およそ1069年に建設されたと言われる修道院。現在の姿は、1649年に再建されたもの。

アントニー洞窟

U Антонієві печери E Anthony Caves

📍 вул. Іллінська, 33 📍 vul. Illinska, 33

11世紀、キーウ・ルーシの宗教活動家、アントニー・ペチェルシキーによって作られた洞窟。アントニーは、ペチェルシク大修道院を作った人物。この洞窟のある小山には、もともと多神教の寺があったが、そこにアントニーが洞窟を掘り、修道院を作ったという。なお、アントニー洞窟の上に立つイッリャ教会も11世紀末から12世紀初頭に建設されたもの。

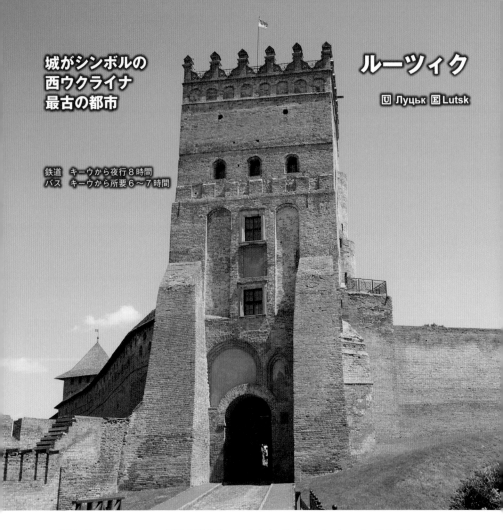

城がシンボルの西ウクライナ最古の都市

ルーツィク

U Луцьк E Lutsk

鉄道　キーウから夜行８時間
バス　キーウから所要６〜７時間

　北西の町ルーツィクは、外国人観光客にこそあまり知られていないが、実はウクライナの最も長い歴史を持つ町の一つである。ルーツィクが歴史に名前が最初に現れるのは、1085年のことであり、それ以前にも既に町が存在していただろうと考えれば、およそ1000年は存在していることになる。古都リヴィウであっても、歴史に現れるのは13世紀であることを考えると、西ウクライナ最古の都市は、実はリヴィウではなくルーツィクなのである。この街は、とりわけ、ハーリチ・ヴォリーニ大公国期にリトアニア・ウクライナ系のリューバルト公（князь Любарт）の下で大きく発展している。ポーランド・リトアニア共和国に属していたことからか、町中は、どことなく、リトアニアのヴィルニュスを思わせるところがある。

　ヴォリーニ州の州都であるが、ルーツィクの人口は20万人強の中型の町である。ルーツィクの穏やかな街並みは、賑やかなリヴィウとは対照的である。町づくりもリヴィウとは異なり、石畳の形、通りの広さ等、個性的な雰囲気を持つ。

　なお、ルーツィクからポーランド国境までは遠くなく、ここからルブリン等の町へバスで移動するのも面白いだろう。

リューバルト城

U Замок Любарта E Lubart's Castle
📍 вул Кафедральна, 1а 📍 vul. Kafedralna, 1a

観光の見所は、何と言っても、リューバルト公が建設したリューバルト城（通称、ルーツィク城（Луцький замок））であろう。1340 年に完成したこのお城は、ウクライナの中でも特に良い状態で保存されている。正面の門は、形、規模、状態と優れており、ルーツィクのシンボルとなっているだけでなく、ウクライナの 200 フリヴニャ紙幣にも描かれている。さらに、リューバルト城のウクライナの他の城との違いは、ルーツィク市の中心部に建っていることであり、町中を歩いていると高台のお城が目に入ってくる。この景色が現代のルーツィクの町の雰囲気を特徴づけている。なお、ここでは、1429 年、当時として最大の「諸国君主会議」が開かれており、ポーランド、神聖ローマ、ハンガリー、デンマーク、スウェーデンの王・君主、ローマ教皇の特使、ビザンツ帝国やモスクワ公国の大使が参加している。リューバルト城でのこの会議の議題は、オスマン帝国から如何にヨーロッパを守るかであった。

聖ペトロ・聖パウロ大聖堂

U Собор святих Петра і Павла
E Saint Peter and Paul Cathedral
📍 вул Кафедральна, 6 📍 vul. Kafedralna, 6

リューバルト城の近くには、ウクライナでは珍しいローマ・カトリック教の聖ペトロ・聖パウロ大聖堂が建っている。17、18 世紀に作られたこの大聖堂は、イエズス会が所有していたものである。建設当時、リューバルト城とともに防衛の役割を果たすことを条件に建てられたと言われる。塔のデザインは左右非対称。また、大聖堂には地下施設も残っており、ガイドとともに地下教会や聖職者の遺骨を見ることができる。

バル&バーニャ 🏪

U Бар & Баня E Bar & Banya
📍 вул. Данила Галицького, 16
📍 vul. D.Halytskoho, 16

リューバルト城から 300 メートルまっすぐ進みダニーロ・ハリツィキー通りに出たところにあるアクセスのしやすいお店。ウクライナ料理、ポーランド料理、地ビールにピザなども頼める。

ゼマン・バル 🏪

U Пивний ресторан Земан E Zeman Bar
📍 вул. Винниченка, 69 📍 vul. Vynnychenka, 69

ルーツィクでおすすめの地ビールは「ゼマン」（Земан/Zeman）。どのお店にもあるが、同名のバーも存在する。他地域のビールよりもあっさりした味で、レモンの切れっ端がジョッキに付いてくる。

リウネ州・愛のトンネル　愛とビールとお城の地方

U Рівненська область - Тунель кохання
E Rivne region - Tunnel of Love

鉄道　キーウから所要6～7時間
バス　キーウから所要5～6時間

生神女就寝教会

　　北西のリウネ市へは、キーウからバスで約
5、6時間で行ける。近年は、ソーシャル・メ
ディアで急速に人気となった「愛のトンネル」
への中継地点として訪れる観光客が多くなっ
ている。
　　リウネ自体は、13世紀に最初に名前が出て
くるが、市のステータスを得たのは1939年
であり、発展の歴史は比較的若い町である。
ルーツィク市までバスで1時間半であり、リウネ市とルーツィク市は合わせて旅行することを
計画するのも良いだろう。リウネの街中には中心部にいくつか見るべき建築があり、数時間歩け
ば見て回れる。生神女就寝教会は、1756年建設。また、この地方な琥珀が有名であることから、
中心部に琥珀博物館がある。リウネには、評判の良いビールが複数あるため、愛のトンネル見学
に訪れて宿泊するなら、地ビールを堪能するのが良いだろう。

カント 🔖

U Кант E Kant
📍 вул. Коперника, 9　📍 vul. Kopernyka, 9
リウネで新しいビールを提供するパブ。質
の高いビールの中でとりわけ目立つのが、
IPA。ビール好きなら一度は飲んでみてほ
しい。

タラカニウシキー要塞跡
U Тараканівський форт　E Tarakaniv Fort

ドゥブノからさらに15分ほど車で南下したところにある要塞跡。19世紀後半に建設。広大な敷地の廃墟であり、雨風にさらされるまま崩れているが、その規模の大きさは探検好きの心を揺さぶる。ただし、真っ暗闇の中に大きな穴があったり、崩れやすい場所があったりと、単独での探索は禁物。案内してくれる地元ガイドを見つけなければいけない。

ドゥブノ城
U Дубенський замок

E Dubno Castle

リウネから車で1時間程度で行けるドゥブノ市のお城。15世紀にリトアニア大公国のコンスタンティ・オストログスキが建設。

愛のトンネル
U Тунель кохання　E The Tunnel of Love

約10年前、ソーシャル・メディアでこのトンネルの写真が出回り始めた時は、ウクライナ人ですらどこにあるのか知らなかった場所である。噂が噂を呼び、「愛のトンネル」という呼ばれるようになり、その見た目の美しさから急速に話題となり、ウクライナ国内の観光地となった。2014年には、日本の今関あきよし監督が『クレヴァニ、愛のトンネル』という映画を作っている。リウネ州リウネ市から車で約30分のクレヴァニ町（Клевань）からオルジウ町（Оржів）へと繋がる線路であり、鉄道が走る場所だけ木々が生えないことで、トンネルを形成した。

トンネルの始まりにはお土産屋やトイレが設置され、徐々に観光地らしくなっているが、まだまだ整備はされておらず、リウネで十分に情報を集めて向かう必要がある。また、夏場は蚊が非常に多いため、対策と覚悟が必須。

ドニプロ ロケット・産業・アートのある 川辺の大都市

Ⓤ Дніпро Ⓔ Dnipro

飛行機　キーウから所要約1時間
鉄道　キーウから夜行7時間　特急6時間
バス　キーウから所要9〜10時間

　南部のドニプロ川沿いの町ドニプロは、もともとは産業都市であり、一般的な観光要素の多い町ではない。この地でコサック達が活発に活動していたのは事実だが、18世紀にエカチェリーナ2世が作った町として紹介されることが多い。

　現在では、約100万人の人々が暮らし、複数の重要産業が集まるウクライナ南部の経済の中心地であることから、町の変化の速度は早い。旧ソ連では単なる産業都市であったこの町で、今では、そこに暮らす人々により、新しい施設・新しいお店が現れ、文化や芸術を生み出すエネルギーが生まれている。

　街中には100年前の古い建物も残っているが、観光客用に見やすく整備されているものはまだ少ない。リヴィウやオデーサと違い、建築を見て回ることを目的にするには向かないが、その代わり、無骨なソ連時代の建物のあちこちにアーティスト達による壁画が描かれ、金属加工工場の中にもアート作品が設置され、ソ連らしさと現代的テイストを市民たちの手で独特に調和させているのが特徴であろう。ドニプロ川の沿岸は、晴れた日に歩くと気持ちが良い。あちこちから遊覧船が出ており、川から見えるドニプロ市の「調和」には、独特の魅力がある。

ロケット公園
U Парк ракет E Rocket Park
📍 проспект Олександра Поля, 2а 📍 pr. O.Polia, 2а
ドニプロにあるロケット等製造会社ユージュマシュ社の
ロケット3機が屋外に展示される工場。ツィクロン3が
そのまま展示されているのは、中々味わい深い。

インテルパイプ・スターリ
U Інтерпайп сталь E Interpipe Steel
📍 вул. Каштанова, 35 📍 vul. Kashtanova, 35
製鋼工場。工場内にデンマーク生まれアイスランドの芸
術家であるオラファー・エリアソンの作品が展示されて
おり、産業とアートを一つの空間に融合させている。事
前の予約で内部見学ができる。

ドニプロ川　遊覧が楽しめる。

ペトリキウカ塗り
U Петриківка E Petrykivka decorative painting
ユネスコの無形文化遺産に登録されている装飾画。同州
のペトリキウカが発祥地であり、ドニプロ市内の色々な
場所で購入できる。

反テロ作戦ミュージアム
U Музей АТО E ATO museum
📍 проспект Дмитра Яворницького, 16
📍 pr. D.Yavornytskoho, 16
ドニプロ市のあるドニプロペトロウシク州の隣は、ロシ
アからの侵略を受けるドンバス地方であり、前線には同
州から多くの人々が兵士やボランティアとして参加して
いる。ドネツィクでの戦闘を喚起する展示品が複数見ら
れる。

中央市場オゼルカ
Ⓤ Центральний ринок «Озерка» Ⓔ Ozerka Central Market
📍 вул. Шмідта. 2/3 📍 vul. Shmidta, 2/3

パブ・ヴァルバーガー 🍴

Ⓤ Паб Varburger
📍 проспект Дмитра Яворницького, 57
📍 pr. D.Yavornytskoho, 57

美味しいバーガーならここ。羊肉のバー
ガーなど変わり種も。夏なら屋外での食事
も気持ちいい。

ヴ・グラヴヌィフ・ロリャフ 🍴

Ⓡ В Главных Ролях Ⓔ V Glavnih Rolyah вул.
📍 Магдебурзького права, 2
📍 vul. Mahdeburzkoho prava, 2

おしゃれなインテリアに、美しく盛られた
料理が楽しめる。カクテルも豊富。ドニプ
ロで雰囲気のある夜を過ごしたい人におす
すめ。

パブ・ケディ・イスクストヴォヴェダ 📷

R Паб Кеды искусствоведа
E Sneakers of Art Critic
📍 вул. Михайла Грушевського 4а
📍 vul. M.Hrushevskoho, 4а

ウクライナのクラフト・ビールを扱う人気パブ。せっかくならドニプロ発の「First Dnipro Brewery (FDB)」をお試しあれ。

マフノ・パブ 📷

U Махно ПАБ E Makhno PUB
📍 вул. Магдебурзького права, 4а
📍 vul. Mahdeburzkoho prava, 4а

ウクライナ革命期に農民を引き連れ各地で戦闘を起こしたアナキスト、ネストル・マフノをコンセプトにしたパブ。無政府主義者なら是非。

ザポリッジャ　中洲の拠点で今も鍛えるコサック達

U Запоріжжя　E Zaporizhzhia

飛行機　キーウから所要約1時間
鉄道　キーウから夜行9〜11時間　特急7時間
バス　キーウから所要9〜11時間

ドニプロ水力発電所
U ДніпроГЕС　E Dnieper Hydroelectric Station
ザポリッジャの景色を象徴する水力発電所。1927年に
稼働。町の中心に建設されており、ホルティツャ島のザ
ポリッジャ・シーチからよく見える。
↓↓

ザポロッジャ・シーチ

U Запорозька січ　E Zaporozhian Sich
ザポリッジャの観光の中心は、復元されたコサック達
の拠点「サポロッジャ・シーチ」である。敷地内の建
物では、コサック達の当時の生活、内政・外交の様子
が感じられる他、敷地のすぐそばでザポリッジャ・コサッ
クとして自らを鍛える男性たちが当時のコサックの戦
闘の様子を再現して見せる出し物が必見。強靭な戦士
として知られたコサック達がどのような戦闘をしてい
たのかを直に感じられる場所である。

　現在のザポリッジャのあるあたりには、紀元前5〜4世紀には人が住み着いていたと言われる。この町にとっては、今も昔もドニプロ川の存在が大きく、とりわけ、中洲にあるホルティツャ島には、16世紀の一時期、コサック達の活動の中心地が存在した。17世紀末、ザポロッジャ・コサック達がクリミア、オスマン、ロシアの間で、自らの存在をかけて戦っていたのがこの地である。現在のザポリッジャの姿は、1770年に要塞が作られ始めたことに始まり、19世紀には産業都市としてその存在感を増していく。

　町の中心部は、一般的な産業都市としての趣であり、あまり目立ったものはない。この町の特徴は、やはりドニプロ川のホルティツャ島であり、ここを訪れなければ、サポリッジャに来た甲斐はない。

多神教時代の遺跡

ホルティツャ島を、地元の人は魔力の集まる場所だと呼ぶ。真偽は置いておくとしても、この島にキリスト教伝来以前の多神教の遺跡が残っているのは確かである。ドニプロ川の中洲に長らく人が神秘を感じていたことを思わせる場所である。

マリウポリ アゾフ海に面する宇露戦前線に近い港町

鉄道　キーウから夜行14時間
バス　キーウから所要15〜16時間

　東部ドネツィク州の港町マリウポリの位置する場所、アゾフ海の沿岸には、16世紀にザポロッジャ・コサック達が入植し、ドマーハ（Домаха）と呼ばれる要塞を築いている。現在のマリウポリという名前になったのは、1779年のこと。1780年には、クリミアからキリスト教徒のギリシャ人が多く移住している。

　現在のマリウポリは、多様な民族的背景からなる独特な文化背景を持つとともに、同地方の産業の中心であるとともにアゾフ海に面した港町として発展を続けている。町のあちこちで、産業都市らしい景色がみられる。マリウポリの高台からアゾフ海を望む景色は絶景。ただし、ここから東に10キロ行くと、対露戦の前線となる。マリウポリの東側は強固な検問があり、通常は通行できない。また、2015年にはマリウポリの東側にロシア武装集団の放った多連装ミサイルが着弾しており、市民が多く死亡している。今でこそ市内は長らく平穏だが、ウクライナ・ロシア戦争は今も終わっておらず、事態が急変する可能性は頭に入れておかねばならない。最新情報をよく仕入れてから訪問を決めよう。注目すべきは、2014年の宇露戦争開始以降、マリウポリの社会が活性化していることである。文化イベントの数が増えており、日本文化紹介行事や音楽フェスの多さが目立つ。アメリカやEUも多くのプロジェクトを進めている。2019年には、キーウ〜マリウポリ間の夜行電車が開通し、人の移動を促進。戦争を逆風に、町にダイナミズムが生まれている。

ハンペル医師の家

U Дім Гампера　E Gamper House

📍 вул. Земська, 45　📍 vul. Zemska, 45

マリウポリ駅から歩いて10分程度の場所、ハンペル坂に立つれんが造りの「ハンペル医師の家」は、マリウポリにおける観光ポイントの一つとなっている。19世紀建造。

ヴェージャ・クリエイティブ・スペース

E Vezha Creative Space

📍 вул. Енгельса, 36　📍 vul. Enhelsa, 36

マリウポリの文化の中心地。古い塔の内部を改造し、観光客向けにお土産物を売ったり観光情報を提供したりしている他、文化イベント等が行われる施設として利用されている。

マリウポリ港

U Маріупольський порт

E Mariupol Sea Port

マリウポリでアゾフ海沿いに歩いていると目に入るのがマリウポリ港である。商業港であり、一般観光客は中には入れないが、それでも敷地から見える港のクレーンは、この町のシンボルの一つであろう。

ミヤザキケンスケ氏の壁画

📍 вул. Олімпійська, 199　📍 vul. Olimpiiska, 199

マリウポリ東部の第68学校に日本人のアーティストであるミヤザキケンスケ氏が描いた壁画。この学校には、武装集団のミサイルが着弾しており、復元された学校の壁に共存をモチーフにした壁画が描かれた。

エラダ

E Эллада　E Ellada

📍 проспект Будівельників, 72a

📍 pr. Budivelnykiv, 72a

マリウポリには、現在もギリシャ系住民が暮らすことから、ギリシャ料理が食べられる。エラダでは、チルチルやムサカのようなギリシャ料理を楽しもう。

ミスター・ビーン&ボウラー・ハット

E Mr. Bean & Bowler hat

📍 проспект Миру, 39　📍 pr. Myru, 39

丁寧に入れられたコーヒーに英国風の朝食が出てくる。朝早くマリウポリに着いたら立ち寄りたい。

ヘルソン州　クリミアと隣接したスイカ名産の自然の宝庫

Ⓤ Херсонська область　**Ⓔ Kherson Region**

飛行機　キーウから所要約 1 時間
鉄道　キーウから夜行 12 時間　特急 7 時間
バス　キーウから所要 9 〜 10 時間

　ウクライナ南部のヘルソン州は、独特な自然の宝庫であり、有数な自然観光地を持つことで知られる。ヘルソン市を拠点に行動すると良い。近年は、ヘルソン市から英語でのツアーも多く企画されており、外国人も旅行しやすくなっている。クリミアと隣接する、ウクライナ南部、黒海沿岸の豊かな自然を体感するには、ヘルソン市を拠点に数日滞在するのが良いだろう。なお、夏場は、スイカとトマトが有名で、ヘルソン州からウクライナ全土にスイカが運ばれることから、ヘルソンのシンボルはスイカとなっている。

オチャキウ門（ヘルソン市）　　　　　ヘルソンのすいか

ヘルスON

Ⓤ ХерсON Ⓔ Khers-ON

📍 вул. Суворова, 8 📍 vul. Suvorova, 8

ヘルソン市内の新進気鋭の旅行会社。ヘルソン州の様々なところへの日帰りツアーを企画している。英語ガイドも用意しており頼もしい。オフィスには、カフェとお土産屋が併設されている他、週末には地元ミュージシャンによる野外音楽イベントも開催。ツアーを頼まないにしても、一度足を運んでみると良い。

ヘルソン市外

トルベツコイ公ワイナリー

Ⓤ Виноробне господарство князя П.М. Трубецького

Ⓔ The Winery of duke P.N. Trubetskoy

📍 с. Веселе, Бериславського району

📍 s.Vecele, Veryslavskyi raion

ワイン好きのロシアの活動家ピョートル・トルベツコイ公の作ったワイナリー。当時の技術と建物を活かしたワインは絶品。エクスカーションに行く際は、試飲を必ず加えよう。ワイナリーは、ヘルソン市から1時間程離れたノヴァー・カホウカ方面に位置する。

オレシュキ砂漠

Ⓤ Олешківські піски Ⓔ Oleshky Sands

ヨーロッパ最大級の砂漠。入域料を払えば散歩できる。

キンブルン砂州 Ⓤ Кінбурнська коса Ⓔ Kinburn Spit

ヘルソン市から2、3時間車で移動する必要がある、自然の宝庫の砂州。珍しい野鳥や、透明な黒海が見られる。ツアーで行くのが良い。

腐海・アラバト砂州・ピンクの湖
『風の谷のナウシカ』とクリミアの思わぬ繋がり

　宮崎駿の漫画・映画作品『風の谷のナウシカ』には、「腐海」という過去の文明に汚染された広大な森が出てくる。巨大な菌からなる樹木が生い茂り、王蟲と呼ばれる不可思議な生命体が棲息し、人類は特別なマスクなしでは肺が汚染されてしまう地域、という設定である。なぜウクライナの本でこのような話をするかというと、実は、この「腐海」という地名はウクライナに実在するからである。しかも、それは、昨今話題のクリミア半島の位置する地域にある。

　「腐海」という地名は、ウクライナ南部のヘルソン州とクリミアの間に横たわる湿地に名付けられている。この湿地は、最深部で3メートルと浅く、また水の流れが悪いため、夏に熱されることで強い臭いを放つ。この水の流れない湿地をクリミア先住民であるクリミア・タタール人は、彼らの言語（クリミア・タタール語）で「泥」を意味する「スィヴァシュ（Sıvaş）」（宇語：Сиваш/スィヴァーシュ）と名付け、更にその強い臭いから「腐った海／腐海」を意味する「チュリュク・デニズ（Çürük Deñiz）」（宇語：Гниле Море/フニレー・モーレ）との別名を与えたのである。この「腐海」やその周辺の湖には、写真のように塩が赤やピンクに染まるものがあり、幻想的な景色を作り出し、訪れる者を魅了する。

　さて、宮崎駿監督がこのウクライナの「腐海」の存在を知っていたか否かについてだが、これについては1996年のスタジオ・ジブリ発行『風の谷のナウシカ　宮崎駿水彩画集』の中に答えがある。宮崎本人は、「腐海」という名前につき以下のように述べている。

　「実は、この＜腐海＞というのは、実際にそういう土地があるんです。シュワージュという、クリミア半島の付け根にある土地です。それにすごく興味をひかれたんですね。海が後退して沼沢地帯に広がっていて、アルカリ分が強いのでしょう、一種の不毛の地らしい。行ったことはありませんが、その一帯がシュワージュ（腐った海）と呼ばれているというのを何かで読んだ時に、すごい言葉だなと思った。」(p149)

　宮崎は、この印象の強い言葉から作品の中の森を「腐海」と名付けることにしたと述べている。ウクライナ・クリミアと『風の谷のナウシカ』との意外なつながりである。

　なお、ヘニーチェスクのある地域は、歴史的にはクリミア・タタール人達の国、クリミア・ハン国の領土であった土地であり、現在も、クリミア・タタール人住民がその他の地域より多く暮らしており、ここではモスクやクリミア・タタール料理のチベレク等が見つけられる。アラバト砂州は、アゾフ海と腐海を分断する極細の半島である。アラバト砂州の南は2014年以降ロシアに占領されているが、北はウクライナがコントロールしているため、ヘニーチェスクから同砂州の途中までは安全に移動ができる。アラバト砂州の位置は、地理上はクリミア半島であるため、安全かつ合法的にクリミアらしさを感じられる少し特別な場所である。ところで、アラバト砂州は、ウクライナ人の間では夏にはビーチとして知られ、主に腐海とは反対の（東側の）アゾフ海側で海水浴が楽しめる。現地には宿泊施設が豊富にある。

腐海（北がウクライナ大陸側ヘルソン州、南がクリミア半島）

アラバト砂州から見た腐海

アラバト砂州から見たアゾフ海

腐海の塩

夏は海水浴客で賑わう

腐海　なお、腐海が全て写真のように桃色なわけではないが、ヘルソン州には複数ピンクの湖がある。この本の写真のヘニーチェシク湖（Генічеське озеро）を訪れるには、ウクライナ南部のクリミアに隣接するアラバト砂州（Арабатська стрілка）まで行く必要がある。キーウから隣接するヘニーチェシク市までは鉄道で行けるが、移動に 15 〜 16 時間かかるため、それなりの忍耐を要する。

ヘニーチェシク湖

ヘニーチェシク地区にあるモスク

チョルノービリ（チェルノブイリ）　再注目されるダークツーリズム

U Чорнобиль　E Chornobyl

チョルノービリ原子力発電所4号炉

U Чорнобильська AEC
E Chornobyl Nuclear Power Plant

EBRD や日本を含むドナー国の協力で建設されたシェルターにすっぽり覆われたチョルノービリ（チェルノブイリ）原発4号炉。

超水平線レーダー「ドゥーガ3」

E Дуга-3　E DUGA-3

アンテナ部は「チェルノブイリ2」（Чернобыль-2）とも言われ、おそらくそのためにこのレーダーの周辺も現在そのように呼ばれる。高さ約150メートル、幅500メートル弱と巨大。1975年に完成し、ソ連の防空システムに組み込まれた。冷戦時に、大西洋での巡航ミサイル「トマホーク」の発射を感知する能力があったという。別名「ロシアン・ウッドペッカー」。

立ち入り制限区域を出る際に、身体の線量の確認を行う

　1986年4月26日、ソヴィエト連邦構成国であったウクライナ・ソヴィエト社会主義共和国のプリピャチ市にあったチェルノブイリ（Чернобыль）（現：チョルノービリ／Чорнобиль）原子力発電所4号炉にて史上最悪の原発事故が発生し、膨大で危険な除染作業に何千人という解体作業者が駆り出された（なお事故の発生した原発があるのはプリピャチ市。チョルノービリ市は、原発から南に約20キロに位置する）。

　今日まで、チョルノービリ原子力発電所から半径30キロ圏内は、立ち入り制限区域（Зона відчуження）となっているが、実際には、国内外から毎日多くのツアー客がこの制限区域を訪れている。ツアーは複数の企業が扱っており、基本的に予約制。価格はおよそ100ドルからで、キーウ出発のツアーは、最も短いものでも丸一日かかる。

　立ち入り制限区域で計測される放射線量は、一部の極端に高い数値を出す地点（ホットスポッ

プリピャチ市

Ⓤ Прип'ять Ⓔ Prypiat

1986年の爆発事故以降、住民が避難し、無人となったプリピャチ市。事故当時の人口は5万人。事故から30年経過した今、町が着々と自然に還りつつあるのは、不思議な感慨を抱かせる。

ト）を除けば、私たちが飛行機の中で浴びる線量よりも低く、立ち入り制限区域より高い線量（自然発生の放射線）が測定される地域は、世界のあちこちにある。そのため、ツアーガイドの指示を聞いて回る分には、基本的に危険はないと言えよう。他方で、ノルマの数百倍の数値を叩き出すホットスポットがあちらこちらにあるのも事実であり、計測器は、1日のうちに何度か警告音を鳴らす。チョルノービリ原発ツアーは、ダークツーリズムとしか言いようがない。

　現在のチョルノービリ・ツアーは法的にはグレーゾーンで、実質的に許可されているに過ぎない。同時に、近年安全面の情報が周知されるにつれ、ウクライナ政権側にはより観光地として整備する計画も聞かれる。なお、人の往来が一定程度制限されていることにより、この区域はオオカミや野生の馬が繁殖している。

ヴィンニツャ

U Вінниця E Vinnytsia

中部の都市。都市開発がうまく行き、他の町と比べてもよく整備されている。おしゃれな公園、かわいいカフェ、美味しい料理を食べて歩けばあっという間に一日が過ぎるだろう。ヴィンニツャ・クリングルを食べるのも忘れずに。

テルノーピリ

U Тернопіль E Ternopil

西部ハリチナ（ガリツィア）地方の中型都市。特徴は、市内に大きな湖を抱えていることで、夏は遊覧船に乗るのも良いが、冬に来ると氷に穴を開けて釣りをするおじさんがたくさん！ また地ビール「オピッリャ（Опілля）」は全国で高く評価されている。

ウジホロド

U Ужгород E Uzhhorod

西部ザカルパッチャ州の州都。この地方には、ハンガリー系が多く、ウクライナ語も個性的な方言が聞かれる。ハンガリー家庭料理を食べるのもあり。観光名所はウジホロド城と旧シナゴーグ。また、ウクライナでは、この町は春に桜が咲く町として知られている。ザカルパッチャ州には、ムカチェヴォやヴィノフラジウなど、個性的な町がある。スロバキアやハンガリーにアクセス可。

カルパチア山脈
Ⓤ Карпати Ⓔ Carpathian Mountains
複数の国にまたがって連なるカルパチア山脈。ウクライナでも、登山好きな人々に愛されている。国内最高峰は2061メートルのホヴェルラ山。登山口までのアクセスがややこしいが、初心者でも気軽に登れる上、山頂から見える山脈は絶景。

古代ギリシャ植民地のオルビア遺跡
Ⓤ Ольвія Ⓔ Olbia
「船の町」として知られる南部ミコライウから南へ向かうと、沿岸に古代ギリシャの植民地として栄えたオルビアの遺跡が残っている。クリミアにあるヘルソネスに次ぐ規模で、歴史好きなら一見の価値あり。

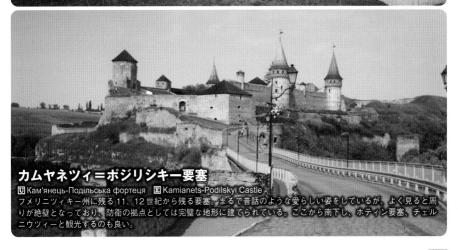

カムヤネツィ＝ポジリシキー要塞
Ⓤ Кам'янець-Подільська фортеця Ⓔ Kamianets-Podilskyi Castle
フメリニツィキー州に残る11、12世紀から残る要塞。まるで昔話のような愛らしい姿をしているが、よく見ると周りが絶壁となっており、防衛の拠点としては完璧な地形に建てられている。ここから南下し、ホティン要塞、チェルニウツィーと観光するのも良い。

村の生活

🔲 Життя в селі

　ウクライナの人々の間で目立った特徴の一つは、自然と村と畑に対する強い愛着であろう。都会に住む人々でも、長い休みをとると村に行き、畑仕事をするという人が少なくない。「土を触って生活をしたい」という気持ちは、日本の人に中にも残っている感覚なのかもしれないが、ウクライナでは都市生活と村の生活の距離が日本よりもずっと近い。ウクライナでは、人々が、日常的に都市と村を行き来している。ウクライナ人の村や自然、畑に対する愛情、というのは、この国の文化と歴史を考える上で、一つの鍵となるテーマであろう。広大な畑、小川、木造の家、井戸水、にわとり、うさぎ、牛、馬（馬車）、やぎ、アヒル。ウクライナ人と仲良くなり、村に招待されたら、是非とも受けて、村の生活を体験してもらいたい。村でいただくヴァレニキやボルシチは、キーウやリヴィウのレストランで食べるのとは全く違う趣がある。

村のヴァレニキ　　　　　　　　　　　　村のねぎサラダ

牛が通る

道路の馬

村の民家

ウクライナ料理　肥沃な黒土を持つ農業大国の本領発揮

　ウクライナは肥沃な黒土を持っているため、ウクライナ人は長い歴史の中で常に農業に従事して生きてきた民である。ウクライナ人は、歴史の中で、いつでも土を耕し、野菜を育て、動物を育てながら暮らしてきた人々であり、できあがった食べ物には特別な愛情を注いでおり、食材の質や新鮮さにも一際厳しい目を向けている。ウクライナの野菜は、よく育ち、栄養豊富で、もちろんとてもおいしい。ウクライナは、どの町にも大きな市場があり、周辺の村から持ってこられた新鮮な旬の食材であふれている。お客さんを家に招く時は、必ずその家でとびきり自慢の家庭料理をふるまってくれる。このようなウクライナで、おいしい料理が発展しないわけはない。ウクライナは、東欧の「食の国」と呼ぶにふさわしい国であり、旅人はどこを旅行していても多種多様な美味しい料理にありつくことができる。

　多くの日本人が 1991 年まで存在したソ連をロシアと同一視してきた結果、長い間、ソ連の食事＝ロシア料理と早合点されてきたふしがある。しかし、ソ連は、ロシア人だけでなくその他多くの民族で構成されていた国であったのであり、ロシアのものと思っていたものが、実はウクライナや他の民族発祥の料理だったということはなんら驚くことではない。真っ赤に染まり、野菜と肉の濃厚な旨味とほんのり甘みを感じるボルシチは、その最たる例であり、ウクライナで生まれ、そこから近隣の民族へ広まっていったとされる代表的ウクライナ料理である。

　そのウクライナ料理とは、具体的にはどのようなものであろうか。伝統的には、豊富な野菜や穀物をふんだんに使った具沢山のスープ類、コサックが遠征や冬季のための保存食、栄養をたっぷりとった豚肉や鶏肉もよく使用される。ここでは、ウクライナ人の民族の自慢であるウクライナ料理の中から代表的なものをいくつか紹介したい。

サロ　Сало

豚の脂身の塩漬け。ウクライナを代表する珍味であり、サロにまつわることわざも多い。薄く切って、ニンニク、唐辛子、辛子などと一緒にパンに乗せてそのまま食べる他、カリッと炒めて他の料理に乗せることもある。遠征を行うコサックは、武器や煙草とともに保存の利くタンパク質源としてサロをいつでも携帯していたと言われ、サロなきウクライナは想像できないとさえ呼ばれるウクライナ人の正にソウルフードである。

クチャー　Кутя

クリスマス・イヴ（1 月 6 日）等特別な日にのみ食べられる伝統料理。茹でた麦、ナッツ、ケシの実を蜂蜜と一緒に混ぜたもの。香ばしさとほんのりした甘さが祝賀の雰囲気を生み出す。

ボルシチ　Борщ

鮮やかな赤色の野菜たっぷり煮込みスープ。ビーツ、玉ねぎ、キャベツ、豚肉、ジャガイモ等をじっくり煮込み、コクと甘みで食す料理。調理法は各地方、各家庭により異なるが、ウクライナのスープでは調理が最も複雑。一説には約500のレシピが確認されているという。食べる直前にサワークリーム（スメタナ）を足して食べることが多い。ボルシチ抜きでウクライナ料理は語ることはできず、ウクライナが世界に誇る栄養満点で味わい深い料理である。なお、日本では、トマトスープや辛いスープと間違われることも少なくないが、赤色はビーツによるものであり、ビーツの持つ甘みこそがこの料理を特徴付けていると言える。

緑のボルシチ　Зелений борщ

夏季限定の緑色のボルシチ。赤いボルシチとは調理法が全く異なる。緑色は酸味のあるスイバの葉を用いたもの。豚肉や玉ねぎでダシを取ったところに、スイバの酸味が加わり、最後にゆで卵が加えられる。スイバの酸味が暑い夏には心地よい。温めたものと冷製のものと両方ある。

その他各種スープ（カプスニャク、ソリャンカ、オクローシュカ、豆スープ、魚スープ等）

ボルシチ以外にも、ウクライナはスープが豊富である。カプスニャクは、ザワークラウト（発酵したキャベツの千切り）をふんだんに入れた酸っぱい肉入りスープ。ソリャンカは、刻んだきゅうりのピクルスやオリーブ、レモン等が入れられた香辛料多めの濃厚スープ。オクローシュカは、ケフィアかクワスで作る冷製スープであり、夏場限定料理。他にも、豆や魚を使ったもの等、様々なスープが楽しめる。

豆のスープ
（ホローホヴィー・スープ）
Гороховий суп

オクローシュカ
Окрошка

ソリャンカ
Солянка

カプスニャク
Капусняк

ヴァレニキ　Вареники

小麦から作った皮に具を詰めて茹でた料理。水餃子に似ているが、具はジャガイモのピューレ、ザワークラフト、キノコ、チーズと様々。サロをこんがり炒めたものを乗せたり、サワークリームをかけたりして食べる。サクランボを入れた甘いヴァレニキも人気。ロシアには似た料理でペリメニがあるが、あちらはひき肉入りで形も違う。

主食（穀物、パン、ジャガイモ）

ウクライナの主食は何か、との問いには答えるのが難しい。穀物としては、小麦、大麦、蕎麦の実、粉状トウモロコシ、米、キビ等の茹でたものが食べられている他、パンも幅広く食べられ、白パンや黒パンと種類が豊富。パンは、日本のように甘みは加えられていない。その他、ジャガイモを茹でたり炒めたりしたものや、ポテト・ピューレもよく食べられる。

蕎麦の実の茹でたもの　Гречана каша

デルニ　Деруни

ジャガイモ料理。ジャガイモをすりおろしたものに小麦粉やニンニク等を加えて炒めたもの。お好みで、スメタナと呼ばれるサワークリームをかけて食べる。モチっとした食感とジャガイモの旨味がビールに合う。

各種ソーセージ

ウクライナで最もよく食べられている肉は、豚肉ではなかろうか。加工手段も種々あり、ソーセージも多くの種類を見つけることができる。中でも、クロヴヤンカは個性的であり、豚の血と蕎麦の実を詰めた黒い見た目の珍味ソーセージ。こってりした味わいは、一度慣れると癖になる。

血のソーセージ（クロヴヤンカ）
Кров'янка

ムリンツィ　Млинці

ウクライナ風のクレープ料理。中には、甘いジャムを入れてデザートにすることもあれば、鶏肉やサーモンを入れてメイン料理にすることもある。

ホルプツィ　Голубці

ロールキャベツ。キャベツの葉で米とひき肉を包んだものを、オレンジ色の濃厚なソースで煮込んだもの。

チキン・キーウ（コトレタ・ポ・キーウシキー）
Котлета по-київськи

首都キーウの名を冠したこの料理、実はそれほど長い歴史があるわけではないのだが、今日では主に食堂やレストランで幅広く食べられている。鶏肉の中にバターを入れたまま揚げてあり、出来立てのカツレツにナイフを入れるとじわっと溶けた黄金色のバターが中から流れ出てきて、食欲をそそる。ジャガイモのピューレと一緒に供されることが多い。別名キーウ風カツレツ。

ジュレク（ポーランド料理）
Журек(żurek)

西部のルーツィク等で飲める。

ホロデーツ　Холодець

肉の煮こごり。ビーツのソースや酢等のさっぱりしたものと食べると美味しい。

バノシュ（バヌシュ）
Банош(бануш)

ウクライナ南西部のカルパチア地方に広まる郷土料理。トウモロコシの粉とサワークリーム、カリカリに炒めたサロ、ヤギ乳のチーズ等で作るエキゾチックな料理。以前は、地方に行かなければ食べられなかったが、最近はキーウやリヴィウでも提供する店が増えている。

カキ（ウーストリツャ）　Устриця

ウクライナには黒海で魚介類が捕れる。特に最近はカキブーム。魚介類を扱うレストランでは、海外のカキだけでなく、黒海の国産のカキが食べられる。

クリーシュ　Куліш

キビを炊いた料理。容易に作れることから、その昔、コサック達の戦場での料理だったという。

チーズ（シル）　Сир

ウクライナのチーズはピンキリ。安っぽいものから高級なもの、ヤギのミルクで作るもの等、様々なチーズが出回っている。

シルニク　Сирник

チーズ（シル）で作られるウクライナのチーズケーキ「シルニク」。甘いベリージャムやサワークリーム（スメタナ）と一緒に食べる。

この他、南の港町オデーサには魚料理もあるし（別ページで紹介）、ルーマニア、ハンガリー、ポーランドに近いところでは隣接する国の料理も楽しむことができる。国土の広さが、直接食の多様性に繋がっており、是非旅行の際は色々な土地の個性豊かな料理を楽しんで欲しい。

ソフトドリンク（コンポート、ウズヴァル、モルス、クワス）

果物が豊富なウクライナで、新鮮なジュースも飲めるが、それ以外にも珍しいソフトドリンクがある。コンポートは、主にベリー類を煮て作る飲み物。ウズヴァルは、乾燥したりんごを同様に煮ており、香ばしい香りが特徴的。モルスは、ベリーのジュース。クワスは、ライ麦から作る焦げ茶色の微炭酸・微アルコール飲料。夏になると街のあちこちで売り出され、その清涼感で暑さを一時的に忘れることができる。

クワス　Квас

モルス /Морс とウズヴァル /Узвар

アルコール飲料（ウォッカ、ナリウカ、ビール、ワイン）

ウクライナの飲み物というと、ウォッカ（ウクライナ語ではホリルカ /Горілка）を連想する方が多いかもしれない。ウクライナ独自のウォッカは、唐辛子や蜂蜜入りのもの。他方、ウォッカは最近の若者の間では人気は下がってきている。一般的なアルコールは、やはりビール。ウクライナは昔から各地でビール作りが盛んであり、最近はクラフト・ビール人気も高まり、ウクライナは隠れたビール大国となっている。その他、様々なベリー類から作られる甘くてアルコール度の高いナリウカやナストヤンカもおいしい。カルパチア山脈や黒海沿岸ではワイン醸造も盛んで、最近では高級志向の良質なワインも増えてきており、レストランでは値段の割に美味しいワインが楽しめる。冬には、ホットワイン（フリントヴェイン /Глінтвейн）も美味しい。

ホットワイン（フリントヴェイン）
Глінтвейн

ビール　Пиво

ナリウカ
Наливка

ワイン　Вино
ウクライナのワイナリーは、南西部のカルパチア山脈や南部のオデーサ州・ヘルソン州等に集中している。写真は、左から、コトナール（ザカルパッチャ州）、シャーボ（オデーサ州）、コロニスト（オデーサ州）、トルベツコイ公ワイナリー（ヘルソン州）のワイン。

ウクライナ・ジョージア・モルドバの３国が三種のブドウを使い共同で作った「フリーダム・ブレンド」という面白いワインも売られている。

ナストヤンカ
Настоянка

オデーサ料理　諸民族影響と黒海の恵みの魚介料理

　ウクライナ最大の港町オデーサ。地方ごとの文化差が大きいウクライナであるが、オデーサはとりわけ、その発展の歴史から多様な民族が集まる町であったことに加え、海に面するという土地柄もあり、ウクライナ料理の中でもいくつかの個性的な特徴を有している。

　まず、歴史的にユダヤ人が多かったことから、オデーサ料理は、フォルシュマクのような、ユダヤ料理を取り入れている。また南西でベッサラビア地方に接していることから、オデーサでは同地方の料理の影響も見られる。そして、最大の特徴はやはり、港町ならではの、料理に使われる魚介の存在である。例えば、オデーサでは、同じウクライナ料理でも、他地域と異なり、肉の代わりに魚や貝が使われることが多い。

　黒海の魚は、日本で一般的に食べられる魚とは種類が違う上、調理法も、揚げたり、すり身にしたり、卵や小麦粉と一緒に炒めたりと、日本のものとは大きく異なる。オデーサを訪れる際は、せっかくなので、その違いを受け入れ、その地ならではの魚介料理を堪能するのが楽しいだろう。ちなみに、オデーサ州はじめウクライナ南部にはいくつかの良質なワイナリーがある。魚介料理を食べるからには、是非白ワインを合わせたいところである。

フォルシュマク　Форшмак
ニシンの魚肉をペースト状にしたパテ。ユダヤ料理（ゲアクテ・ゲリング）からオデーサ料理に入ったものと見られる。塩味が効いており、薄切りの黒パンに塗って食べるもの。

白さくらんぼのコンポート
Компот з білої черешні
「白さくらんぼ」という種類を使ったコンポート。梅のような風味が特徴的。コンポートよりもさっぱりとしており、風味が高い。夏に冷やして飲むと、清涼感が高く、やみつきになる。

魚のブテルブロード
Бутерброд з тюлькою
ブテルブロードとは、薄く切ったパンの上に色々な物を乗せて食べる軽食のこと。オデーサでは、小魚を乗せて食べることが多い。

ニシン入りビートチキ
Биточки із тюльки
魚入りの卵入り炒め料理（ビートチキ）。他地域では肉を入れるところ、オデーサではニシンを入れる。

カレイ料理「グロシク」
«Глосик» по-одеськи
カレイはウクライナ語では「カンバラ」というが、オデーサでは「グロシク」と呼ばれる。カレイは、オデーサではシンプルに揚げて食べるのが一般的で、新鮮で素朴な味を楽しむのが地元風。

イクラ・ズ・シネンキフ
Ікра з «синеньких»
ナスのことを、オデーサでは「シネンキ」（青いやつの意）と呼ぶ。イクラ・ズ・シネンキフは、ナスやパプリカなどをオーブンで炒めペースト状にしたもののことを指す。これも黒パンに塗って食べる。

揚げヒメジ
Смажена барабулька
さっぱりした揚げヒメジもオデーサの定番料理。黒海定番の魚料理の一つ。

ムール貝入りプロフ
Одеський плов з мідіями
中央アジアの米料理「プロフ」は、通常肉を入れて作られるが、オデーサではムール貝を入れるのが一般的。パエリヤを思わせる港町料理。

クリミア・タタール料理　伝統と追放の中で維持・発展した味

　ウクライナの多様な食文化の中で、とりわけ異色なのは、クリミア・タタール人の民族料理であろう。クリミア・ハン国時代からの伝統郷土料理であり、正に「クリミア料理」と呼ぶにもふさわしい。歴史的繋がりの深い大陸側ウクライナとは、類似点もあるが、民族・風土の違いから、その全体像はやはり大きく異なる。現代クリミア料理は、クリミア半島で生まれた長い歴史を誇

タタル・アシュ /Tatar aşı
クリミア風餃子。伝統的には全ての女性がこの料理を作るのが当たり前だったとか。ヨーグルトやナッツとともに食べる。

ピリャヴ /Pilâv
歴史の長い米料理。14世紀、かのイブン・バトゥータが、クリミア料理としてピリャヴらしきもののレシピを記述。具材を炒め、米と水を加え、火が通ったところで、蓋をし蒸す。

ヤズマ /Yazma
ケフィアから作る冷製スープ。きゅうりとにんにくの刻んだものが入る。刻んだディルも足される。夏にはさっぱりと美味しい。

チベレク（チェブレク）/Çiberek
代表的民族料理。世界中クリミア・タタール人が多い地域で食べられる。小麦の生地に、羊や牛のひき肉を詰めて揚げる。クリミア料理では祝い事の際に作る。チーズ入りもある。

ノフトゥル・ヤニ /Nohutlı yani
ヒヨコマメと羊肉を中心に、玉ねぎやパプリカなどを加えた煮込み料理。ヒヨコマメは、煮始める前に10～12時間水にひたして柔らかくする。

ヤントゥク /Yantıq
油で揚げるチベレクと違い、ヤントゥクは鉄板で炒める。油が少ない分、こちらの方が好きという人もいるかも。肉入りが定番だがチーズ入りやジャガイモ入りもある。

る伝統料理と、クリミア・タタール民族全体の中央アジアへの追放期に現地料理の影響を受けた料理に大別できる。伝統クリミア料理は、特別な日に作られる祝祭用料理と、より日常的に食べられる料理に分かれる。現在クリミアは占領下にあり、迫害を逃れる形で数万人のクリミア・タタール人が大陸側に避難しており、彼らが各地で開いた店でクリミア料理が食べられる。ウクライナ料理とはひと味もふた味も違うクリミア料理を試してもらいたい。

イマム・バユルドゥ /Imam bayıldı
ナスの中に刻んでしっかり炒めた賽の目状に切った野菜を入れ、さらにオーブンで焼いた料理。トルコやアルメニアでも見られる。

サルマ /Sarma
香辛料と香草のたっぷり入った羊のひき肉とお米をブドウの葉でくるんだ料理。羊肉のクセをブドウの葉と香辛料が上手に和らげ、料理の特徴に変えている。

バクラヴァ /Baqlava
クリミア料理で最も一般的な家庭風デザート。薄い生地何層にも重ねてから油であげ、仕上げにシロップとナッツを振りかけたもの。お祝い事には必ず出てくる。

ホシャフ /Hoşaf
乾燥させた果物から作った飲み物。独特の香ばしさが特徴。

カヴェ /Qave
コーヒー。オスマン帝国と近い関係にあったクリミア・ハンでは、近世にはすでにコーヒーを飲む文化が確立。トルコ・コーヒー同様にジェズベと呼ばれる器具で淹れる。

ラグマン /Lagman
クリミア・タタール人が中央アジア料理を取り入れた例で、比較的近年にクリミア料理に加わった。肉だしにスパイスで味付けされた汁に太めの麺が入った、満腹料理。

ボルシチ 　実はウクライナが発祥の代表的民族料理

ウクライナの郷土料理

　数あるウクライナ料理の中でも、最もウクライナを代表する料理は、やはりボルシチ（борщ）であろう。真紅のスープで、じっくり煮込まれた野菜と肉の旨味とビーツの甘みに、最後に加えられるスメタナというサワークリームの程良い酸味がアクセントになり、素朴さを保ちながらもじわりと濃厚で、大地の恵みを目一杯詰め込んだ、栄養たっぷりの絶品料理である。ボルシチは、日本の人はロシア料理屋で食べたことのある方が多いかもしれないが、発祥の地は実はウクライナ（ロシア発祥のスープには、シチーというものがある）。ボルシチは、古来より農業の盛んなウクライナで生まれ、そこから周辺の地域に広がっていったと考えられる、ウクライナ人が世界に誇る郷土料理なのである。

長い調理時間

　現代のボルシチのレシピは、地域・家庭・国により大きく異なる。ウクライナだけでも、ボルシチのレシピは100ほどあると言われる。ボルシチのレシピは、ウクライナの数あるスープの中でも最も複雑と言われ、調理時間は少なくとも3、4時間はかかる。そのため、ボルシチは、味噌汁のように毎日作るものではなく、休日に多めに作り、冷蔵庫に入れて1週間かけて食べるタイプの家庭料理なのである。もちろん、どんな食堂にもボルシチは必ずあるので、どんなに料理の下手な一人暮らしの方でも、毎日ボルシチにありつくことは可能である。

中に入っている食材は？

　レシピが多く、典型的なボルシチの作り方をお伝えするのは難しい。少なくとも、ビーツ（宇語：ブリャーク（буряк））を入れるというのは、概ね同じなのだが、その他の共通点はなかなか見出しにくい。肉が入ることが多いが、それは豚肉か、牛肉か、鶏肉か。歴史的には魚を入れることもあったらしい。きのこを入れる地域もあれば、小麦粉の練りものや乾燥果物を入れるところもある。いつでも野菜具沢山かと思いきや、ウクライナ西部の一部地域では野菜はビーツだけしか入れないというボルシチ（ポーランド風）も食べられている。キリスト教徒には、復活祭の前の一定期間肉を食べない人が少なくなく、その時に作られる肉なしボルシチ（пісний борщ）というのもある。ちなみに、ロシアのモスクワ風ボルシチと呼ばれるものは、ウクライナのボルシチと違い、牛肉にハムやソーセージを入れるらしい。また、ボルシチに酸味を足すために、生のトマトやトマトペーストを入れるレシピもあるが、これは19世紀後半から20世紀に広まったもの。それまでボルシチの酸味としては、乳製品かキャベツの漬物、ベリー類や若いりんごが加えられていたそうである。

赤、緑、ピンクのボルシチ

ところで、ここまで書いたボルシチというのは、すべて「赤ボルシチ」と呼ばれるものである。しかし、実は、この他にも「緑ボルシチ」と「冷製ボルシチ」というものが存在する。緑ボルシチとは、酸味の強いタデ科のスイバの葉（ウクライナ語では、シチャヴェリ（щавель））をふんだんに使うことで、爽やかな酸味を持たせたスープであり、ビーツを使わず、スイバやその他ビーツ等の葉で使うことで緑色になる。赤ボルシチの特徴が甘みなら、緑ボルシチの特徴はこの酸味である。食べる直前に半分に切ったゆで卵を真ん中に乗せるため、緑の汁に白と黄色が映えて美しい。スイバの葉が市場に出回るのが春から夏にかけてであるため、緑ボルシチが作られるのも概ねその時期である。暑い日には、冷やした緑ボルシチも人気がある。「冷製ボルシチ」も、暑い夏の料理であり、ビーツを使う点では「赤ボルシチ」と同じだが、夏らしく刻んだきゅうりやラディッシュ、レモンの汁等が足される。また発酵乳飲料のケフィアが加えられることもあり、その場合には出来上がりが鮮やかなピンク色になる。また、地方によっては、テンサイを用いた「白ボルシチ」というものもあると聞く。

昔のボルシチは今と同じ？

ボルシチ（赤ボルシチ）が食べられ始めた時期ははっきりとはわかっていないのだが、ボルシチが現在の形になったのは19世紀後半だという説がある。1860年に歴史学・民俗学の研究者ミコラ・マルケヴィチ（Микола Маркевич）が書いたウクライナ人の食事に関する本には、ボルシチのレシピとして、ビーツ、キャベツ、肉、サロを壺に入れてにビーツの発酵汁を加えて作ると書いてある。当時はニンジンやジャガイモ、トマトは入れていなかったようである。マルケヴィチのレシピから想像するに、どうやら当時のボルシチは相当酸っぱくて、キャベツとビーツの味ばかりのところにサロが加わり、今のボルシチよりも一段とこってり味だったようである。日本のスシも江戸時代には見た目が違ったというし、ボルシチも歴史の中で着実に進化してきたということである。

ウクライナでは、ほとんどのレストランでボルシチを食べる／飲むことができる（中華やフレンチのレストランでなければ）。しかも、それぞれのボルシチが個性的で、どれ一つとして同じ味のボルシチは存在しない。外国で暮らすウクライナ人は、決まって「親の作ったボルシチが食べたい」と言う。そう、ボルシチは、ウクライナ人にとっての「家庭の味」であり、「故郷の味」。是非とも、ウクライナに来たら、様々なところでボルシチを食べ、ウクライナの持つ豊かな味を体感してほしい。

ウクライナ・ビール　歴史と多様性を抱く東欧のビール天国

「やっぱり、ウクライナってみんなウォッカ飲んでるですか？」

　いいえ、飲んでない です。いや、ウクライナ人がウォッカを全然飲まないというと語弊があるが、最近市民の間でウォッカの人気がない。

　では、ウクライナ人は、お酒は何を飲んでいるのか。アルコール中毒が社会問題となっているこの国では全くお酒を飲まない人や、飲んでも付き合い程度という若い人も少なくない。飲む人の場合は、国産ワインも人気があり、果実で作った蒸留酒もあるし、ちょっと値が張るがバーでカクテル、というのも選択肢に入る。もちろん、やはりウォッカ（ウクライナ語ではホリルカ（горілка））という人もいないわけではなく、あるいは「昔ウォッカ、今ウィスキーかブランデー」と好みが変わった人もいる。少なくとも、ウクライナは、お酒好きが選択肢に困ることは全くなく、よりどりみどりの中で自分の好みを追求できる国である。

　その中で、若い人達が仲間内で飲みに出かける場合、一番に選ばれるのは、やはりビールである。しかも、実は、ウクライナは、旧ソ連の中の隠れたビール大国である。隣国と比べても圧倒的にビールの種類が豊富であり、ベラルーシやスロバキア、ルーマニアと比べても数が多い。ウクライナでは、中規模以上のほとんどの町にビール工場があり、それぞれが地元ビールに個性を持たせ、国内市場で競い、また隣国に輸出している。10万人程度の小さな町のビール工場が数百年の歴史を持っていたり、しかもそのビールが渋い風味を持っていたりして驚かされる。

　流通網が発達していないのか、せっかく美味しくてもお店でなかなか見つけられないという隠れビールが多いが、加えて近年地ビールやクラフトビールのブームが到来しており、ウクライナ・ビールが改めて脚光を浴び、各社が競って質の向上の個性化を進めている。そのため、この国でビール好きに飽きが来ることは、まずない。ウクライナは、ビールにおいても極めて多様性のある国、東欧のビール天国なのである。

　この項ではウクライナ・ビールのうち、街中でよく見かける銘柄の一部を紹介したい。ほとんどの醸造所が10種類以上の銘柄を作っているので、細かい味の違いを紹介することはできないが、せめてスーパーでの購入の際の参考になればと思う。是非、ウクライナの知られざる味を楽しんでもらいたい。

オボロン Оболонь	チェルニヒウシケ Чернігівське	リヴィウシケ Львівське	ペールシャ・プリヴァートナ・ブロヴァルニャ Перша приватна броварня	ベルディチウシケ Бердичівське
ソ連時代の1974年創業の国営企業「キーウ第3ビール工場」が前身。全国に流通させる大型企業で、スタンダードな味のラガー・ビール。写真は、「スヴィートレ」と呼ばれるライト・ビールで、さっぱりと飲みやすい味。全国に流通されており、どこでも見つかるが、その分個性は小さい。	会社の正式名称は「チェルニヒウ・ビール・コンビナート『デスナ』」で、1976年のソ連時代創業。全国に流通。写真の「ビーレ」は、甘くてフルーティーな白ビールで、癖になる。その他、ライトビールやダークビールなども。	1715年創業と、リヴィウの歴史のあるビール工場。1999年以降は、カールスバーグと提携。新ブランドの「DOMS」は、ウィーン風、ミュンヘン風、ベルギー風と風味を変えてある。写真のベルギー風は濁りと甘みのあるノンフィルタービール。	2004年創業のビール醸造所。リヴィウの老舗「リヴィウシケ」に対抗するために、ブランディングに工夫をしている。写真は、キーウのアンドリー坂をテーマにした「アンドリー・エール」。エールらしい香りを帯びさせつつ、癖を抑え目にすることで飲みやすさを追求。	1861年創業、中部ジトーミル州にあるかつてのユダヤ人の小都市ベルディチウ発の地ビール。大規模ビール工場にはない独特な風味のあるラガーを作り続け、根強い人気を誇る。あまり流通していないため、スーパーを複数回って探さなければならない。
★★★★★	★★★★★	★★★★★	★★★★	★★★

お店での見つけやすさ（☆が少ないほどレア）。

カールシケ
Калуське

1565 年創業と長い歴史を持つ、西部イヴァノ＝フランキウシク州の小都市カールシ市の地ビール。「リヴィウ向け」「ウィーン向け」「リガ向け」などと題するシリーズは、各町をイメージした風味を含む、非常に味わい深いビール。写真は「クラクフ向け」。激レアだが「東京向け」というのもある。

★★

ミクリン
Микулин

西部テルノーピリ州ミクリンツィ町発で、全国的に人気のあるビール会社「ブロヴァール」のブランド。1497 年創業で、ウクライナで最も長い歴史のあるビール醸造所。写真のビールは、「メドーヴェ」という蜂蜜の加えられた個性的なビール。なお、この醸造所、シングルモルトのウィスキーも作っている。

★★★

リーヴェン
Рівень

創業 1849 年の北西のリウネ州都リウネ市のビール会社「リーヴェン」。地元で愛されるブランドだが、大都市でも若干流通している。写真のビールは、「プラジケ」（プラハのビール、の意）という製品で、爽やかな口当たりに立ち上る独特の後味が心地よい。リウネ市は他にも美味しいビールが豊富。

★★

オピッリャ
Опілля

西部テルノーピリ市で、1851 年から続くビール醸造所。小さな工場ながら、ウクライナ全土でファンを持つ人気のビール「オピッリャ」は、テルノーピリ市民の誇り。どこかノスタルジーさえ感じる個性的風味のラガーは、飲んだものを虜にする。見つけたら是非試してもらいたいブランド。

★★★

ウーマニピーヴォ
Уманьпиво

1878 年創業、チェルカーシ州のユダヤ人の聖地ウーマニ市のビール醸造所。写真は、白ビール。他に、近年ドイツ製機器を用いた製造ラインを導入して作った新ブランド Waissburg が良質なビールとして高評価を得ている。チェルカーシ州の人々の誇りである。

★★★

Varvar

2015 年、最近のクラフトビール・ブームで現れ、高級ビールとして一気に人気を博したキーウ発の Varvar。ラガー以外に、IPA、APA、スタウト、白をはじめ、次々と質の高い新製品や実験的商品を市場に送り続けている。既存ビールに比べて 4、5 倍の値段がするが、その分満足度は高い。

★★★★

ツィーパ
Ципа

2015 年創業、南西のカルパッチャ山脈の向こう、ザカルパッチャ州の小さな村で作られる、山岳の民「フツル人」をイメージしたクラフトビール。「深夜」「孤独」「黒き山」といった個性的な名前と個性的な味を持つ製品を提供。キーウ市内に生ビールを飲めるポイントが複数あるので、楽しみやすい。

★★

プラウダ
Правда

2014 年リヴィウ発のクラフトビール。外国のビールをよく研究して作られるビールは、味も個性的、銘柄も独特。写真は、2014 〜 2015 年で対露抵抗戦のシンボルとなったドネツィク空港の管制塔をラベルに採用した「シーラ（力）」という名の銘柄があり、瓶を見ているだけでも飽きない。

★★★

K & F Brewery

南東のザポリッジャ州で二人の熱狂的なビールファンが作ったブランド。流通量は少ないが、味は深い。写真は「ドランクン・モンキー（酔っ払い猿）」という名の IPA で、ガツンと来る苦味と豊かな香りが特徴。瓶ビールは見つけにくいが、キーウ市内にあるバブ「ドランクン・モンキー（Drunken Monkey）」で同社の生ビールが楽しめる。

★

クンペリ
Кумпель

リヴィウの醸造所兼レストラン・グループ「クンペリ」の自社ビール。以前は、レストランでしか楽しめなかったが、最近は瓶での販売も始めている。質の高いビールとして知られるクラフト・ビールのさきがけ的存在。リヴィウ市内で数店舗このビールを飲めるレストランがあるので、リヴィウ旅行の際は是非一度試してもらいたい。

★★

お土産 チョコやマグネットから陶器や民族衣装まで

ヴィシヴァンカや刺繍タオル（ルシニク） 伝統的文様が刺繍として縫い込まれている民族衣装「ヴィシヴァンカ」や手ぬぐい型の「ルシニク」は、持ち帰ってウクライナらしさを感じるには最適。刺繍が手縫い（ルチナ・ロボータ）の物、刺繍が多い物の方が高い。

ナリウカ ベリー等で作る蒸留酒。様々な色の美しさを楽しみながら、酸味・甘味を感じる度数の強いお酒。

モータンカ ウクライナの人形。紐でぐるぐる巻きにして作られる。民族衣装を模した作りのことが多い。顔は描かれず、紐で正面に十字が作られるのが特徴の一つ。

ピサンカ イースターエッグのこと。お土産用に持ち運びやすい物がよく売られている。

お茶 カルパチア山脈のお茶は、日本ではなかなか飲めない味のものが多い。ウクライナ産の野草茶やラズベリー茶など、変わったものを買って帰ると楽しい。

チョコレート ロシェンやリヴィウ・チョコが有名だが、ウクライナはそれ以外にもチョコレート会社がとても多い。夏場は持ち歩くと溶けてしまうが、涼しい時期ならお土産に最適。

マグカップやポストカード こちらも定番。若いアーティストや絵描きの人々が色々なかわいいコップやポストカードを売っているので、色々探せばお気に入りが見つかるかも。

マグネット 冷蔵庫定番の観光地マグネット。どの町・観光ポイントにも売っているので、際限なくコレクションできる。

ポストカード

ウクライナ（ソヴィエト）・カメラ ソヴィエト時代から作られてきたフィルムカメラ。アンティーク・カメラ好きなら、キーウのアンドリー坂やポチャイウ駅周辺等の市内あちこちの蚤の市を散策して探すのも良いだろう。ただし、蚤の市の物は動作に期待しない方が良い。また、ウクライナ・レンズはマウントアダプターを使えば特定のデジタルカメラにつけて撮影可能。

クリミア・タタール陶器

陶器 ウクライナでは、近年若い陶芸家の作品が人気を博しており、様々な個性ある陶器が比較的安価で手に入る。陶器、という点では日本との共通点があるが、着眼点は全く異なる。掘り出し物が見つかるかも？ アクセスしやすさは、フレシチャーティク通りの「ウシー・スヴォイー」（雑貨・家具店）がおすすめ。

コシウ陶器 白を背景に緑、黄、茶の3色で彩られるのが特徴。ユネスコ無形文化遺産。

音楽　バンドゥーラやトレンビータで知られ、記録民謡数世界最大級

　美しい自然と穏やかな気候に恵まれたウクライナの地では、キリスト教伝来以前の自然の事物を神々の御業とみなした多神教時代から、その儀式に関係する様々な民謡が作られていたらしく、これらの歌の存在は現在まで様々な民話の中に残っている。祝日や結婚式・葬式の時のみ歌われる歌や、歴史的出来事を歌ったもの、軍歌、舞踊曲や恋愛の曲、器楽曲等、約20万程の民謡がウクライナで確認されると言う。時代が進むごとに、古い曲は淘汰され消えていったが、特に人気のある民謡は長く記憶され、保存されてきた。そのため、現在まで残り、人々に愛されているウクライナ民謡は、長い歴史を生き残ったウクライナ文化の結晶であると言える。

　ウクライナ民謡が記録され始めたのは、およそ19世紀以降、他のヨーロッパ同様、ロマン主義の時代のことであった。ウクライナでも、村や町で人々の間に知られる民謡が記録されていった。現在、ユネスコには、ウクライナの民謡の録音記録が約1万5500曲保管されており、これは一民族の民謡数としては最大級の数であるという。ここでは、ウクライナ人達の誇るウクライナ音楽の中から、誰もが知っているウクライナ民謡を一部紹介したい。

Ой на горі два дубки（オイ・ナ・ホリ・ドヴァ・ドゥブキ／あら、山に二本のオークの木が）
若いコサックが女性をデートに誘うシーンをコミカルに歌ったもの。二本の木とは、二人の男女の比喩である。ウクライナの民謡の一つの特徴として、恋愛や生活を面白おかしく歌うというものがあり、当時のウクライナ人達の生き方が垣間見える。

Несе Галя воду（ネセー・ハーリャ・ヴォードゥ／ハーリャは水を運ぶ）
美しい女性ハーリャが桶で水を運んでいるところを、おそらく彼女に恋をしている男性イヴァンコは、長い間じっと彼女を眺めた後、勇気を出して声をかける、と言う恋愛の歌。

Червона рута（チェルヴォーナ・ルータ／赤いツツジ）
現代の曲になるが、幅広く人気があり、新しい民謡とみなされている曲。ウクライナの伝説によれば、赤いツツジは、6月に祝われるイヴァン・クパーラ祭と繋がりがあると言われる。カルパチア山脈に咲く種の赤いツツジを見つけて摘んだ者は恋する人物を自分に振り向かせることができる、と言われる。この曲は、伝説にちなんだ恋愛の熱い思いを歌ったもの。

　ウクライナ独特の民族楽器も複数存在する。中でも、60前後の弦をハープのように弦を振動させて音を出すバンドゥーラ（бандура）は、コサック時代から演奏されている長い歴史を持つものであり、ウクライナを代表する楽器として今日まで愛されている。その他、カルパチア山脈では、山岳の住民達により、トレンビータ（трембіта）という最大8メートルもの長さを持つ筒状の楽器があり、手持ちでこの長い楽器を吹いて演奏する姿は一見の価値がある。

現代ウクライナでも、数多くのアーティストが新しい曲を作り、盛んな音楽活動を展開している。国内では、英語やロシア語の曲も聞かれるが、ウクライナ語の曲も劣らぬ人気を誇っている。そのごく一部を紹介する。また、ウクライナはブラックメタルのバンドが多いことでも有名。岡田早由『東欧ブラックメタルガイドブック２』（パブリブ、2019）に詳しい。

Океан Ельзи（オケアン・エリジ）
ヴォーカルのスヴャトスラウ・ヴァカルチューク率いるロック・バンドは、20年近く国民的人気があり、ウクライナ全土どこにいても、必ずどこかからか彼らの曲が流れてくる。ヴォーカルの独特のしゃがれ声は、一度聴いたら忘れられず、ウクライナだけでなく、国外にもファンが多い。

Vivienne Mort
魔女を思わせる妖艶な容貌と声のダニエラ・ザユシキナ率いるインディー・ロックのバンド。どの曲もどこか物悲しさと力強さを帯びており、聴くものを徐々に引き込んでいく。ゴシックな雰囲気とウクライナ語の持つ魔法のような響きを最大限生かした楽曲は、必聴。

Jamala（ジャマラ）
クリミア・タタール人ソングライター。2016年のユーロヴィジョン・ソング・コンテストでウクライナ代表として出場し、英語とクリミア・タタール語の歌「1944」で優勝した。故郷に対する切実な思いを歌う「シリャフ・ドドーム（Шлях Додому/ 家への道）」も美しい。

ДахаБраха（ダハブラハ）
女性３名、男性１名からなる、ウクライナの伝統性・民族性を活かしつつ新しい楽曲を作り出しているグループ。東欧の秘境で歌い継がれてきた曲があるような印象を抱かせつつ、聴く者の高揚感を刺激するパフォーマンスは、特にフェスで絶大な人気を誇る。

Kozak System
海外の音楽フェスにウクライナを代表して出演することの多いコサックの名を冠したロック・バンド。力強い楽曲が人気。マッチョな男たちによる、ウクライナらしさと現代性の融合された楽曲は、海外での評判も高く、しばしば国外のフェスに参加している。

Mad Heads XL
ウクライナのスカ・バンドでは最も人気が高く、イベントで彼らが登場すると聴くもの皆が合唱し踊り倒す。人気の曲は、「ナジーヤ（Надія/ 希望）」「ヤ・ナ・モリ（Я на морі/ 俺は海にいる）」等。当然ながら、彼らの本領発揮はライブだろう。

ONUKA
独特な風貌のナタ・ジジュチェンコをヴォーカルに据えた電子音楽バンド。オヌーカは、孫娘の意。英語とウクライナ語の曲がある。代表曲「ミースト（Місто/ 町）」は特に有名。プロモ動画も凝っており、他のアーティストとは異なる雰囲気を放つ存在。

Один в каное（オディン・ウ・カノエ）
哀愁漂う、昔話に出てくる森の中で流れてくるような不思議な雰囲気をまとう音楽で、人気急上昇のリヴィウ出身の３人組のグループ。Човен（チョーヴェン・小舟）は、国民的詩人イヴァン・フランコの詩を歌詞にしており、ウクライナ語の詩の持つリズムを歌に見事にマッチさせている。

ヴィシヴァンカ
現代も愛される華やかな刺繍の入った伝統服

　日本に着物があるように、ウクライナにも様々な民族衣装が存在する。その中でも、現代まで最も愛され、多くのウクライナ人に受け継がれているものが、華やかな刺繍の入ったシャツ「ヴィシヴァンカ（вишиванка）」である。

　ヴィシヴァンカとは、様々なモチーフの繊細な刺繍を縫い付けた、ゆったりと着られるシャツである。この刺繍は、この地に古来存在した多神教時代から続く伝統であり、魔除けの効果があると考えられていたため、邪のものが中に入らないよう、袖や首回り、胸元等、内と外の境目に特に念入りに刺繍が施されている。

　ウクライナの地では、刺繍は特に重要な技術であり、考古学者達はスキタイ時代には既にこの地の人々は刺繍の施された衣服を着ていたとする。シャツの生地の色は、最も一般的なものは白であるが、黒や赤等他の色のものも見られる。刺繍は、その土地土地で暮らす人々の環境を反映して、色も模様も千差万別であり、各地方にそれぞれ個性的なヴィシヴァンカが存在する。

ヴィシヴァンカを着る現代ウクライナ人

ヴィシヴァンカを着た女性（A. マイェウシカ）

ヴィシヴァンカを着た女性（M. ラチキウ）

様々なヴィシヴァンカがある

男性用ヴィシヴァンカももちろん豊富にある

刺繍の色と模様

　刺繍の色で全国的に最も好まれてきたのは、赤と黒である。赤は、喜び、太陽、愛を表し、黒は、大地の持つ魔力を体現しているという。その他、青、緑、白、黄、茶、灰の色の刺繍がある。刺繍の模様で人気があるのは、幾何学模様と植物模様、これらを組み合わせたものであり、他に動物や擬人化の模様が用いられることもある。

気軽に着られる「伝統」

　日本の着物と違うのは、いつでもささっと気軽に着られることであり、イースター等の祝日になると街中をお気に入りのヴィシヴァンカを着て出かける人を多く見かける。また、ヴィシヴァンカの上にジャケットを羽織ることもでき、例えばワイシャツの代わりにして、ビジネスの場面で着ることもできる。女性用には、ワンピースやドレス・タイプのヴィシヴァンカもあり、結婚式で新郎新婦がヴィシヴァンカを着ていることも珍しくない。このように、ヴィシヴァンカとは、カジュアルからオフィシャルまで、どんな場面でも自分のお気に入りのものを着て出かけることができる、おしゃれかつ機能的で、現代まで人々に愛され続けているウクライナの伝統衣装なのである。

　ところで、5月の第3木曜日に「世界ヴィシヴァンカの日」という、皆がヴィシヴァンカを着る日がある。この日は、平日でも皆が職場や学校にヴィシヴァンカを着て出かけるため、街中で鮮やかなヴィシヴァンカを着る老若男女に出会うことのできる、町全体が華やぐ素敵な祝日である。もちろん、ウクライナ人しか着てはいけないなどということはなく、外国人でもヴィシヴァンカを自由に着て出かけてかまわない。もしあなたがヴィシヴァンカを着て散歩に出かければ、ウクライナ人達は必ず感激してくれるであろう。

日本でもヴィシヴァンカ

　なお、日本にいながら、ヴィシヴァンカの日に参加する方法もある。毎年、5月のヴィシヴァンカの日に近い週末、東京銀座と名古屋の中心で、日本在住のウクライナ人が企画したウクライナ・パレードというものが開催されている。参加は自由であり、ヴィシヴァンカを持っていなくても参加できる他、あらかじめ連絡すればヴィシヴァンカのレンタルもしているという。Facebook等で告知をしているので、ご関心ある方は是非参加してみてもらいたい。きっとウクライナ人と知り合う良いチャンスとなろう。

　ヴィシヴァンカの値段は、店や質によりピンキリである。刺繍が多かったり、難しかったりすると値段が高くなり、また刺繍部分は手縫いと機械縫いなら手縫いの方が高い。例えば、キーウのポジール地区にあるジトニー市場（2階）で買うなら、安いもので約800フリヴニャ、高いもので2500フリヴニャ〜であろう。これは、大体3000円〜1万円である。購入の際は、店員に刺繍が手縫いか機械縫いか確認するのを忘れないようにしたい。

ピサンカ（イースターエッグ）　卵に描かれる古来の色紋様

　ピサンカ（писанка、ウクライナ語での発音は「ピィーサンカ」が近い）は、ウクライナで人々が復活祭（イースター /Великдень）の前に作るイースターエッグの一種である。一般的なピサンカは、ろうけつ染めという技術を用いて模様をつける。やり方は、まず、卵に小さな穴を開けて中身を抜く。卵の殻に描きたい模様に合わせて蝋を塗り、卵を染料に浸けてから蝋を落とすと、蝋の塗られていた部分が白く染め抜かれる。この工程を繰り返すことで、複雑な模様を作るのである。

　卵は、世界中で古来より太陽等を象徴するものとして飾られてきたのであり、ヨーロッパでもキリスト教伝来以前からの歴史がある。ウクライナに残るピサンカも、その模様を見ればわかるように、自然の力が信じられていた多神教時代の伝統が色濃く残っている。ヴィシヴァンカと同様に、色や模様にはそれぞれ象徴的な意味が込められていることが多い。

　ウクライナでピサンカによく描かれる模様は、幾何学模様、植物をモチーフにしたもの、魚、鳥、動物、人間をモチーフにしたものであり、その他、十字架等のキリスト教のシンボルや風景が描かれることも多い。ピサンカの模様も、地方により傾向があるが、一方で基本的にどんな模様にするかは描く人の自由であり、イースター前になると皆が集まり一緒に様々なピサンカを作って楽しむのである。この時期は、各地で子供向けや一般向けの「ピサンカ教室」が開かれる。外国人も歓迎されるので、機会があれば参加してみると楽しいだろう。日本人が参加すれば、一通り伝統的な模様の描き方を教わった後に、「次は、日本らしい絵柄のピサンカを作って」と周りから頼まれることになろう。

イヴァノ＝フランキウシク州コロミーヤ市にあるピサンカ博物館

　ところで、ウクライナのイースターエッグ
は、ピサンカが最も有名だが、描き方によって
他の種類のものもある。中でも、中身を抜かず
に染める単色のクラシャンカ（крашанка）は
有名。クラシャンカは、染める際に玉ねぎの皮
や紫キャベツのような野菜から出た色で卵を染
めただけの色付きゆで卵なので、もちろん中身
も食べられる。イースターの時には、このクラ
シャンカをソーセージやパスカ（イースター時
の特別なパン）、西洋わさび等とともに教会で
成聖してもらい、家に持ち帰って皆で朝食とし
て食べるのである（ちなみに、イースターの朝
食は何から食べるかについての順番がある）。

イースターの時のピサンカを用いた飾り付け

　その他、珍しいものとしては、卵の殻に刺繍
をしてしまうという難しいピサンカも存在す
る。ウクライナ刺繍とピサンカの合体技であ
り、ウクライナの伝統を合わせた見事な作品と
言えるものである。

刺繍卵（ルハンシク州の作家インナ・フォロスチュクの
作品 ©Qyrchak）

ウクライナの現代芸術 イゾリャーツィヤ （ІЗОЛЯЦІЯ）

https://izolyatsia.org/en/

ミハイロ・フルボーキー (Михайло Глубокий)
「イゾリャーツィヤ」コミュニケーション・ディレクター

イゾリャーツィヤの歴史について教えてください。

フォンド「イゾリャーツィヤ」は、2010年にドネツィク市の元工場に作られました。創設者であるリュボウ・ミハイロウナは、ドネツィクの事業家で、地元で何かしたいと思っていました。ドネツィクの産業は衰退し、失業者が増え始めている中、彼女は、その社会問題へと注意を引くため、外国の似たような産業地域の活動に関心を持ちました。ヨーロッパでは、衰退した産業地域を文化や観光に利用してきました。例えば、ドイツのかつての金属・炭鉱地域には、現在は観光スポットになり、美術館が建てられ、観光収入で多く稼いでいます。

リュボウも、そこに着眼して、ドネツィクでアートレジデンスを始め、それがイゾリャーツィヤの原点となりました。

イゾリャーツィヤの当初ミッションは、ドネツィクの産業地域の遺産を維持しながら、文化の基本を地域に作ることでした。そして、文化や教育、芸術の発展を進めながら、ドネツィクの地元の住民に参加者になってもらうことです。ヨーロッパで行われたように、過去の遺産を用いて文化、ビジネス、仕事を生み出すことが目的でした。私たちがドネツィクで活動していた頃は、大きな空間を利用して、新しいビジネス、創作的な活動をし、地元に利益を生み出し、ミッションはうまくいっていました。

イゾリャーツィヤは、4年間ドネツィクで活動しました。2014年まで多くのプロジェクトを実現し、多くの人が参加しました。しかし、2014年に、イゾリャーツィヤは、「ドネツィク人民共和国（DPR）」の戦闘員に占拠されます。彼らは、今後ここはロシアの人道支援を置く場所にすると言いましたが、その後、彼らは実際にはイゾリャーツィヤのあった場所で人々を拷問していたことが判明しています（※この拷問の事例は、国連機関の報告書で確認されている）。

イゾリャーツィヤの本部はキーウへ移動せざるを得ませんでした。現在、私たちには、具体的な一つの活動中心地というものはありません。私たちはよく言われる「ノマド」な組織で、キーウや、東部のウクライナ政府の管理地域の戦闘発生地域から近いところでプロジェクトを実現しています。他には、ヨーロッパ各国で、ウクライナ東部の出来事を伝える活動も行っています。

どのように外国でウクライナ東部の出来事を伝えているのですか？

例えば、東部やクリミア出身のアーティストに展覧会に参加してもらい、彼ら自身の経験を伝えてもらっています。「レコンストルクツィヤ・パーミヤチ（記憶の再構築）」というプロジェクトでは、ドネツィク州、ルハンシク州や、クリミア出身のアーティストに、彼ら自身の経

験、紛争で失った記念品をモチーフにした作品を作ってもらいました。彼らは、自分の家から自分の物を持ち出せない、つまり、自らの記憶に関わる物を失った人達です。その彼らが今手元に残っているもので、記憶を再構築し、東部やクリミアの出来事を見る人に間接的に感じてもらったのです。

私たちは、このようなソフトな手段で、ウクライナ東部の出来事を伝えています。なぜなら、もし私たちがプロパガンダを行えば、「おかしなウクライナ人が戦争について騒いでいる」と思われて、誰もまともに話を聞いてくれないでしょうから。しかし面白い展示をし、作品を通じて経験を語れば、人は興味を持ってくれるのです。

インタビュー内の本人肖像以外の写真は、イゾリャーツィヤに帰属

ウクライナの現代美術の状況、特殊性、特徴を教えてください。

2013 〜 2014 年のマイダン以前も、芸術はありましたが、その規模は小さく、政府からの実質的な検閲がありました。例えば、キーウ市で大きな展覧会が開かれた時、キュレーターがある作品をヤヌコーヴィチ大統領（当時）に見られることを怖れ、作品を黒い色で塗りつぶしたこともありました。13 年、マイダン当時、私たちは、マイダンや自由に関係する作品を作ろうという話が上がりましたが、政府を怖れ、実現を止めました。

マイダン革命以降は、国による検閲はなくなり、自己表現、文化に関わりたがる人が増えました。芸術だけでなく、全体の動きとして、文化や教育、色々なことに参加したい、より理解したいと思う人が増えました。この新しい生き生きとした文化はここ数年勢いよく発展しています。大切なのは、この動きが首都キーウだけのものでなく、ウクライナ全土の傾向である点です。ウクライナ東部では、少なくとも比較的大きい街で、人々が芸術に限らず、アーティストや映画監督、作家を呼ぶ行事が開かれ、地元民と交流しています。

2014 年の戦争開始までは、東部では歴史的に多くの人が工場労働者であり、新しいイニシアティブや考えに触れる機会がなく、彼らが新し

い考えや変化を求めることはあまりありませんでした。ところが、戦争が始まり、工場が閉鎖されると、多くの人が、自分の人生を自分でコントロールしないといけないことを理解し始めました。その中で、皆が集まり、自分たちの将来を自分で作ること、現在ある問題について他の人と話すことの大切さを理解し始めたのです。

戦争が人々の認識、文化の分野に大きな影響を与えたということですね。

そうです。プロジェクトに参加すること、何か変えたいという気持ちが生まれたということです。良い例としては、マリウポリでは、ストリート・パフォーマンスやコンサートを通じて、自分たちの存在・生活が、今も被占領地に隣接する町で続いているいうことを伝えようとしています。これは、非常に面白い現象です。北アイルランドの知り合いから聞いたことですが、彼らの国でも実質的な戦争があったとき、アーティストは、ロンドンやダブリン等の大都市には避難せず、多くが自分の居場所に残り、その

場で文化を発展させ、文化の力で地元の人々を鼓舞していったそうです。

ウクライナ東部の対立は、人工的に作られた衝突ですが、ウクライナの東部とその北アイルランドの経験は、似たようなところがあります。東部の人々も他の町に行かずに残る人達が多くいて、現地で活動しているのです。ウクライナでは、現在の文化の非中央集権化と言える現象が起きていると言えます。つまり地元の人が自らプロジェクトを実現しているのです。

イゾリャーツィヤのプロジェクト「社会の合意」について教えてください。イゾリャーツィヤは、レーニン像が撤去された後の場所でプロジェクトを行っていますね。

私たちは、文化遺産保護のプロジェクトを革命や戦争の前からずっとやっています。ソ連時代のモザイク壁画保護プロジェクトを行っていた時は、国内のどこにどんなモザイク壁画があるか記録していました。残念ながら、脱共産主義法の施行で、多くのソ連時代のモザイク壁画が壊されました。

私たちは、この脱共産主義を通じた破壊に抵抗するために、議論を提起することにしました。適切な分析なく遺産が失われる中で、私たちが何をすべきかについて、コンファレンスを開き、アーティストや海外の分析者を招き、他国での経験を聞きました。

この議論の中で、私達の過ごす社会空間をどう扱うべきかという議論が起こりました。ソ連時代には、市民が生み出す社会空間というものは事実上ありませんでした。例えば、キーウ市中央のレーニン像があった場所は、当時は神聖な場所とみなされていました。そこは、寺院のような意味を持つ場所であり、人々は献花をし、常に神妙にふるまわなければいけない場所だったのです。ナチス・ドイツ占領期には、そこで人が殺され吊るされていました。つまり、その場所は、歴史上、否定的な意味を帯びる場所だったのです。

現代社会では、公共空間は市民に属し、市民が自らの考えを示すもの、とみなされる傾向があります。かつて神聖な場所だった場所を市民のための公共空間に変えて、自分達の場所に変えていこうとする、肯定的で、空間に対する民主的な理解であり、皆である場所をどうするか話し合うということです。

私たちは、キーウ市のレーニン像の立っていた場所で、4つのプロジェクトを実現しました。そこにどんな記念碑を置くか、そもそも何かを置くべきか否か、何をするか、という議論から始まりました。公募を通じて選ばれた最初のプロジェクトは、メキシコのアーティスト「シンシア・グティエレス（Cynthia Gutiérrez）」のものでした。彼女の作品は、レーニン像の土台に滑り台のような坂を作り、いろいろなことに使えるようにする、というシンプルなコンセプトでした。その作品では、子供達も親と一緒に遊ぶことができました。展示期間中、かつてのレーニン像のあった場所に市民が集まり始め、その場所で昼ご飯を食べる人、坂を滑る人や、単にその周辺で遊ぶ人、写真を撮る人が現れました。つまり、その場所の機能が変わったのです。その作品は、2週間展示されましたが、非常に面白い変化が見られました。そして、この最初のプロジェクトを見た多くの人から、次の

提案が集まり始めました。

2つ目のプロジェクトは、メフムド・バクシ（Mehmood Bakshi）というイランのアーティストのものでした。像のあった場所に、信号のように、レーニン、マリリン・モンロー、聖マリアのネオン・イメージを順番に映し出すというものです。作品の意味は、ウクライナは自らの将来として何を選ぶか、ソ連に戻るか、保守的で宗教的な未来を選ぶか、よりポップアート、つまりグローバルな西型世界の方向性を選ぶのか、という質問でした。

ところで、この作品を展示している頃、市民側から「場所を勝手に自分たちのものにしている」という批判が来ました。どうしてあなた達は、社会に問うことなく、この場所で作品展示をしているのか、というものです。私達の作品展示は、2週間限定ですし、それ以降は他の人も作品の展示ができるのですが、ともかく、私達はそのような批判が来たことを受けて、公募をし、今度はキーウ市民が参加できるような仕組みで、選考を行いました。すると、面白いことに、3回目のプロジェクト実施者に選ばれたのは、またイサ・カリーリョ（Isa Carrillo）というメキシコの作家が選ばれたのです。応募者には、ウクライナ出身アーティストもいましたが、結局彼女が選ばれました。

3回目の作品は「リトゥアル・プリローディ（自然の儀式）」という名前で、ミントやローズマリーといった良い香りのする香草で台座を囲み、近くを通ると良い匂いのする作品でした。遠くからはきれいな見栄え、自然が文明の中に森を作り上げて行く、文明の終わった後に自然ができていき、街の中にある自然がどのような役割を持つかという問いを持った作品でした。

ところで、この展示期間中、サッカー試合があり、サッカーファンがこの作品の草や花をむしってしまうという不愉快な出来事がありました。私たちはそのことを朝になって気がつき、メンバーで作品を元に戻す作業を始めました。その時、とても素敵なことが起きたのです。私達が作業をしていると、近所に住む人々が集まり、一緒にこの作品を直し始めてくれたのです。彼らに理由を尋ねると、「すてきな作品じゃない、家から見えて、すごく気に入っていたし、手伝わないわけにはいかないでしょ」と言うのです。人々は、本当にただ窓から見かけただけで、手伝いに来てくれたのです。その時は、私たちはとにかくすごくうれしかったです。私達は、展示が終わったら、その作品の一部の草を皆に配って渡しました。近所の人たちは、作品展示の期間がとても楽しかったと伝えてくれました。

社会の合意「リトゥアル・プリローディ」

作品名「社会の合意」らしい結果ですね。

そうですね。4つ目の作品は、ルーマニアのパフォーマンス・アーティスト、マニュエル・ペルムシュ（Manuel Pelmuş）でした。彼は、「キーウの記念碑」という名前で、どういう風に記念碑はあるべきか、というテーマをパフォーマンスで示しました。2時間限定の参加型のプロジェクトでした。人々は、そこで、自分の動きで、この場所の新しいあり方について考えるきっかけを得たのです。

この「社会の合意」はマスメディアにもよく取材され、以降、人々の間で「今後ここで何をすべきか」という議論が続いています。

クリミア・タタール文化
クリミアの家
（Кримський дім）

http://www.crimeanhouse.org/en

📍 вул. Михайла Омеляновича-Павленка, 9, Київ

📍 vul. M.Omelianovycha-Pavlenka, 9, Kyiv

クリミアの写真展

アリム・アリイェフ (Alim Aliev)
「クリミアの家」プロジェクト・ディレクター

クリミアの家について教えてください。

クリミアの家は、クリミアに関する文化プラットフォームです。ここでは、メディア、文化、教育、人権保護といった分野で色々なイベントを開催しています。クリミアの家は、キーウにおけるクリミアのエネルギーを生み出す発電機のような役割の場所です。クリミアの家は国営企業であり、同時に市民団体でもあります。

どのようなイベント・活動を行っていますか。

クリミアの写真展、講義・発表会、コンサート、クリミア関連の書籍のプレゼンテーション、クリミア・タタール語の授業、クリミア・タタール・ダンスやクリミアの楽器演奏の教室、演劇公演、人権保護イベントです。その他、クリミアの政治囚問題を伝えるイベント、クリミアの文化遺産の状況のモニター、クリミアにおけるクリミア・タタール語の状況モニターもしています。クリミア・タタール語とウクライナ語の詩の作品コンテストも開いています。

日本ではクリミアのことを知る人は少ないです。クリミアの文化、クリミア・タタールの文化も知られていません。クリミアやクリミア・タタール人、現在のクリミア文化の状況について教えてもらえますか。

クリミア・タタールは、ウクライナの先住民で、クリミアを故郷とする人々です。独自の言語「クリミア・タタール語」を持ち、大半がイスラム教スンニ派教徒です。クリミア・タタール人は、「クリミア・ハン」という国を持っていたので、民族文化にはかなり深い歴史があり、今日まで様々な伝統、文学、音楽が残っています。しかし、クリミア・タタール人は、過去数世紀、複数回の悲劇を被っています。最初の悲劇は、ロシアのエカチェリーナ2世による、最初のクリミア併合です。それにより多くのクリミア・タタール知識人がクリミアを離れざるを得なくなり、大半がオスマン帝国へ亡命しました。2つ目の悲劇は、1944年のソ連のスターリンによるクリミア・タタール全民族に対する中央アジアへの追放です。それにより民族のほぼ半数が亡くなりました。そして、2014年、ロシアによる2回目のクリミア「併合」が行われました。クリミア・タタール人は再び大規模な迫害を受けており、民族アイデンティティが現在危機にさらされています。

現在苦しい状況にあるクリミア・タタール人にとって大切なのは、アイデンティティの維持です。私は、何よりまずクリミア・タタール語の維持が重要だと思っています。「クリミアの家」では、このクリミア・タタール語の維持活動を

クリミア・タタール語講座の様子

クリミア・タタール陶器と民族衣装　上下ともに © クリミアの家

はじめとする、クリミア・タタールの伝統文化を維持・復興する活動をしています。言語の他には、陶芸、絨毯、伝統刺繍芸能、金線細工等を広めるため、技術を持つ世代に講習を開いてもらい、若い世代への技術・情報を共有させるようにしています。また、失われた民族工芸・芸能に関しても、どうすれば再生できるか分析しています。

音楽イベントも開いていると言いましたが、クリミア・タタール音楽とはどのようなものですか。

クリミア・タタールの伝統音楽とは、「ハイタルマ (Qaytarma, Haytarma)」というメロディーがあります。8 分の 7 拍子という個性的な拍の音楽です。「ハイタルマ」という名前の舞踊もあります。「ハイタルマ」には色々な意味がありますが、「回ること」「戻ること」と訳すことができます。クリミア・タタール音楽のハイタルマは、インターネット上でも簡単に見つけることができますし、クリミアの家で開かれるコンサートでも頻繁に聴くことができます。観光客ももちろん参加できます。

日本の観光客には「クリミアの家」の何をおすすめしますか。

クリミアの家の Facebook やウェブサイトでは、常にイベント情報が更新されています（https://www.facebook.com/CrimeanHouseKyiv/）。また施設内では常に新しい展覧会が開かれています。今は、現在のクリミアの写真展、1944 年の追放をテーマにした作品展が開かれています。現代的な手法での「クリミア・タタール人追放」の犠牲者を追悼するインスタレーション、歴史的なクリミア・タタール人の生活を再現したイベント等を見てもらえれば面白いと思います。

「クリミアの家」のイベントでは、訪れた人がキーウにいながら、クリミアを感じることができるということですね。

クリミアの食べ物や飲み物を「クリミアの家」のイベントで提供しています。また、キーウ市内にはクリミア・タタールの食事が楽しめるところが複数あります。市内の「ムサフィル (Musafir)」が有名です。今後、「クリミアの家」内にカフェを作る計画もあります。そうですね、「クリミアの家」はキーウにいながらクリミアを感じられる場所の一つと言えます。ムサフィルが食べ物でクリミアを体験する場所なら、「クリミアの家」は知的な面でクリミアを体験できる場所でしょう。

ウクライナ語 　子音・母音の連続を避ける音重視の言語

| А | Б | В | Г | Ґ | Д | Е | Є | Ж | З | И | І | Ї | Й | К | Л | М | Н | О | П | Р | С | Т | У | Ф | Х | Ц | Ч | Ш | Щ | | | Ю | Я |
| а | б | в | г | ґ | д | е | є | ж | з | и | і | ї | й | к | л | м | н | о | п | р | с | т | у | ф | х | ц | ч | ш | щ | ь | ю | я |

ウクライナ語のアルファベット

ウクライナ語（Українська мова）とは、どのような言語であろうか。しばしば、ウクライナではロシア語が話されているのか、と聞かれることがあるが、これは半分正解、半分間違いと言いたい。確かにウクライナの多くの町でロシア語が聞かれるが、負けず劣らずウクライナ語はウクライナ全土で話されており、多くのウクライナ人達がこの言語に大きな誇りを持って暮らしている。日本にはウクライナ語をマイナー言語と思う方がいるかもしれないが、実はウクライナ語の話者数は約4100～4500万人であり、これはスラヴ言語の中でロシア語、ポーランド語に次いで3番目に多い。ヨーロッパを見ても、例えばチェコ語の約4倍の話者を抱え、話者数規模はオランダ語（2100万）、スウェーデン語（870万）、ルーマニア語（2400万）等よりもずっと大きく、世界全体でも30番以内に入る言語なのである。

ウクライナ語は、スラヴ語派の東スラヴ語群に属し、ロシア語、ベラルーシ語、セルビア語、モンゴル語等と同様にキリル文字を用いる。「ウクライナ語」という名前が使われるようになったのは、16世紀からと言われているが、それ以前もスラヴ祖語から始まり、古代教会スラヴ語、教会スラヴ語、古代ルーシ語と起源を遡ることができる歴史ある言語である。ウクライナ語は、独立後のウクライナで唯一の国家語として定められている他、ウクライナ人が暮らす近隣諸国やウクライナ人移民の多いカナダやアメリカ等のウクライナ・コミュニティーでも話されている。

ウクライナ人達は、自らの言語に関して語る時、とりわけその音の美しさを誇る。実際に、ウクライナ語は、スラヴ語の中で最大の音素数を有している他、音色の美しさを生み出すための特別な文法ルールを持っている。この特別なルールは「音の交代」と言われ、子音と子音、

母音と母音がなるべく連続しないように、前後の音に対応して単語の音が変わる規則である。例えば、「家に」を意味する副詞は、母音で始まる「удома」と子音で始まる「вдома」の二つの形を持つ。直前に来る音が子音の場合や文頭の場合は、удома と母音で始まり、直前が母音の場合は вдома と子音で始まるのである。

Я вдома. Я був удома. Я була вдома.

一般に、言語は、子音と母音が順番に聞こえると聞き心地が良いと言われるが、ウクライナ語言語の音の美しさを維持するために単語を変化させるという、珍しいルールを持った言語なのである。ところで、日本語も、「ん」という例外を除き、子音は常に母音とともに発音されるのであり、この点でウクライナ語と日本語は偶然ながら類似点を有していると言えなくもない。

現在、ウクライナ語は、ウクライナにおける唯一の国家語の地位を有している。これにより、ウクライナの憲法・法律等の公式文書や裁判所での作業言語は全てウクライナ語となっており、学校では通常ウクライナ語が必須科目となっている。

そのウクライナ語の今日の利用の活発さを見るには、例えば、現代人の日常的情報検索に欠かせないウィキペディアを開けば、ウクライナ語は世界の各言語版ウィキペディアの中において総記事数で第17位となっているし（2022年2月19日時点。なお、日本語は12位）、TwitterやFacebookのようなソーシャルメディア上でもウクライナ語によるやりとりは幅広く確認でき、ウクライナ語がインターネット世界でも生きた言語として利用されていることがわかる。

ロシア語と似ているとの指摘が多いウクライ

ナ語だが、スラヴ諸語はいずれの言語もそもそも隣接する言語との高い類似性があり、ウクライナ語も、ロシア語に限らず色々な近隣言語と類似点が確認できる。語彙の面では、ウクライナ語に近いのは、ベラルーシ語、スロバキア語、ポーランド語であり、その次にロシア語が来る。文法面でウクライナ語とロシア語の共通する部分が多いのは事実だが、他方、ウクライナ語には呼びかけの格（呼格）や動詞の二つの未来形等、ロシア語にはない文法がある。

　時々、ロシア語学習者から、「ウクライナ語とロシア語は非常に似ているので、ウクライナ語を知らなくてもロシア語を話せばウクライナ人は理解する」と言うような話を聞くが、それは多分にウクライナ人がウクライナ語だけでなくロシア語もよく知っていることが理由であり、これによりウクライナ語とロシアの距離を説明することはできない。

　ところで、ウクライナ国民の中でも、ロシア語を主に使う人々は決して少なくない。子供のころから家族や友人、恋人とロシア語を使って生活してきた人々にとっては彼らの生活言語はロシア語である。一方、ロシア語をよく使う人がウクライナ語を使いたくないと考えているかといえば、それは必ずしも正しくない。ウクライナの南部でも東部でも、ウクライナ語の方が得意な外国人が訪れれば、現地のウクライナ人の大半は「久しぶりにウクライナ語を話せるな」と嬉しそうに言語を切り替えてくれる場面は珍しくない（もちろん、苦手な人もいる）。また、日々の生活言語はロシア語でも、自分の母語はウクライナ語だと思っているウクライナ人も多い。母語の選択は、自らの帰属アイデンティティに関わる問題であり、「あなたの母語は何ですか」との問いと「あなたが日々最も多く利用する言語は何ですか」との問いの回答結果の割合が大きく異なるのも、ウクライナの独特な言語状況を表している。

　さて、ウクライナを訪れる際は、ぜひウクライナ語の挨拶だけでも少し覚えていって欲しいと思う。なぜなら、ロシア語や英語で話しかけても当たり前に受け止められ淡々と返事をされるだけだが、ウクライナ語で話しかけるとウク

ライナ人の嬉しそうな顔に出会えるチャンスが生まれるからである。また、街中の表記や地下鉄のアナウンスは全部ウクライナ語で、時々英語が併記されているくらいであり、ウクライナ語は覚えれば覚えるほどウクライナの旅行は楽しくなる（快適になる）ことは間違いない。

ウクライナ語を学びたい人のために
　日本語で書かれたウクライナ語の学習書は、初級のものが数冊ある。また、東京都府中市にある東京外国語大学が毎年オープンアカデミーでウクライナ語の講座を開いている。

　また、ウクライナ国内でも様々な大学や民間学校がウクライナ語講座を持っており、インターネットで容易に検索できる。筆者のおすすめは、西部リヴィウのイヴァン・フランコ記念リヴィウ国立大学の約3週間の短期集中ウクライナ語夏期講座である。この講座では初級〜上級までレベルが選択でき、歴史あるリヴィウの街に滞在しながら、一流の教師の下で様々な国の学習者とともにウクライナ語を勉強できる。きっとウクライナ語の面白さを十二分に感じることができるであろう。講座へはインターネットで応募ができる。

　なお、外国人の中には、ウクライナをマイナー国として見下す人々がしばしば見られ、ウクライナ語を独立した言語として認めたがらない人がいるのは、残念ながら悲しい事実である。「ウクライナ語はロシア語／ポーランド語の方言」「ウクライナ語には書き言葉がない」「ロシア語がわかればウクライナ語は理解可能」等の勘違いが、歴史的経緯から広まり、今日までこれを信じている人がいるのである。ウクライナ語は、18世紀〜20世紀にかけて、ウクライナ人の独立心が高まることを恐れるロシアにより、様々な弾圧を受け、言語活動が制限された歴史を持つ。そのような困難な歴史があったにもかかわらず、ウクライナ人は、自らの言語の維持に努めてきた。現在も多くの人が、社会のあらゆる場面で、言語の発展に向けて努力していることを考えれば、ウクライナ語を見下すことは適切ではない。

観光会話帳　ウクライナ語・ロシア語・クリミア・タタール語

　　ここでは、旅行中に知っておくと便利な簡単な言葉やフレーズを紹介する。ウクライナ語のキリル文字をカタカナで表すのは限界があり、ウクライナ人が「これでは絶対通じない」と指摘したものに関しては、カタカナの横にラテン文字での表記も併記した。どうしても通じないときは、相手のウクライナ人にこのページを見せ、正しい発音を聞くといいであろう。

　　ウクライナ語をきちんと学びたい場合は、やはりウクライナ語の音声教材付きの教科書か会話集を買う必要がある。巻末の参考文献に加えておいた。

　　また、比較のために、ロシア語とクリミア・タタール語の短い会話集も記載した。

ウクライナ語会話

Добрий день	ドブリー・デーン	こんにちは
Доброго ранку	ドブロホ・ラーンク	おはようございます
Добрий вечір	ドブリー・ヴェーチル	こんばんは
Добраніч/На добраніч	ドブラーニチ / ナ・ドブラーニチ	おやすみなさい
Привіт	プリヴィート（Pryvit）	やあ（親しい間柄での出会いの挨拶）
Вітаю	ヴィターユ	こんにちは（やや改まった出会いの挨拶）
Дякую	ヂャークユ（Dyakuyu）	ありがとうございます
Будь ласка/Прошу/Нема за що	ブッディ・ラースカ / プローシュー / ネマー・ザ・シチョ（Bud laska/Proshu/Nema za shcho）	どういたしまして
До побачення	ド・ポバーチェンニャ（Do pobachennya）	さようなら
Па-па/Па	パパー / パ	またね（親しい間柄での別れの挨拶）
Мене звати 〜	メネー・ズヴァーティ 〜	わたしは、〜といいます（自分の名前の紹介）
Як вас звати?	ヤク・ヴァス・ズヴァーティ？	あなたは何といいますか？（名前を尋ねる）
Дуже приємно	ドゥージェ・プリイェームノ（Duzhe pryyemno）	お会いできて嬉しいです（自己紹介後の挨拶。Nice to meet you と同義）
Як справи?	ヤク・スプラーヴィ？	お元気ですか？（How are you? と同義）
Добре	ドーブレ	良いです
Так	タク	はい（肯定の返事）
Ні	ニー	いいえ（否定の返事）
Вибачте.	ヴィバチテ	すみません（謝罪の言葉。ブッディ・ラースカを加えるとより丁寧になる）
Перепрошую.	ペレプロシューユ	すみません（知らない人に何かを尋ねたい時の呼びかけに使える）
Я погано себе почуваю.	ヤー・ポハーノ・セベ・ポチュヴァーユ	気分が悪いです。
Голова болить.	ホロヴァー・ボリーチ（Holova bolyt）	頭が痛いです。
це	ツェー	これ
Що?	シチョー？	何？
Хто?	フトー？（khto?）	誰が？
Коли?	コリー？	いつ？
Де〜?	デー？	どこで〜／どこに〜？
Де туалет?	デー・トゥアレート？	どこにトイレがありますか？
Куди?	クディー？	どこへ？
Як?	ヤーク？	どうやって？
Чому?	チョムー？	どうして？
Чи Ви маєте 〜? Чи у вас є 〜?	チ・ヴィー・マーイェテ〜？　チ・ウ・ヴァース・イェ〜？	あなたは〜がありますか？

Дайте рахунок, будь ласка.	ダイテ・ラフーノク・ブッディ・ラースカ（daite rakhunok, bud laska）	お会計をお願いします（レストラン等で店員に頼む）
Скільки це коштує?	スキリキ・ツェ・コーシトゥイェ？	これはいくらですか？
З Днем народження!	ズ・ドネム・ナロージェンニャ！	誕生日おめでとう！
З Новим роком!	ズ・ノヴィム・ローコム！	あけましておめでとう！

ロシア語会話

Здравствуйте	ズドラーストヴィチェ	こんにちは
Спасибо	スパシーバ	ありがとう
Сколько это стоит?	スコーリカ・エータ・ストイート？	これはいくらですか？
До свидания	ダスヴィダーニャ	さようなら
Да	ダー	はい（肯定の返事）
Нет	ニェート	いいえ（否定の返事）
Меня зовут 〜	ミニャー・ザヴート　〜	わたしは、〜といいます（自分の名前の紹介）
Извините	イズヴィニーチェ	すみません（謝罪）
Пожалуйста	パジャールスタ	どういたしまして／どうぞ
Как дела?	カク・ジェラ？	お元気ですか？
хорошо	ハラショ	良いです／わかりました
Очень приятно	オーチン・プリヤートナ	どうぞよろしく（初めて知り合った時）
Дайте, пожалуйста,	ダイチェ・パジャールスタ〜	〜をください
С Новым годом!	ス・ノーヴィム・ゴードム！	あけましておめでとうございます！
С днём рождение!	ス・ドニョム・ロジジェーニェ	誕生日おめでとう！

クリミア・タタール語会話

Selâm aleyküm	セリャーム・アレイクム	こんにちは（最初に言う人）
Aleyküm selâm	アレイクム・セリャーム	こんにちは（相手の挨拶に対する返答）
Meraba	メラバ	やあ（親しい間柄の挨拶）
Sağ oluñız	サホルヌズ	ありがとうございます（丁寧なお礼。親しい間柄なら、Sağ ol/ サホル）
Ebet	エベト	はい（肯定の返事。簡略式は E/ エ）
Yoq	ヨク	いいえ（否定の返事）
Sağlıqnen barıñız	サフルクネン・バルヌズ	さようなら（去る方）（丁寧な別れの言葉。親しい間柄なら Sağlıqnen bar/ サフルクネン・バル）
Sağlıqnen qalıñız	サフルクネン・カルヌズ	さようなら（残る方）（丁寧な別れの言葉。親しい間柄なら Sağlıqnen qal/ サフルクネン・カル）
Körüşkence	キョリュシュケンジェ	また会いましょう（別れの挨拶）
Hoş keldiñiz	ホシュ・ケルディニズ	ようこそ（丁寧な歓迎。親しい間柄なら Hoş keldiñ/ ホシュ・ケルディン）
Menim adım 〜	メニム・アドゥム〜	私の名前は〜です（自分の名前の紹介）
Adıñız ne?	アドヌズ・ネ？	あなたの名前は何ですか？（名前を尋ねる）
Bu ne?	ブ・ニェ？	これは何ですか？
Bu kim?	ブ・キム？	これは誰ですか？
Yahşı	ヤフシュ	良いです
Acayır!	アジャユブ！	すばらしい！
Pek güzel!	ペク・グゼル！	とても良い！
Bağışlañız	バフシュラヌズ	すみません
Hayırlı yaşlar olsun!	ハユルル・ヤシュラル・オルスン！	誕生日おめでとう！
Yañı yılıñız hayırlı olsun!	ヤヌ・ユルヌズ・ハユルル・オルスン！	あけましておめでとうございます！
Qırım	クルム	クリミア
qırımlılar	クルムルラル	クリミア・タタール人達

ウクライナ語とロシア語　並存する2つの異なる言語

ウクライナについて、なかなか外国人が理解できない問題の一つが、この国の言語事情である。ウクライナでは、民族言語であるウクライナ語と歴史的経緯から普及したロシア語が幅広く使われている。筆者は、しばしば、色々な人から、「ウクライナ語とロシア語は似ていると聞くが本当のところはどうだ」というような質問を受けるが、しかし、ある言語が他の言語と似ているかどうかを話すというのは、なかなかに難しい話である。

ウクライナ語には、ロシア語にない文字が複数あるし、同じ文字でも発音が違うものもある。両言語の文法は似ているが、語彙や音声体系の違いは小さくない。大雑把に言えば、ロシア語しか知らない人は、ウクライナ語の小説や新聞は読めないし、会話もなんとなくしかわからない。これは、ウクライナ語しか知らない人にとってのロシア語も同様であり、シベリアをウクライナ語だけで旅行するのは、有り体に言って無茶であろう。

ウクライナ国民の多くは、小さい頃から両方の言語を見聞きしているため、多くの人がどちらの言語で話しかけられても理解できる。ロシア語を知る外国人が「ウクライナへ行ったとき、ロシア語で話したら通じたよ」と述べるのは、単に人々がロシア語を知っているからであり、ウクライナ語とロシア語の言語的近さを証明するものではない。

一般に、日常会話を行う能力と、大学で論文を書くような能力は別のものである。そのため、あるウクライナ語話者のウクライナ人にとって、ロシア語の会話は理解できても、ロシア語の正しい文法で作文をすることは困難、ということは珍しくない。また、小説や詩を書く人や自分の歌を作りたい人は、その作品をウクライナ語で書くかロシア語で書くか、選択しなければならない。同じスラヴ系言語であるウクライナ語とロシア語が、言語的にある程度似ていたとしても、場面に応じて選択しなければならないものであることには変わりがないのであ

る。

さて、実際のところ、ウクライナではどれぐらいの人がこれらの言語を使っているのであろうか。この問題は、一見簡単そうに聞こえて、実は非常に複雑である。はじめに書いたように、ウクライナだから国民皆が毎日ウクライナ語を話す、というわけではない。ウクライナ系国民が皆ウクライナ語、ロシア系国民が皆ロシア語だけを話す、というわけでもない。さらには、一時日本のマスメディアが報じていたような、「ウクライナ西部はウクライナ語、東部はロシア語」というように、簡単に分けられる話でも全然ない。ウクライナ言語事情は、この国の歴史と同じく、大変に複雑であり、しかもしばしば選挙キャンペーンやプロパガンダに用いられるため、外国では誤解され、極端に単純化されたり、誇張されて伝えられたりする、ややこしい問題である。

しかしながら、何より重要なことは、ウクライナに暮らす住民自身が言語とどう向き合っているか、ある言語をどの場面で使うか、自らの言語をどのように考えているか、であろう。ここでは、誤解の多いウクライナの言語事情をより深く理解するために、国勢調査の結果と専門家の調査を見ながら考えてみたい。

2001年国勢調査

ウクライナで実施された国勢調査は、2001年のものが最新であり、人口、民族構成等の他、母語についても調査されている。この調査におけるウクライナ国民の自らの母語に関する結果は、以下のとおりである。

母語（数字は％、以下同）

ウクライナ語	67.5
ロシア語	29.6

（その他言語は省略）

ここでは、自らの母語について、ウクライナ国民の約3分の2がウクライナ語を母語と答え、3分の1弱がロシア語と答えている。次に、

同じ質問について、民族別、すなわちウクライナ系ウクライナ国民（以下、ウクライナ人）とロシア系ウクライナ国民（以下、ロシア人）の回答を比べてみる。なお、ウクライナ国民全体におけるウクライナ人の割合は 77.8%、ロシア人の割合は 17.3% である。

母語（ウクライナ人）

ウクライナ語	85.2
ロシア語	14.8

母語（ロシア人）

ウクライナ語	3.9
ロシア語	95.9

　この結果からわかることは、ウクライナ人もロシア人も自らの民族言語を母語とみなす割合が高いが、同時に、他の民族の言語、つまり、ウクライナ人がロシア語を母語に考える割合（14.8％）の方が、ロシア人がウクライナ語を母語に考える割合（約 3.9％）よりずっと多いこともわかる。これは、ウクライナ国民における民族の割合と自らの民族語を母語とみなす割合が一致しないことの理由の一つと考えられる。

モヒラ大学の調査結果

　ところで、この国勢調査は、人々の母語についてしか質問しておらず、具体的にどの場面でどの言語を使うかという質問は行われていない。また、母語については、一つの言語しか選択ができない。母語を二つ選択できるようにして、また、場面別での言語の使用についても質問をすると、結果はどうなるであろうか。このような疑問につき、専門家たちが国勢調査より詳しい調査を行い、「ウクライナの言語政策と言語状況」（2010 年、国立キーウ・モヒラ・アカデミー大学『出版の家』出版）という本を出版している。この本に掲載されている結果を見てみよう。

あなたの考える自分の母語は何か（数字は %、以下同）

ウクライナ語	55.5
ロシア語	32.0
両言語同程度	11.1
その他	1.4

どの言語でテレビを見るか

主にウクライナ語	17.9
ウクライナ語・ロシア語同程度	53.6
主にロシア語	26.8

どの言語で友達と話すか

主にウクライナ語	32.6
ウクライナ語・ロシア語同程度	25.4
主にロシア語	37.9

どの言語を職場・学校で使うか

主にウクライナ語	32.8
ウクライナ語・ロシア語同程度	18.7
主にロシア語	39.0

どの言語でお店の店員に呼びかけるか

主にウクライナ語	34.3
ウクライナ語・ロシア語同程度	16.6
主にロシア語	44.8

数を数えるとき、何語で数えるか

主にウクライナ語	34.5
ウクライナ語・ロシア語同程度	16.2
主にロシア語	45.8

最も上手に使えるのは何語か

主にウクライナ語	33.2
ウクライナ語・ロシア語同程度	22.3
主にロシア語	41.2

周りにウクライナ語を話す人がいる時、何語で話すか

主にウクライナ語	48.8
ウクライナ語・ロシア語同程度	19.1
主にロシア語	27.9

周りにロシア語を話す人がいる時、何語で話すか

主にウクライナ語	23.6
ウクライナ語・ロシア語同程度	19.0
主にロシア語	53.8

自分の（将来の）子供は何語を話して欲しいか

主にウクライナ語	31.9
ウクライナ語・ロシア語同程度	42.5
主にロシア語	22.5

　いかがであろうか。約11%の国民がウクライナ語とロシア語の両方を母語として選び、ウクライナ語だけを母語と呼ぶ人は2001年国勢調査よりも少ない。また、興味深いのは、母語についての回答の割合と、様々な場面に応じて使う言語の割合が大きく違うことである。これは、多くのウクライナ国民にとって、母語と日常的に使う言語が常に一致するわけではないことを意味する。つまり、ウクライナ語を母語だと思っている人が、日常生活でウクライナ語だけ使うわけでは必ずしもない、ということである。そして、多くの人がウクライナ語とロシア語の両方を使え、場面に合わせて言語を使い分けていることもわかる。

　ウクライナ語は、歴史の中で、しばしば支配勢力による弾圧の対象となっていた。そのこともあり、ウクライナにおいて言語問題というのは、国民の言語選択の自由と、独立ウクライナの言語政策の間で、バランスを必要とする問題となっている。一方で、ウクライナが独立してから25年以上、経済がなかなか成長しない中で、多くの国民が「言語問題よりまず生活環境の改善が大切」と考えることは理解に難くない。そのような状況において、日々使う言語については臨機応変に対応するが、一方で、自ら

のアイデンティティに関わる「母語」について聞かれる時には、「ウクライナ語」と答える人が決して少なくないことは、非常に面白い現象である。

重なり合い共存する2言語

　筆者が、毎日ほぼロシア語だけで生活しているウクライナ人や、ロシア語話者の多いと言われる東部出身の人と話をしている時、「毎日ほとんどロシア語で生活をしているが、わたしの母語はウクライナ語だ、なぜなら、わたしはウクライナ人だから」というような発言を聞くことは珍しくない。ウクライナ語よりロシア語の方が上手でも「母語はウクライナ語」と言う人もいるし、「ウクライナ語は好きだが、わたしの町では使う機会があまりない」と述べる人もいる。「わたしの母語はロシア語だが、学校で学んだウクライナ語が嫌いなわけではない」と言う人もいる。さらには、近年では、「家ではロシア語で会話しているが、外国からの偽情報から身を守るためにニュースはウクライナ語でも読むようにしている」というような話も聞く。

　もちろん、中には、強いこだわりをもって、ウクライナ語しか使わない人、ロシア語しか使わない人もいる。町の中ではほとんどロシア語ばかり聞くのに、町から少し離れて近くの村に行くと、皆がウクライナ語を話しているような地域も多い。スーパーでは、店員がウクライナ人に対してはウクライナ語で話すが、外国人を見るとロシア語に切り替えるような場面もしばしば見られる。ウクライナのミュージシャンには、ウクライナ語とロシア語の両方で作詞する者もいる。政治家の中には、テレビに映るときはウクライナ語だが、家ではいつもロシア語、という者も少なくない。現代ウクライナの文学作品の中には、地の文はウクライナ語だが、会話文はウクライナ語とロシア語が混在するような作品もある。2017年公開のウクライナ東部ドンバス地方での戦争を描く日本語販売分の映画名『ソルジャーズ ヒーロー・ネバー・ダイ』では、登場するウクライナ国軍兵士の会話の中にウクライナ語とロシア語が混在していたが、それがウクライナの現実なのであろう。

このように、母語＝毎日使う言語、と考える多くの日本人にとっては、簡単に理解することのできないのがウクライナの言語事情であるが、この言語使用の多元性もウクライナの個性であり、魅力の一つ、と言えなくもないのかもしれない。

露語話者・露系住民・親露住民の違い

ウクライナでは、多くのウクライナ国民がロシア語を日常的に使って生活している。この傾向は、全国規模のもので、俗に言われるように、東部はロシア語、西部はウクライナ語、と簡単に分けられるものではなく、西部でも例えば、ザカルパッチャ州やチェルニウツィー州では街中で日常的にロシア語が聞かれる。ロシア語がウクライナの日常生活で広く使われていることは事実である。

ここでしばしば誤解されるのが、ロシア語を話している住民が「ロシア系住民」というわけでは必ずしもないことである。ウクライナでは、「ウクライナ系ウクライナ国民（以下、ウクライナ人）」と「ロシア系ウクライナ国民（以下、ロシア人）」の割合が多い。2001年の国勢調査だとウクライナ人が77.8％、ロシア人が17.3％との回答が出ている。この割合が、ウクライナのウクライナ語話者とロシア語話者の割合とは一致しないことは、先に見た通りであり、ロシア系住民だけでなく多くのウクライナ系住民が日常的にロシア語を使って生活している。

もう一つの多い誤解は、「ロシア語話者＝親露住民」というものである。これは、少し複雑な話なので、民間の世論調査の結果も見ながら考えてみたい。

調査会社レイティング社が2017年8月に実施した世論調査の結果では、自らをウクライナの愛国者だと思うかとの設問に対し、ロシア語話者の80％、ウクライナ語話者の85％が「そう思う」と回答した。ロシア語話者のウクライナ愛国主義者はウクライナ語話者と比べても相当に多いことがわかる。これは、ウクライナ東部でロシア率いる武装集団と戦闘する兵の中にロシア語話者のウクライナ志願兵が決して少なくないことの説明にもなる。

もう一つ、同じくレイティング社が、2016年9、10月に、ロシア語話者が多いハルキウ州で実施した世論調査の結果も見てみよう。まず前提として、この時の調査の際、回答者は家庭で話す言語に関する問いに、ウクライナ語13％、ロシア語57％、両言語同程度27％と答えており、ハルキウ州におけるロシア語話者の割合の多さがわかる。このハルキウ州での質問と回答は以下のとおりである。

ロシア語を母語とするウクライナ国民は、圧力や脅しを受けていると思うか（数字は％、以下同）

そう思う・どちらかといえばそう思う	12
そう思わない・どちらかといえばそう思わない	81

ロシアの「ロシア語話者住民の保護」を目的にロシア軍をウクライナに派遣するとの決定を支持するか

支持する・どちらかといえば支持する	1
支持しない・どちらかといえば支持しない	92

ロシアのクリミアでの行為をどう評価するか

違法な侵略・ウクライナ領の占領	63
ロシア語話者ウクライナ国民の合法的保護	9

いかがであろうか。上記の世論調査からわかることは、少なくとも、ロシア語を話す人であってもロシア政府の行為を必ずしも支持しているわけではないということである。つまり、ロシア語話者である割合と、ロシア政府の行為への支持の割合には、かなりのズレがあることがわかる。

最後に、そもそも、「親露」という用語は、単純な言葉ではないことを指摘したい。ロシア語が好き、ロシアの音楽が好き、ロシア人の友達が多い、ロシアのテレビが好き、というのも、親露であり、ロシアの政府がウクライナに対して行っている政策を支持することも、親露と呼べる。しかし、実際には、ロシア語が好きであっても、ロシアの音楽は聴かず、ロシア政府の行為に反対、というケースは十分にあり得る。すなわち、ロシア語話者の多い地域が、親露地域とは必ずしも言えないのである。

スポーツ　ビロディド、ブブカ、大鵬と多彩な顔ぶれ

サッカー

アンドリー・シェウチェンコ

ウクライナで最も人気のあるスポーツといえば、やはりサッカーである。あまりにサッカー愛が強いため、コサック達がサッカーをするコメディ・アニメ（Козаки. Футбол/ コザキ・フトボール）が作られるほどである。有名なサッカー選手では、少々古くなるが、「ウクライナの矢」と呼ばれ、AC ミランで活躍し、セリエ A の得点王にもなったアンドリー・シェウチェンコ（Андрій Шевченко）がいる。シェウチェンコは、2021 年までウクライナ代表の監督を務めていた。

ウクライナ国内のサッカー事情は、ウクライナ・プレミアムリーグが上位リーグ、ウクライナ・ファーストリーグが下位リーグとして置かれており、上位リーグに 12 チーム、下位リーグに 18 チームが参加している。多くの都市にチームがあり、人々は通常自らの出身地のチームを応援するのだが、中でも突出して強いのが、ディナモ（キーウ市）とシャフタール（ドネツィク市）の 2 チームであり、優勝争いはいつもこの 2 チームで競われる。他の強豪チーム、メタリスト（ハルキウ市）、ドニプロ（ドニプロ市）、ゾリャー（ルハンシク市）等は、ディナモとシャフタールには敵わず、実質的な

コザキ・フトボール

3 位争いをしている格好となっている（ちなみに、2014 年以降、シャフタールもゾリャーもホーム・スタジアムが東部紛争で使用できず、ザポリッジャ、リヴィウ、オデーサ、ハルキウ等で試合を行っている）。

ウクライナ代表は、欧州の中でも決して弱い方ではないのだが、ワールドカップへは 2006 年に一度出場できたのみで、他はいつも予選であと一歩のところで敗退している。しかし、ドイツのシャルケ 04 でプレイしているコノプリャンカ（Євген Коноплянка）選手をはじめ、若くて欧州で活躍する選手が育ってきており、今後の活躍が期待できる。

体操

オレフ・ヴェルニャエフ

2016 年のリオ・オリンピックの際に、体操男子個人総合、内村航平選手と接戦を繰り広げたオレフ・ヴェルニャエフ（Олег Верняєв）選手を覚えているだろうか。彼は、ウクライナの東部ドネツィク市出身の選手である。ウクライナの体操事情は、決して恵まれているとは言えず、ヴェルニャエフの 1 か月の給料は約 100 ドルしかないという。また、彼は、故郷のドネツィクが戦争状態にあるため、地元に戻ることのできないまま、首都キーウで訓練をしている。その厳しい環境にあるヴェルニャエフであるが、努力を積み重ねてオリンピックに出場し、王者である内村航平に挑戦し、破れながらも銀メダルを獲得した。正に苦労人選手なのである（実は、その後他の種目で金メダルを取っている）。メダリスト会見で、内村が記者から嫌がらせの質問を受けた際に、横にいたヴェルニャエフが「無駄な質問だ」と一蹴したのは記憶に新しい。

ボクシング

オレクサンドル・ウシク

ボクシングも、ウクライナ勢は強い。クリチコ兄弟は、両方とも引退したが、WBO と WBC の元世界ヘビー級王者の兄ヴィタリー（Віталій Кличко）と、WBA・IBF・WBO の元世界ヘビー級スーパー王者のヴォロディーミル（Володимир Кличко）は、現役時代は英雄的な存在であった。現在では、クリミアのシンフェローポリ出身のオレクサンドル・ウシク（Олександр Усик）が活躍を続けている。ウシクは、2012年ロンドン・オリンピックで金メダルを獲得した後にプロ転向、その後は戦績負けなし、という、快進撃を続けており、ウシクのコサック式髪型、その圧倒的な強さ、そして勝利時に見せるコサック・ダンスは、ウクライナ人らしい格好良さの一つの極みであり、一見の価値がある。2018年7月21日にモスクワで開催されたワールド・ボクシング・スーパーシリーズ（WBSS）クルーザー級決勝では、WBC・WBO 王者ウシクは、WBA・IBF 王者ムラト・ガシエフ（ロシア）に勝ち、史上4人目の4団体統一王者となった。

テニス

テニスでは、オデーサ出身のプロテニス・プレイヤー、エリナ・スヴィトリーナ（Еліна Світоліна）が活躍している。2015年と2017年の全仏オープン女子シングルスでベスト8に進出しており、自己最高ランキングは、シングルス3位。2018年3月には、大坂なおみ選手と対戦し、勝利している。その他、ダヤナ・ヤストレムシカ（Даяна Ястремська）やレーシャ・ツレンコ（Леся Цуренко）も活躍している。

柔道

ダルヤ・ビロディド

柔道では、最近、ダルヤ・ビロディド（Дар'я Білодід）選手が史上最年少の世界チャンピオンとなったのが記憶に新しい。ところで、ビロディドの子供の頃からの憧れは谷亮子。

高跳び

セルヒー・ブブカ

男子棒高跳で何度も世界記録を塗り替えた「鳥人」の異名を持つセルヒー（セルゲイ）・ブブカ（Сергій Бубка）も、当時はソ連代表であったが、ルハンシク市出身のウクライナ人である。

相撲

大鵬

実は、日本相撲界にはウクライナ人の横綱が過去にいたことをご存知だろうか。「巨人・大鵬・卵焼き」の横綱大鵬は、実はロシア革命後に樺太に亡命したウクライナ人コサック騎兵隊将校の息子であり、イヴァン・ボリシコ（Іван Боришко）というウクライナ人名を持つ、日宇混血力士である。つまり、大鵬は、皆が知りながら、実は誰もが知らない、隠れたウクライナ人なのである。また、2020年1月には、セルヒー・ソコロウシキーがウクライナ初の力士として入間川部屋に入った。四股名は獅司（しし）。

ウクライナ人とは誰か 「自由の人」と呼ばれたコサックの末裔

　ウクライナ人とは誰のことを言うのであろうか。これは簡単に見えて、実はなかなかに難しい問題である。例えば、日本人とはどんな人かを考えれば、その難しさがわかるであろう。日本国籍を持っている人？　先祖代々日本で暮らす人の末裔？　ブラジルに移住した日本出身の人は日本人なのか、ブラジル人なのか。片方の親が外国出身の人は？　そして、仮に「皆が間違いなく日本人」という集団があると想定しても、その集団に、どれくらいわかりやすい特徴があるだろうか。身の回りの人々を眺めても、「典型的な日本人」をイメージするのはなかなかに難しく、また現代ではそのイメージは急速に変化する。それはウクライナ人に関しても同じである。しかし、それでも、いろいろ考えてみれば、学術的な答えは出せないまでも、ある程度のイメージに焦点を絞ることはできるかもしれない。ここでは、ウクライナ人と知り合いになったことがない、という人たちのために、

コサックの理想像として語り継がれる「ママイ（Мамай）」。伝統的髪型にバンドゥーラをいつも抱えたコサック・ママイの姿は、イコンと同様に多くのウクライナ人に描かれ、愛され、広められてきた。

ぼんやりとでもウクライナ人のイメージを浮かべる努力をしてみたいと思う。

コサックの末裔

　ウクライナという土地は、ポーランド、リトアニア、ロシア、ビザンツ、オスマン、オーストリア、クリミアといった様々な国・人に囲まれていた。そのため、この地に住む人々は、対立と争い、同盟と共存を繰り返してきたのであり、その中で、自らと他者を区別し、「ウクライナ人」という自己認識が育っていったのだと考えられる。現代のウクライナの人々の多くは、（コサックの地ではなかったウクライナ西部でも）自らをコサックの末裔と呼ぶが、「コサック」という言葉の起源は、クリミア・タタール語のようなテュルク系言語の「自由な人」「属さない者」「冒険を探す者」を意味する言葉である。モンゴル軍襲来以降クリミアに暮らしていたクリミア・タタール人達が、ウクライナの地に住む自由で何にも属さないスラヴ系の人々を「コサック」と呼んでいたら、いつの間にか本人達も自称するようになったということであろう（より正確には、ウクライナ・コサックの前にテュルク系コサックが現れるのだが、その辺りの詳細に関してはこの本の歴史の項目を読んでもらいたい）。

　隣国からの影響は名前だけではない。この地に住むウクライナ・コサック達は、周りのタタール人達と抗争したり交易をしたりしているうちに、徐々に外見や行動様式もクリミア・タタール人の影響を受けていく。例えば、コサック達の伝統的な髪型である、頭のてっぺんのみ髪を長く残して、周りは全部剃り落としてしまうスタイルは、クリミア・タタール人の風習を取り入れたものである。他にも、騎馬技術や戦い方、言葉もまた、彼らから多くを習得している。また、隣接する民族同士の混血もあった。

　コサック達は、ドニプロ川や黒海の魚を食べ、またそれを塩や穀物と交換していた。コサックになるためには、ドニプロ川を岸辺から中洲

まで泳ぎ切る等して、勇気を示して、他のコサックに認められなければならなかった。力強くなければコサックの仲間入りはできなかったのだが、逆に言えば、力を示せるなら、身分は一切問われず、貴族も農民も悪事を犯した経験のある者も、平等にコサックになることができた。そして、こうして生まれた強力な軍事集団は、オスマン帝国やクリミア・ハン国といった周辺国を襲撃し、略奪し、帰ってくると戦利品を分けあって、宴会をし、酒を飲んで、歌を歌い、舞を舞っていたという。足を高く突き上げる等の激しい動きをするコサック・ダンスは、このコサック達の伝統舞踊であるが、コサック達はこのような宴会で自らの力強さや武勇を示すためにこのダンスを踊り、ついでに酔い覚ましもしていたらしい。

ウクライナの女性達

ウクライナの女性達は何をしていたのであろうか。ウクライナは、隣国と比べて、比較的女性に独立性・自立性があったと言われるが、それでも国の運営は男性が行い、女性は多くの歴史的場面で表舞台に立てることはなかった（もちろん、キーウ・ルーシのオリハ大公妃のような例外的に活躍した人物もいる）。伝統的には、女性の役割は、家事、育児、男性の世話だと考えられていた。しかし、女性は必ずしも常にこの役割だけに限定されていたわけではない。歴史家達によれば、実は、例外的に、身体の頑丈で力強い女性は、男性とほとんど同じ格好をし、コサック達の軍営に入ることが許されていたことがわかっている。これは、強ければ誰でも受け入れる、というウクライナ・コサックの自由な風習の一例であるし、強力な戦闘集団に参加できるだけの強い女性がいたという事実でもある。

また、ウクライナの女性達は、創造性に富み、現在のウクライナを象徴する多くの伝統文化が女性達によって生み出されたことも間違いない。様々な料理や民族衣装ヴィシヴァンカ等の刺繍を作り出したのもウクライナの女性達であった。コサック達が戦場に向かう際や戦後の宴で歌った歌は、女性達が考え出したと言われ

ウクライナ人肖像画（V. トロピニン）

る。その意味で、現在ウクライナが誇るウクライナの美しさとは、主にウクライナの女性達によって育まれてきたと言っても過言ではないのかもしれない。

歌から見るウクライナ社会

歌といえば、民謡から女性と男性の関係を見るのも面白い。ウクライナ人女性の男性に対する態度について歌う「君は僕を騙した（Ти ж мене підманула）」という民謡は、今でも人々の間で人気がある。若い女性が男性に対し、今度花摘みに行こう、キスをしよう、一緒に仕事に行こう、結婚しよう等と色々約束するけれど、当日男性が期待を胸にやって来ても、彼女はいつも現れない、今日もまた騙された！という内容の歌であり、この歌詞を陽気なメロディーに乗って男女が一緒に歌うのである。女性の奔放さと男性の悔しさをコミカルに歌う曲で、ウクライナの社会において、如何に女性が振る舞ってきたか、それを如何に男性が受け止めてきたかを想像することのできる楽しい民謡である。

現代へ戻ろう。歴史や伝統文化だけをもとにステレオタイプを作るのは本意ではないが、それでも、ウクライナ人達と宴会の席を開く際、お酒が入ると誰かが歌を歌い出す、するとすぐさま他の誰かが釣られて歌い出し、いつの間にか部屋全体の大合唱になる、そして心地よい音楽に合わせて互いに手を取り合って踊り出す、そんな彼らを見ていると、日本で暮らす人達とは全く異なる何かを感じずにはいられない。そして、その違いには、歴史の中のウクライナ人

刺繍（1902年、ハルキウ）

と日本人、極言すれば、コサックとサムライの違いに通じるものが全くないわけではないように感じる。今日まで愛されるヴィシヴァンカ等で見られる刺繍に加え、現代ウクライナ人が作り出す繊細なアクセサリーや美術作品は、どこかにウクライナの伝統や人々の心の中の熱い思いを帯びており、日本の美術作品と比べると、全く異なる要素が垣間見える。その確固としてある、否定し難い違いこそが、「ウクライナ人」とは誰か、というものを考える際のきっかけになるものかもしれない。

君主を求めない集団

　ウクライナの土地にいる人達を、クリミア・タタール人達は「自由の人」と呼んだ。民族の王や貴族といった世襲の特権階級を持たず、能力があればグループの一員になれ、重要な決定は皆で話し合って決める、というのがコサック社会の伝統であった。そのためか、現代社会でも、ウクライナ人は国の権力者に対していつでも強い不信感を抱く。ウクライナでは、大統領のような権力を持つ者は、国民から常に厳しい批判を浴びせられ、政治家が高い支持を維持できることは稀である。これは、隣国ロシアとは決定的に違う特徴である。ロシアは、ツァーリ（皇帝）を抱いた経験があり、今日も何でも力

強く解決する救世主を待望する傾向があると言われるが、ウクライナでは、市民社会が権力を批判し慣れており、問題解決のためには、むしろ施政者のお尻を叩きながら自ら政治を突き動かすような伝統がある。2013〜2014年のマイダン革命も、その流れで考えると理解しやすい。ウクライナ人は、その点でまさに「属さない民」なのである。

ウクライナ人と話してみよう

　ところで、19世紀の終わりから20世紀にかけて、ウクライナ人の多くが世界の色々なところに移住をしており、現在でも各地でウクライナ人コミュニティが今も多く存在する。彼らは、ウクライナ料理やウクライナ語、民謡や民族衣装等、ウクライナらしさを維持する努力を続けており、彼らの考える「ウクライナ人アイデンティティ」からウクライナ人とは誰かを考えるのも面白い。日本国内にも、ウクライナ人は約2000人暮らしており、各地でウクライナ文化を紹介するイベントをしばしば開催している。機会があれば、彼らと話してみて、その中で自分なりのウクライナ人像を考えてみるのも楽しいだろう。「ウクライナ人とは誰か」。その問いの答えは、あなたの隣のウクライナ人に聞いてみるのが一番である。

先住民・少数民族 独自文化・歴史を持つ地域の隠れた主役達

クリミア・タタール人（кримські татари, qırımlılar）

クリミア・タタール民族旗

クリミア・タタール人とは、15世紀から18世紀後半までクリミア半島と国家北部に領土を有したクリミア・ハン国の住民の末裔であり、ロシアにより同国が滅ぼされた後も、同地に住み続けたイスラム教を信仰するテュルク系言語を話すクリミア先住民である。クリミア人（qırımlılar）との名前も持つ。クリミア・ハン国は、ジョチ・ウルスから分離して生まれた国であるが、クリミア・タタール人達は自らを単なるモンゴルの末裔ではなく、クリミア・ハン国時代にクリミアに暮らしていた様々な民族グループの混交により生じた民族だとみなしている。ロシア帝国がクリミア・ハン国を滅ぼして以来、クリミア半島からクリミア・タタール人は脱出し続け、その割合は減り続けていたのだが、同民族の歴史を語る上で忘れてはならない最も悲劇的出来事は、ソ連体制下の1944年、スターリンがクリミア・タタール人の一部がナチスと協力したことを疑い、単にその協力者を探し罰するのではなく、恐ろしいことにクリミア・タタール民族全てを故郷のクリミア半島から中央アジアへ追放したことである。ある日、貨物列車に無理矢理押し込まれて強制移住させられた結果、1946年1月まで

クリミア・タタール陶器

に2万7000人が死亡、数年以内には半数近くが死亡したという。またこの追放の結果、クリミア半島からはクリミア・タタール人が全くいなくなってしまった。

スターリンによる追放後、長い帰還に向けた闘争を経て、彼らのクリミアへの帰還が許されたのは、ソ連崩壊前夜の1989年であり、その後ウクライナが独立してからも徐々に帰還を進め、2014年までにクリミア半島の10～15%（20～30万人）となるまで帰還を達成した。クリミア・タタール人を小民族とみなすものもいるが、トルコをはじめとする世界中に散らばるクリミア・タタール人ディアスポラを合わせると、民族人口は全体で約200万人程度と言われており、これはバルトの国の人口に匹敵する。そして、トルコをはじめ、欧州やアメリカにクリミア・タタール人を代表する組織が多く存在する。

・クリミア・アイデンティティ

しばしば、クリミア・タタール人をロシアのタタールスタンを中心に住むタタール人と同じ民族と見る向きがあるが、同じテュルク系ではあっても異なる歴史とクリミア半島への土地アイデンティティを有す現代のクリミア・タタール人は、自らを「クリミア人（qırımlılar）」と呼ぶことはあっても、他のタタール人と同一視され、単に「タタール人」と呼ばれるのは好まない。事実、スターリンは「タタール人は、タタール人の集まるところへ移住させよ」との勝手な理屈で、クリミア・タタール人をクリミア半島から他のタタール人の住む中央アジアに強制移住させたのであり、現代の私たちは、悲劇を起こしたスターリンと同じ論理に陥らないように気をつける必要がある。

クリミア・タタール人は、しばしば自らの言語であり、クリミア・ハン国時代から使われているクリミア・タタール語を「クリミア語 / Qırım tili」と呼ぶ。これも彼らのアイデンティティが「タタール」ではなく「クリミア」にあ

キーウ市内に作られたクリミア・タタール人避難民経営のチベレク屋「ソフラ（Софра）」

ることの表れである。また、多くがムスリムであるが、女性はヴェールで顔を覆うことをあまりせず、ピンクや水色等の鮮やかな民族衣装を着る。加えて、ワイン作りの歴史まで持つ個性的な伝統を有している。その他、豊かなクリミア料理の伝統も持つ。

　もともとクリミアに多く居住していたクリミア・タタール人であるが、クリミア半島占領後に大陸側ウクライナへの避難民が増えていることから、現在、キーウやリヴィウ等の大きな都市で活躍するクリミア・タタール人が増えている。政府の要職につく者もいれば、研究者やジャーナリストとして活躍する者、クリミア料理の店を開き成功する者、ユーロヴィジョンで優勝したジャマラのようにアーティストとして活躍する者等、社会の様々で避難生活に挫けずに努力する彼らの姿が見られる。ただ、誰しも一様に、いつかは平和になったクリミアに自由に行き来できるようになりたい、という強い願いを持っていることは忘れてはならない。

映画『ハイタルマ』ポスター

・クリミア・タタール映画

　なお、クリミア・タタール人最大の悲劇として記憶される、1944年のスターリンによる民族全体の強制追放に関しては、一人のクリミア・タタール人ソ連軍人

の物語が映画化されている。映画監督アフテム・セイタブライェフ（Akhtem Seitablaiev）による『ハイタルマ（Haytarma/Хайтарма）』（2013）という映画は、ソ連の英雄の称号を2度得た、実在のクリミア・タタール人飛行士アメト＝ハン・スルタン（Amet-Han Sultan）の物語である。ハイタルマとは、クリミア・タタール語で「帰還」を意味する。映画自体、歴史を知るためだけでなく、映像作品としても非常に質の高く、複数の賞を受賞している。なお、クリミアのシンフェローポリ空港は、この英雄アメト＝ハン・スルタンの名を冠している。

　また、2019年にはナリマン・アリィェフ（Nariman Aliev）監督により映画『家へ（Додому/Evge）』という映画が作られた。これは、大陸側ウクライナと占領下クリミアの間で苦しむクリミア・タタール人親子の物語であり、全体の会話の約半分がクリミア・タタール語という珍しい映画である。

ユダヤ人（єврей, יידן, יהודים）

　ユダヤ人は、古代より様々な理由でウクライナに移住してきたが、他の地域同様、宗教上の理由や差別のために、職業は、商業、金融業、屠殺業等に集中していた。ウクライナの地のユダヤ人は、複数のグループに分けることができる。一つは、テュルク系ユダヤ人であり、東欧平原にかつて存在したユダヤ教を国教としたテュルク系国家のハザール・ハン国の末裔である。同国は、当時からキーウとの交易が盛んであった。なお、現在クリミアにもカライム人というテュルク系のユダヤ人が先住民族として居住しているが、ハザールとの関係はよくわかっていない。次に、ドイツ語系のイディッシュ語を話すアシュケナジムであり、中世にドイツで迫害を受けた彼らはポーランドを経由してウクライナにも来ている。現在、ウクライナで最も多いユダヤ人はこのアシュケナジムであるが、イディッシュ語を話す者はわずかとなっている。もう一つ、セファルディムと呼ばれるスペイン系のユダヤ人が、中世にスペインから追放され、オスマン帝国経由で黒海を通じて東欧に来ているという。

ウクライナの地のユダヤ人とウクライナ人の関係、より正しくは、この地を治めていたポーランド人やリトアニア人も交え、他者との関係は、しばしば大きな困難を抱えた。ポーランド・リトアニア治世の貴族が土地を買い占める際には、ユダヤ人が仲介を行い、ウクライナ人はその過程に加われなかった。ユダヤ人は、賃貸業や資産管理業、徴税業、アルコール販売業等の職業に就いていたが、アルメニア人やウクライナ人は、このような商業には携われなかった。

　このような関係の中で生じた悲劇として記憶されるのは、1648年のグゼロト・タフと呼ばれる事件である。これは、フメリニツィキーの乱として知られる、コサックの頭領ボフダン・フメリニツィキーがポーランドに対して起こした武装蜂起の際、ポーランド人、カトリック教徒信者に加え、ユダヤ人も標的とし、多くのユダヤ人が殺害された出来事をいう。ウクライナ人にとっては、独立を求めて戦った英雄として知られるフメリニツィキーであるが、ユダヤ人にとってはヒトラーに次ぐ罪人として記憶されているのは、複雑な民族の交わる地における歴史の難しさと言えよう。そのほか、1768年には、当時経済と文化の中心地であったウーマニで約2万人のポーランド人・ユダヤ人が大量殺害されている他、19世紀から20世紀初頭にかけ、ロシア帝国領内では、ロシア政府が社会の不満をユダヤ人排斥主義に向ける中、ユダヤ人に対する不満を抱いていたウクライナ人等の他民族により、ポグロムと呼ばれるユダヤ人襲撃が相次いだ。

　それでも、ユダヤ人は中世・近代を通じて、ウクライナにおける文化・経済の発展に大きく貢献してきた。1897年の時点で、ユダヤ人の人口が50%を超える町がいくつもあった。例えば、当時の都市人口を見れば、キーウ市で12%、リヴィウ市で27%、ルーツィク市で60%、オデーサ市で31%、シンフェロポリ市で16%がユダヤ人であった。この人口割合の大きさだけでも、ウクライナの都市の近代化におけるユダヤ人の役割の大きさが窺えよう。

　1917年、中央ラーダ政権がウクライナに誕生した当初は、イディッシュ語に公式地位を与

リヴィウにかつて存在したシナゴーグ「金の薔薇」（A,カミャノブロツキ）。ナチス・ドイツにより破壊された。

え、ユダヤ問題省が設置される等、ユダヤ人への配慮が見られ、約50名のユダヤ人が中央ラーダの政権入りを果たし、また多くのユダヤ人がウクライナ人民共和国軍に参加していた。一方で、ウクライナ人が独立に向けた闘争に明け暮れていたこの時期、ユダヤ人は一部住民により親露・親ボリシェヴィキとみなされ、農民や兵隊がポグロムを実行し、ウクライナ国内のユダヤ人を迫害した。

　しかし、ユダヤ人にとっての最大の悲劇は、ナチス・ドイツによるウクライナ占領に続くホ

チェルニウツィーのシナゴーグ。現在は映画館となっている。

ロコーストである。第二次世界大戦中の1941年、ドイツがウクライナを占領してしばらくすると、ポーランドで開始されたユダヤ人絶滅政策がウクライナでも開始される。1941年から1945年の間でウクライナにおいてナチスの絶滅政策の犠牲者となったユダヤ人は約85万〜90万人とされる。ホロコースト以前のウクライナ国内ユダヤ人口の約60％であった。中でも、キーウ市内で起きたバービー・ヤールの虐殺では、3万3771名のユダヤ人をはじめ、その他ロマ人、ウクライナ人ナショナリスト、戦争犯罪収監者等計10万〜15万が殺害された。

　この第二次世界大戦を経て、ウクライナにおけるユダヤ人は激減する。1941年にはウクライナに約270万人いたユダヤ人は、1959年には84万人まで減る。そして、戦後の冷戦期を通じて、ユダヤ人人口はイスラエルへの移住等により減少し続け、1989年には50万人を切っている。

　ウクライナが独立して以降、その他の旧ソ連構成国と同様、ウクライナ国内のユダヤ人の大規模なイスラエル移住の波が起こり、90年代だけで26万人強のユダヤ人がウクライナの地を離れた。2001年に実施された国勢調査では、ウクライナ国内のユダヤ人人口は約10万人となっている。

　民族の間を生き抜くために、知恵を絞ってきたユダヤ人は、同時にその周りの民族からの憎しみを買うことも多くあり、その歴史は、ウクライナにおいても決して楽なものではなかった。しかし、かつてウクライナに多く暮らしていたユダヤ人達が多くの遺産をウクライナの地に残していることも忘れてはならない。『牛乳屋テヴィエ』（屋根の上のバイオリン弾きの原作）を書いたイディッシュ語作家のショレム・アレイヘム、天才的ピアニストであるウラジーミル・ホロヴィッツをはじめ、

ショレム・アレイヘム

数々の偉大な功績を残したウクライナ・ユダヤ人がその名を歴史に残している。また、ウクライナ各地に、シナゴーグ跡等のユダヤ建築が保存されており、観光客を引き寄せている。

　同時に、現代ウクライナの中で活躍するユダヤ人も少なくない。2022年時点で、ウクライナの大統領であるヴォロディーミル・ゼレンシキーや、大富豪として知られるコロモイシキーやピンチュークもユダヤ人として知られる。他方、ウクライナでは、金持ちや政治家を偏見から「ユダヤ人」と決め付け、根も葉もないデマが流されることが多くあるため、気をつけなければならない。自らユダヤ人を名乗ったり、ユダヤ人コミュニティが認めていたりしていないのであれば、デマを疑う必要がある。

ロシア人（росіяни, русские）

　「ロシア人」という自称は、モスクワ大公国およびその後のモスクワ・ツァーリ国が国を強くし、15〜17世紀に自国領土を拡大していく中で、政治と宗教のエリートの間で使われ始めるようになった言葉である。ウクライナでは、16〜17世紀、現在でいうところの「ロシア人」は「モスクワ人」として知られていた。

　14世紀から17世紀中頃まで、ウクライナにおけるロシア人は、一部を除き、その数は限定的であり、わずかなロシア人は、宗教関係者か交易に携わり、一時的に滞在している者であった。1654年、ペレヤスラフ協定が締結されるとロシア軍がキーウをはじめとする複数都市に入りはじめ、以降、ロシアが各国と戦争するにつれ、ウクライナの地へのロシア軍の駐留は増えていった。

　18世紀後半には、黒海沿岸へ多くのロシア人が、いわゆる「ノヴォロシア」と言われる新しい土地を求めて入植していく。当時の入植者全体の数字はわかっていないが、例えば、1763〜1764年の間、ウクライナ南部の現在のヘルソン州のあたり（当時は、エリザヴェータ州）には、ウクライナ人居住者約2万人に対し、ロシア人は約4000人住んでいたとされる。

　19世紀から20世紀はじめにかけて、ポーランドが分割されると、それまでロシア人のほと

んど住んでいなかったドニプロ川右岸（キーウは例外）にもロシア人が移住するようになる。1863～1864年にポーランド人による武装蜂起が失敗に終わると、ポーランド人貴族から接収した住居がロシア人に与えられていった。

18世紀後半にロシアによりウクライナ・コサックの自治権が取り消されると、ウクライナの地にロシアの行政システムが拡大していき、その結果更なるロシア人の移住が進んでいき、ロシア出身の政府関係者や軍人、商売人がウクライナに入ってきて、とりわけ、ドニプロ左岸とウクライナ南部で強固な基盤を作り上げていき、19世紀、この地で産業・交易に携わる約半数がロシア人となった（他方で、ドニプロ右岸では、ポーランド人とユダヤ人の影響力が強かった）。

1880年代には、新たに作られたドンバス地方や現在のドニプロ市、ハルキウ市の重工業の中心地へ、ロシア人の移住が進んでいった。1897年には、現在のドニプロペトロウシク州、ドネツィク州、ザポリッジャ州に相当する地域のロシア人の割合は68%にまで上っていた。

1897年の国勢調査によれば、当時のウクライナ領における人口は、2780万人であり、その内380万人がロシア人であった。これは、全人口の11.7%であった（オーストリア＝ハンガリー領に含まれていた地域を除く）。当時のロシア人は、主に都市部を中心に暮らしていた。10万人を超える町におけるロシア人の割合は53.4%であり、これはウクライナ人の12.6%よりずっと多かった。一方で、村落部では、ロシア人の割合は6.7%、ウクライナ人は83.0%であった。この時期のウクライナの都市では、ロシア人、ポーランド人、ユダヤ人が大きな影響力を持っていた。

ウクライナ・ソヴィエト戦争のあった1917～1921年後から、第二次世界大戦、冷戦期を通じて、ロシア人のウクライナへの移住は引き続き主に都市部に集中していた。1989年の時点で、ウクライナに暮らすロシア人の88%が都市部で生活している。また、1926年の時点のウクライナ国内ロシア人の数は266万7000人であったが、この数は徐々に増えていき、

1959年に709万8000人、1970年に912万6000人、1989年に1135万5000人まで増加した。

このように、ロシアが近代国家として頭角を現し、その領土を拡大していく中で、ウクライナへもロシア人の移住が進んでいき、その移住先は主に都市部であったことがわかる。今日でも、ウクライナ国内において、ウクライナ人の次に多い民族グループはロシア人である。2001年の国勢調査によれば、ウクライナの全人口の約17.3%がロシア人となっている。とりわけ、クリミア自治共和国（58.3%）、セヴァストポリ市（71.6%）、ドネツィク州（38.2%）、ルハンシク州（39.0%）は、特にロシア系ウクライナ国民の割合が高いところである。

同時に、ウクライナ独立まで徐々に増えていっていたロシア人人口は、その後急激に減少している。前述の2001年の国勢調査によれば、ウクライナ国内のロシア人の数は1989年に比べて300万以上減少している（833万4000人）。その他、この国内ロシア人は、98.9%がロシア語を自由に運用できると回答しているが、同時に58.8%がウクライナ語も自由に使えると回答している。ウクライナにおいては、半数以上のロシア人がロシア語もウクライナ語も自由に使えるということがわかる。

その他の先住民・少数民族

ウクライナ国内にはその他、ベラルーシ系、モルドバ系、ブルガリア系、ハンガリー系、ルーマニア系、ポーランド系、アルメニア系、ギリシャ系、ロマ系の住民がいる。クリミアでは、クリミア・タタール人の他、少数のカライム人とクリムチャク人も先住民に認定されている。

クリミア・タタール語　クリミア・ハン国で発展した悠久の言葉

A	B	C	Ç	D	E	F	G	Ğ	H	İ	I	K	L	M	N	Ñ	O	Ö	P	Q	R	S	Ş	T	U	Ü	V	Y	Z
a	â	b	c	ç	d	e	f	g	ğ	h	i	ı	k	l	m	n	ñ	o	ö	p	q	r	s	ş	t	u	ü	v	y	z

クリミア・タタール語のアルファベット

　クリミア・タタール語（Qırımtatar tili）とは、テュルク諸語に属する、クリミアをはじめ世界のクリミア・タタール人達によって話されている言語である。クリミア語（Qırım tili）との別名を持つ。テュルク諸語の中では、キプチャク語群に属す。同じテュルク諸語のトルコ語は別のオグズ語群に属すが、歴史的にクリミア・ハン国とオスマン帝国の繋がりが強かったため、クリミア・タタール語はオグズ語群から語彙などに影響を受けている。同時に、基本的にはキプチャク語群の特徴を多く維持しており、またトルコ語にない文字や語彙が使われたり、同じ文字でも発音が異なったり等の独自の特徴も見られる（例：【コーヒー】トルコ語/kahve（カフヴェ）。クリミア・タタール語/qave（カヴェ））。クリミア・ハン国時代から続く歴史を

クリミア・タタール語の
アラビア文字
（Qırım Tatar ilmi sarfı
(Simferopol, 1925)

クリミアで2018年に出版されたクリミア・タタール語
単語集　キリル文字とラテン文字が併記されている。

持つが、話者数の減少により、現在の母語話者数は世界で約50万人。ユネスコにより重大な危険にさらされた言語に指定されており、維持・発展のための対策が必要となっている。歴史的にはアラビア文字やキリル文字が使われたが、現在はラテン文字に移行している。今でもキリル文字を用いる話者は少なくないが、同時にクリミア・タタール語にはキリル文字では適切に書き表せない音が複数ある。クリミア内では、沿岸部（南部）、ステップ部（北部）、中部と主要な方言が３つあり、語彙や音韻面に違いがある。ウィキペディアには、クリミア・タタール語版（https://crh.wikipedia.org）が存在する。歴史的に繋がりの深いウクライナ人との間では、ウクライナ語にクリミア・タタール語の語彙が確認できる等の影響が確認できる。ウクライナ・コサックの頭領であったボフダン・フメリニツィキーは、クリミア・タタール語を運用できたという。更に、近年は市民団体による、クリミア・タタール語の文学作品コンテスト「クリミアのイチジク（Qırım inciri）」が開催されており、国内外から有志が作品を送り、受賞作品はまとめて一冊の本として出版されている（日本からも応募可）。

クリミア・タタール語を学びたい人のために

　日本語で書かれたクリミア・タタール語学習用の教材は、今のところない。オンライン学習用サイトでは、Akem-I Medeniye(https://medeniye.org) がある。スマートフォン用にはLuğat のような辞書が複数出ている。YouTubeでは「Crimean Music」のようなチャンネルで、クリミア・タタール語の歌を多く聴ける。また、ウクライナの一部政府機関がクリミア・タタール語での発表を行っている。

タタールと呼ばれる人々　ヴォルガ・タタールとクリミア・タタール

『タタールスタンファンブック』櫻間瑞希
（日本学術振興会特別研究員 PD）特別寄稿

　「タタール」という語からは、一般的にはかつてヨーロッパを支配した屈強な遊牧民が想起されることが多い。あるいは、ボロディン作曲の「だったん人の踊り」（原題はポロヴェッツ人の踊り）だとか、ロシアに暮らすテュルク系民族のひとつであるタタール（ヴォルガ・タタール）のことを思い起こす人もいるかもしれない。かれらは活動した時代も地域も異なる人々ではあるが、いずれも歴史のどこかで「タタール」と呼ばれる。タタール——使われる時代や場所によって指す民族集団が異なるやっかいな語だ。

　タタールは、かつてはジョチ・ウルスの諸民族を広く総称する語であった。こうした背景もあり、ロシア帝国ではテュルク系諸民族がタタールと総称されていた。ソ連期以降はカザフ人やアゼルバイジャン人など、多くの場合はそれぞれの自称が民族名称として定着したが、各地にタタールを冠した民族名称もいくつか残った。その代表格が、クリミアを故地とするテュルク系の人々である。本書でも紹介されるクリミア・タタール（Qırımtatarlar）という民族名称はロシア帝国時代の名残を色濃く残すことから、現在ではクリミア人（Qırımlar）という自称も頻繁に聞かれるようになった。

　現代の文脈において、注釈なしに「タタール」と述べた場合は、隣国ロシアのヴォルガ川中流域を中心に暮らすヴォルガ・タタールを指すことが多い。なお、民族の成立の過程が異なることもあり、ヴォルガ・タタールとクリミア・タタールは異なる民族とみなされている。タタールの名称を冠する両民族ではあるが、たとえば料理文化や伝統舞踊には大きな違いがみられる。クリミア・タタールの料理は地理的にもトルコの影響を強く受けており、使用する食材や調理法はよりバラエティに富んでいる。もっとも有名なものはチベレック（çiberek）と呼ばれる大きな揚げ餃子のような料理で、旧ソ連諸国の各地ではチェブレキの名で親しまれている。日本にもチェブレキを供するロシア料理店が存在するほどだ。また、ハイタルマ（haytarma）と呼ばれる伝統舞踊もあり、バレエの影響を強く受けたヴォルガ・タタールの舞踊とは身体の使いかたも旋律も、何もかもが異なると言えよう。

　また、テュルク諸語のなかでもキプチャク語群と呼ばれるグループに分類されるクリミア・タタール語とヴォルガ・タタール語の両言語は、言語学的には非常に近いとされてはいるものの、やはり異なる言語である。両言語ともに文法構造は似通っているが、語彙については子音や母音が入れ替わっているものや、起源が異なるものも数多く見られる。ヴォルガ・タタール語話者に聞いてみると、クリミア・タタール語は「方言のように近い」とは感じつつも「肝心なところで理解が及ばない」という。双方の差異については、以下の詩「ああ、美しきクリミアよ（Ey, güzel Qırım）」を参考にされたい。なお、この詩はクリミア・タタールの誰もが知る民族愛唱歌であり、様々な場面で歌われている。

クリミア・タタール語	ヴォルガ・タタール語訳	日本語訳
Aluştadan esken yeller Yüzüme urdı. Balalıqtan osken yerler Közyaşım tüşti.	Aluştadan iskän çillär Yözemä ordı Balalıqtan üskän çirlär Küz yäşem töşte	アルシタから吹いた風が 私の頬を撫でた 子ども時代を過ごした地に 私の涙が落ちた
Men bu yerde yaşalmadım, Yaşlığıma toyalmadım, Vatanıma asret oldım, Ey, güzel Qırım.	Min bu çirdä yäşalmadım, Yäşlegemä tuyalmadım, Watanıma xäsrät buldım Äy, güzäl Qırım	この地に暮らせなかった 青春時代を過ごせなかった わが故郷に恋い焦がれた ああ、美しきクリミアよ

注：ヴォルガ・タタール語の正書法は拡張キリル文字を用いるが、比較を容易にするためラテン翻字している。

　このように差異を挙げたものの、両民族はともに大半がスンニ派を信仰するムスリムであり、さらにはソ連という共通の歴史を歩んだことから共通した文化や習慣も少なくない。具体的には、伝統刺繍の意匠や人名など、主にイスラームの影響から育まれた共通点が多々みられる。タタールの名を冠した両民族は、異なる歴史や文化を築いてきた人々ではあるが、遠からず隣人とも言えよう。

イコンとルシニク

宗教　　ウクライナ正教会、ギリシャ・カトリック、多神教の名残も

　988 年に、キーウ・ルーシのヴォロディーミル聖公がコンスタンティノープルからキリスト教を受容して以降、ウクライナの地の主要な宗教はキリスト教となり、人々の間に広がっていった。今日、ウクライナ国内で信者数の最も多いのは、ウクライナ正教会であり、2018 年にシンクタンク「ラズムコウ・センター」が行った世論調査の結果では、人口の約 67.3％が正教会の信者であると答えている。次に多いのは、ギリシャ・カトリック教会であり、9.4％。ギリシャ・カトリック教会とは、正教会と同じ典礼を用いるが、ローマ教皇の権威を認める教会であり、日本では東方カトリック教会やユニエイトとも呼ばれる。ギリシャ・カトリック教会は、ウクライナにて最も信者が多いが、その信者はウクライナ西部に集中している（西部の信者割合は、正教会 45.6％、ギリシャ・カトリック教会 39.7％）。ウクライナを旅行するものが目にする各地の教会は、概ねこの二つのキリスト教のものである。

　正教会は、「ウクライナ正教会」と呼ばれ、紆余曲折を経たもののキーウ・ルーシ以来の長い歴史を持つ。とりわけ、2019 年 1 月、コンスタンティノープル総主教庁から独立を認めてもらう、という大きな出来事があった。

　ウクライナでは、正教徒が多いこともあり、市民が最も大切にする祝日はクリスマス（降誕祭）とイースター（復活祭）である。正教会もギリシャ・カトリック教会も、クリスマス（宇語：リズドヴォー /Різдво）は 1 月 7 日であり、前夜の 1 月 6 日に家族が集まり、特別な食事をしてお祝いをする。イースター（宇語：ヴェリクデーニ /Великдень）では、イースターエッグ（宇語：ピサンカ /писанка）を作り、パスカ（паска）と呼ばれる特別に作ったパンやソーセージを教会で成聖（聖なるものとする行為）してもらってから、皆で食べる。また、クリスマスもイースターも、その日だけ使われる特別な挨拶や歌があるので、その時期にウクライナに滞在する方は、これらをウクライナ人に教え

クリスマスの町の様子

コリャドカ（колядка/ クリスマス・キャロル）を歌う子
どもたち

クリスマスのイエス生誕を示す人形

クリスマス・イブのボルシチは肉を入れない

クリスマスに行われるイエス生誕にまつわる劇「ヴェル
テープ（вертеп)」

パスカ

てもらうと楽しいであろう。特に、歌は種類が
豊富であり、この時期は歌を愛する民ウクライ
ナ人の文化を普段より強く感じることができ
る。

　その他、少数ながら、ローマ・カトリック教
会、プロテスタント、ユダヤ教、イスラム教の
信者がいる。ローマ・カトリックやプロテスタ
ントの信者は、ウクライナでも 12 月 25 日に
クリスマスを祝う（12 月 25 日も国の祝日）。
クリミアに多く住むクリミア・タタール人は、
歴史的にイスラム教徒である。

　ところで、10 世紀の終わりに、ウクライナ
にキリスト教が入ってくる前は、人々は何を信
じていたのであろうか。実は、ウクライナの
人々は、日本の神道やインドのヒンドゥー教と
同じように、自然の中、雷や太陽、風や火にこ
そ神々がいる、と考え、多くの神々の宗教、多
神教を信じていた。現在スラヴ神話として知ら
れる、この古代スラヴの神々の信仰は、一神教
であるキリスト教が入ってきてから次第に信者
を失い、現在、多神教信者を名乗るウクライナ
国民は、0.1% 程度しかいないとされる。

　しかし、実は、面白いことに、このウクライ
ナの地に根ざした古来の土着信仰の中には、キ
リスト教伝来後もキリスト教と融合して、今日
まで形を変えて残っているものがある。例え
ば、7 月 6 日から 7 日にかけての夜（旧暦：6
月 23 日〜 24 日）に祝われる「クパーラ祭」
（Свято Купала）あるいは「イヴァナ・クパー
ラ」（Івана Купала）と呼ばれる祭は、川辺に
人々が集まり、大きな焚き火を作り、燃え盛る
炎を若い男女が飛び越えるものであるが、これ

は多神教時代の信仰がキリスト教と融合する形
で残っているお祭りであると考えられている。

　他にも、「ジードゥフ（дідух）」と呼ばれる
ウクライナのクリスマスにおいて豊穣のシンボ
ルとして家の中に置かれる飾りも、キリスト教
以前の多神教の習慣と言われる。ジードゥフと
いう名前自体が「祖先の霊」を意味しているこ
とから、キリスト教とは違う信仰から生まれた
ことが想像できる。

　ウクライナ語には、「ドヴォヴィルヤ／
двовір'я（二信仰）」という単語があるが、キ
リスト教受容後も、民間では長らく、少なくと
も 12 〜 13 世紀頃まで、キリスト教と並行し
て、土着信仰が残っていたことを表すものであ
り、とりわけ、葬儀に関する場面では多神教の
影響は長く残ったようである。これは、12 世
紀末のキーウ・ルーシの文学作品「イーホル
（イーゴリ）遠征物語」に、ダジボーグ、ヴェ
レス、ホルス、ストリボーグといった多神教の
神々の名前が出てくることからも確認できる。

　現在でも、ウクライナで広く信仰されている
キリスト教に混じり、現地の人々すら気がつか
ないような細部に、それ以前のスラヴの神々の
信仰の要素がしばしば入り込んでいる。是非、
このウクライナらしい宗教観を現地で感じても
らいたい。

　ところで、ウクライナでは、サンタクロー
ス役に当たる、良い子にプレゼントを持って
くるのは、聖ミコライ（ニコラオス）（Святий
Миколай）。毎年 12 月 19 日、子供達はミコ
ライからの贈り物を受け取る。

聖ミコライ

クパーラ祭の様子

キーウ市内の多神教関係の像

ジードゥフ

ウクライナ正教会の独立　キーウ・ルーシからの連続性の確認

　2019年1月、ウクライナの正教会が独立した。歴史的出来事であり、ウクライナの社会はもっぱらその話題で持ちきりとなった。しかし、日本では、「ウクライナ正教会が独立した」「コンスタンティノープル全地総主教庁がその独立を認めたが、ロシア正教会が反発している」と聞いても、わからない方が多いのではないかと思う。それぞれの理由と出来事の重大さを理解するには、その歴史的背景を知る必要がある。

ウクライナにおける正教会の歴史

　まず今回の出来事に関わる部分の歴史を簡単に説明したい。392年、ローマ帝国がキリスト教を国教にするが、その後、帝国の領域を5つに分けて、信徒と教会を分割管理するようになった。この時に分割された際の5つの中心地が、キリスト教5本山と呼ばれるものであり、ローマ、コンスタンティノープル、アレクサンドリア、エルサレム、アンティオキアがそ

ヴォロディーミル聖公のキリスト教受容（V. ヴァスネツォフ）

れにあたる。コンスタンティノープルは、その中でもビザンツ帝国の首都にある教会として重視された。特に、そしてキリスト教が東西に分裂した後は、西のローマ、東のコンスタンティノープルとして、コンスタンティノープルは東方のキリスト教世界において最も権威ある教会となった。

　現代ウクライナが自らの起源とみなすキーウ・ルーシ（キエフ大公国）がキリスト教を受容するのは、988年である。ヴォロディーミル（ウラジーミル）聖公がそれまでの多神教を廃して、クリミアのケルソネスでコンスタンティノープル総主教庁の司祭から洗礼を受け、キーウ・ルーシの国教を正教会と定め、国内にキリスト教を広めた。これにより、この地は、コンスタンティノープル総主教庁の管轄下にあるキーウ府主教区となり、キーウは東ヨーロッパにおけるキリスト教の中心地となる。

　しかし、その後、モンゴル軍侵攻によりキーウが陥落したため、キーウ府主教区の中心はウラジーミルへ、その後モスクワへと移動する。キーウ自体は寒村と化していくのだが、しかし、府主教区の名前は変わらず「キーウ府主教区」であり、コンスタンティノープルの管轄下にある事実は変わらなかった。

　この状況は、オスマン帝国がビザンツ帝国を滅ぼすことで変わっていく。1448年、モスクワでは、コンスタンティノープル総主教庁に属すキーウ府主教区から、その地の教会が「独立」する。これがロシア正教会のいわゆる「誕生」である。これは、ビザンツ帝国の衰退・滅亡により、コンスタンティノープル総主教庁の影響力が低下する中で起きた出来事であったのだが、しかし、その独立の仕方に問題があった。正教会世界においては、いくら庇護するビザンツ帝国が滅びたといっても、正式な独立は最高権威のコンスタンティノープル総主教庁が認めなければならない。そのため、このモスクワの教会の「独立」は、他の教会からはあくまで自己宣言的なものとしかみなされていなかっ

た。しかし、モスクワの正教会は、国家の成
長とともに、着実に勢力を伸ばしていく。そ
こで、1589年、イェレミアス2世コンスタン
ティノープル総主教が、このモスクワの正教会
を「総主教庁」にまで引き上げることで事態の
正常化を行い、その際、モスクワ主教に自らと
同じ「総主教」を「名乗る」ことを認めた。繰
り返すが、それまでのおよそ140年間、モス
クワ府主教区としてのロシア正教会は事実上の
存在でしかなかったのである。加えて、イェレ
ミアス総主教は、モスクワ主教に「総主教」と
名乗る権利を与えたが、その条件としてコンス
タンティノープル全地総主教の絶対的上位を認
めさせている。この際の、あくまでコンスタン
ティノープル総主教が最上位、という関係は、
正教会世界で今日まで維持されている。

　ウクライナでは、その後何があったのか。コ
ンスタンティノープル全地総主教庁は、モスク
ワ府主教区を認めこそしたが、それはその当時
のモスクワ国の領土の範囲に限った管轄を認め
ただけであった。同時に、1620年、キーウで
は、ウクライナ・コサックの棟梁（ヘトマン）
であるペトロ・サハイダチニーが、聖職者ペト
ロ・モヒラとともに、かつてのキーウ・ルーシ
時代の繁栄を回復すべく、正教会の再建を進め
ていた（この頃のキーウには、カトリックの教
会しかなかった）。このサハイダチニーの要請
を受け、エルサレム総主教のテオファンが、キー
ウの正教会のためにペチェルシク修道院で聖職
者任命の儀式を行った。これがキーウ府主教区
を再生するきっかけとなる。これを受けて、
1633年には、コンスタンティノープル総主教
庁が公式にキーウ府主教区の再生を認めた。改
めて、ウクライナの地にキーウ・ルーシ以来の
府主教区の存在が確認されたのである。

　しかしながら、再生されたキーウ府主教区が
独自の道を歩めたのはわずか50年程度であっ
た。1686年、モスクワ総主教庁は、再生され
たキーウ府主教区を自らの管轄に編入する。こ
の編入は、1686年、コンスタンティノープル
全地総主教がモスクワ総主教にキーウ府主教を
叙聖（任命）する権利を与えたことが根拠となっ
ている。モスクワ総主教庁を抱くモスクワ・

ヴォロディーミル聖公像（ヴォロディーミル坂公園）

ツァーリ国にとっては、キーウ・ルーシの中心
都市であるキーウを吸収することは、自らを
「ローマ帝国の流れを汲むビザンツ帝国からキ
リスト教を受容したルーシを継承する、国家」
の正統性を獲得したとみなすために必要な行為
であった。この出来事が、いわゆる「モスクワ
は第三のローマ」という主張の根拠の一部を形
成している。そして、同国は、これ以降、次第
にこの「ルーシ」を意味する「ロシア」を国名
として使っていくことになる。

　しかし、2018年10月11日、コンスタンティ
ノープル総主教庁聖会議が、この1686年のい
わゆる「編入」を違法なものとする、歴史的決
定を発表した。この聖会議の決定には、1686
年付の会議書簡の法的効力を無効化すること、
モスクワ総主教のキーウ府主教任命権は一時的
なものであったこと、モスクワ総主教はあらゆ
る祝いの際に、教会法上の母なる教会コンスタ
ンティノープルに自らが依存していると宣言
し、コンスタンティノープル全地総主教を最上
級の聖職者として祝福することが義務付けられ
ていたことが喚起されている。

　これは、言い換えれば、キーウ府主教区は、
モスクワ総主教庁の管轄下に一時的に置かれて

いただけであり、本質的には引き続きコンスタンティノープル総主教庁に属していたということを意味する。そして、この点が、ウクライナ正教会がロシア正教会の承認を得ずに、独自にコンスタンティノープル全地総主教庁に改めて独立を請願する根拠となった。

現代：ウクライナ正教会独立に向けた働きかけ

現代に話を戻す。1991年、ウクライナがソ連から独立すると、ウクライナ正教会はすぐにコンスタンティノープル総主教庁に教会の独立を求め始めている。しかし、ロシア正教会（モスクワ総主教庁）は「自らの管轄下」で勝手な動きをするこれらの教会（キーウ聖庁）を破門し、自らの直接の影響下にあるモスクワ聖庁のみを正式なウクライナ正教会として認めるようになる。ウクライナ正教会の分裂である。これにより、ウクライナ正教会キーウ聖庁は、正教会世界のどこからも認められず、しかもウクライナ正教会自体は国内では実質的に分裂した存在となってしまう。

この状況を解決するため、これまで、キーウ聖庁やウクライナ政権は、2008年、2016年と何度かコンスタンティノープル総主教庁に働きかけてきたが、コンスタンティノープル全地総主教庁の返事は常に「まず国内の教会が統一すること、統一すれば我々は独立を付与する」というものであった。ロシア正教会の影響下にあるモスクワ聖庁が、独立を求めるキーウ聖庁と統一することはありえないと、長らく多くの人が考えていた。しかし、2018年になって状況が変わる。ウクライナ正教会モスクワ聖庁の一部の主教が、キーウ聖庁や自治独立派の主教とともに、コンスタンティノープル総主教に請願することに同意したのである。一部といえど、ウクライナ正教会の当時の全3派がそろってコンスタンティノープル総主教に請願したことで、形式的ながらコンスタンティノープル総主教庁の求める「ウクライナ正教会の統一」が成立した。これに合わせて、国家の側もより積極的に動き出す。2018年4月17日、ポロシェンコ大統領は、コンスタンティノープル総主教に対し、ウクライナ正教会の独立

（Autocephal）に関するトモスの付与を要請する呼びかけを準備したと発表、それを受け、4月19日、ウクライナ最高会議（国会）がこの呼びかけを承認した。このような一連の動きを受け、ついにコンスタンティノープル総主教がウクライナ正教会への独立付与を決定したのである。

ウクライナ国内の各宗教の信者数に注目してみれば、ウクライナは、先に見たように、歴史的にキリスト教信者の多い国であるが、中でも東方正教会の信者が多い。近年の世論調査では、国民の約69％が自らを正教徒であると答えている。ウクライナ正教会は、独立以降、キーウ聖庁、モスクワ聖庁、自治独立派の3つに分裂していたが、そのうち存在を公式に認めてもらっていたのはモスクワ聖庁のみで、認めていたのはロシア正教会であった。しかし、自らを正教徒とみなす国民のうち、45.2％がウクライナ正教会キーウ聖庁に属していると考え、これに対しモスクワ聖庁に属していると考えるものは16.9％だけであった。つまり、「未承認」のキーウ聖庁の存在は無視できる大きさではなく、同時にそれは、ウクライナの正教徒の大半が、正教世界に統合できていないということを意味していた。そして、コンスタンティノープル総主教庁側がウクライナ正教会の独立を認めた最大の目的は、この点、すなわち、ウクライナに暮らす正教徒を正教世界に戻す、という「正常化」であった。

ウクライナ正教会独立を求める動きは、1991年から続いていたものであり、現在のロシアの対ウクライナ侵略を発端とするわけでは必ずしもない。しかし、ロシア政権がウクライナ正教会モスクワ聖庁を通じてウクライナ国民に自らに有利な情報を広めていた点を考えれば、少なくともウクライナ政権には、ウクライナ正教会の統一・独立を急ぐ理由が十分にあった。

悲願のウクライナ正教会独立

2018年12月、キーウのソフィア大聖堂にて、コンスタンティノープル総主教代理人の見守る中、ウクライナ正教会のキーウ聖庁、自治

独立派と、モスクワ聖庁の2名の主教が統一ウクライナ正教会を創設することを決め、その長としてエピファニー首座主教（キーウと全ウクライナ府主教）が選出された。そして、翌2019年1月、コンスタンティノープル総主教が、このエピファニー首座主教に対し、ウクライナ正教会の独立を確認するトモスを授与したのである。これにより、ウクライナは改めて、988年にキリスト教を受容したコンスタンティノープル総主教庁との関係、当時設置された「キーウ府主教区」の存在を再確認することになった。そして、それは同時に、コンスタンティノープル全地総主教庁を頂点とする正教世界において、ロシア正教会（モスクワ総主教庁）がウクライナの地に管轄権を有していないことが確認されたことを意味した。

この出来事の持つインパクトは大きい。ロシア正教会は、自らの考える5大聖地のうち、3つをウクライナ国内に持っている。特に、彼らにとって最も重要なのがキーウにあるペチェルシク大修道院だが、今回のウクライナ正教会・キーウ府主教区の独立がコンスタンティノープル全地総主教庁に認められたため、公式な正教世界においては、この3つの聖地があるのは自らの管轄する領域の外側ということになった。

ただし、教会資産の所属を定めるウクライナ国内諸文書の関係もあり、ウクライナ正教会の統一と独立だけをもって「ロシア正教会が聖地を失った」とはすぐには言えないのも確かである。ペチェルシク大修道院は、現在ウクライナ正教会モスクワ聖庁が長期に渡りリースしている状況にある。またポロシェンコ大統領（当時）は、トモス付与後も教会資産所属替えを行って信者間の対立をあおるようなことはしないと繰り返し述べた。同時に、たとえそうであっても、ペチェルシク大修道院が自らの管轄下にあるとみなしているロシア正教会にとっては、この出来事は大きなダメージとなる。国家としてのロシアにとって、ソ連崩壊時のウクライナ独立と同様に、「コンスタンティノープルからキリスト教を受容したキーウ・ルーシの継承国ロシア」という大国の正統性の根拠がもう一度挑

戦を受ける出来事となっている。

実際、ロシアは、このコンスタンティノープル総主教庁によるウクライナ正教会への独立承認を認めないと主張し、しかもコンスタンティノープル総主教庁との教会対話を断絶する決定を下した。しかし、繰り返すが、正教世界においては、コンスタンティノープル全地総主教庁とモスクワ総主教庁の関係は平等ではない。あくまで、前者が最上位であり、その関係をロシア正教会（モスクワ総主教庁）側から一方的に覆す手段は、教会法上存在しない。

ルーシとウクライナの連続性確認

ウクライナ正教会にとっては、今回の独立の付与は、信者にとっての長年の悲願が達成されることになっただけでなく、ロシア正教会との繋がりが絶たれ、「教会上のロシアからの独立」が実現し、コンスタンティノープル総主教庁がウクライナ正教会の「母なる教会」であるということが再確認されたことを意味する。言い換えれば、今回の独立承認は、キーウ府主教区の存在の連続性の確認、つまりキーウ・ルーシと現在のウクライナの宗教面での歴史的繋がりが確認されたとも言える。これは、ウクライナという国家アイデンティティが強化されたとも言え、1991年の国家独立に比する、もう一つの「独立」と捉えることができる。

他方で、ウクライナ正教会の統一に参加しなかったモスクワ聖庁の残りの大多数の主教達は、教会法上宙吊りの状態となっている。ロシア正教会のウクライナに対する管轄権は既に認められていない。コンスタンティノープル全地総主教庁の発出したトモスによれば、現在ウクライナにあるのは唯一の統一されたウクライナ正教会だけとなる。今後、この実質的に存在し続けるモスクワ聖庁の取れる行動は、以下の3つであろう。(1) 統一ウクライナ正教会に合流する、(2) ウクライナにおけるロシア正教会として活動する、(3) 教会法的に地位の不透明な状態のまま活動を続ける。また、信者の面で考えれば、モスクワ聖庁側から、新たなウクライナ独立正教会へ鞍替えする信者が増えていく可能性も考えられよう。

ウクライナ史　様々な大国の間を生きた独自の歴史

ウクライナと呼ばれる土地には、何千年も前から人が住み、文化や伝統を生み出し、ウクライナ人をはじめとする様々な民族が交わり、共存し、交易し、時には争い戦い、歴史に名を残してきた。現在のウクライナは、その歴史の上に存在する。歴史家達は、今日までのウクライナの歩みを「ウクライナ史」として研究している。ウクライナ史とは、必ずしもウクライナという国の歴史ではなく、ウクライナ国家形成プロセスの歴史、ウクライナ人やウクライナという土地に住む様々な人々の歴史、と呼びうるものである。

また、私たちは、しばしば国を単位にして歴史を考えてしまいがちだが、実際には、クリミアのように、過去には国家があったが、様々な出来事を経て、現在ウクライナの一部となっているような土地もある。クリミアのような複雑な歴史を持つ土地の歴史は、本来個別に扱って然るべきものであり、本書では「クリミア史」として一項目を設けている。その他、ウクライナの土地を支配していたポーランド・リトアニア共和国やモスクワ国・ロシアの視点からの歴史も考えられるが、彼らの歴史は、通常それぞれの民族の視点から書かれる「ポーランド史」「リトアニア史」「ロシア史」の中で語られる。一方で、かつてウクライナに多く住んでいたユダヤ人等もウクライナで重要な役割を果たしていたことも忘れてはならない。この本では、このような多様な側面を持つウクライナ史の中から、ウクライナ人の動きを中心に、主要な出来事を紹介する。他方で、本書では特には扱わないものの、一民族を歴史の主役とするのではなく、「黒海の歴史」のように、黒海地域の様々な国、民族や宗教の活動を地域の歴史として複眼的に記述するアプローチも昨今注目されていることを指摘しておきたい。

遊牧のスキタイ人等、沿岸のギリシャ人、農耕の原スラヴ人

石器・銅器時代には、紀元前3500～2700

トリビッリャ文化の土器（©N. ブルド "Трипільська культура: Спогади про золотий вік"）

年頃、現在のウクライナとルーマニア領となる、ドニステル川、ブフ川、プルート川、ドニプロ川沿いに、農耕を中心としたトリピッリャ（ククテニ）文化（Трипільська культура, культура Кукутень）が栄えていた。この文化は、とりわけ、黄土、黒、白で彩色された土器で知られる。また、銅が使用されていたこともわかっている。

紀元前1500年頃から、ウクライナ南部（黒海北部）にキンメリア人と呼ばれる騎馬遊牧民族が暮らし始めたとされる。キンメリア人については、ホメロスが『オデュッセイア』の中で黒海北岸を「キンメリア人の地」と呼んでいる。彼らについては、遊牧生活をして、乗馬術を用いて戦っていたこと、鉄器文化を持っていたこと程度のみが知られており、詳しいことはわかっていない。

その後、紀元前750～700年頃に、イラン系の騎馬民族スキタイ人が（おそらく中央アジアから）やってきてキンメリア人を南に追い出し、スキタイ国家を建設した。彼らは、紀元前4世紀に最も繁栄した。特に精巧な金細工でよく知られており、遊牧生活を中心とする生活をしていた。

同時に、この時代、ギリシャ人が黒海沿岸に、オルビア、ケルソネス、テオドシア等の植民都市を建設して居住していた。ギリシャのヘロドトスは、その植民都市の中で最も繁栄していたオルビア（現在のミコライウ市南方）に滞在していたことがあり、その著書『歴史』において、スキタイ人について大変詳しい記述をしている。とりわけ、ヘロドトスは、彼らの戦闘技術の高さを恐れと共に描写している。そして、この時代、スキタイ人とギリシャ人は、交易を

もって互いの社会を相互に補完していたことがわかっている。

また、興味深い点として、ヘロドトスは、遊牧生活をするスキタイ人の他、この国には「農耕・農民スキタイ人」もいた、と記述しているが、多くの研究者がこの「農耕・農民スキタイ人」が原スラヴ人であると考えている。そうであれば、この時期のウクライナの地には、スキタイ人とギリシャ人の他、原スラヴ人が共存していたことを意味し、それぞれが社会において異なる役割を担っていたことになる。この時代のギリシャ人の主食であったパンと魚は、黒海沿岸での彼らの植民地でも需要が高まっていた。スキタイの支配していたウクライナのステップは既に豊かな土地として評判を得ており、ギリシャ人はスキタイ人から食物を手に入れていたのであり、スキタイ人とギリシャ人の間には経済的な相互の繋がりが存在した。そして、その食物の生産者は原スラヴ人であったのかもしれないのである。ところで、スキタイ人は、食糧供給の代わりに、ギリシャ人から、ワイン、オリーブオイル、芸術品、布類を手に入れていたとされる。なお、発掘されたスキタイ人の細密な金細工は、有名な胸飾りを含め、現在でもキーウ（キエフ）市内の国立歴史宝物博物館で見ることができる。

その後、紀元前260年頃には、騎馬遊牧民族サルマタイ人が入ってきて、スキタイ人はクリミア方面へ追いやられ、その後ゴート人により滅ぼされる。一方、移住の容易な遊牧民と異なり、農耕に従事していた原スラヴ人はその後もウクライナの地に残り続けたと推測できる。

このように、ウクライナの地は、大陸の遊牧民達と海からのギリシャ人により文明が生み出され、そのことが彼らと共存していたと見られる原スラヴ人の後の文化形成にも影響を及ぼしていたと見られる。

なお、以降の、キーウ・ルーシ成立以前の東スラヴ人についてはあまり詳しいことがわかっていない。ウクライナ人の直接のルーツとなる東スラヴ人が現在のウクライナの地に入ってきたのは紀元前4～6世紀であると言われているが、その時代に彼らが何をしていたのかについ

いて直接記述された歴史書がないためである。

7世紀中頃から10世紀末まで、ウクライナの地、クリミア、アゾフ海沿岸からコーカサスにかけての黒海沿岸に存在したのは、ハザール・ハン国というテュルク系遊牧民の国家である。ハザール・ハン国には、多神教、キリスト教、イスラム教、ユダヤ教と多様な宗教が広まっていたが、9世紀はじめにユダヤ教を国教として受容したことが知られている。9世紀頃、東スラヴ人はこのハザール・ハン国に朝貢していたことがわかっている。

キーウ・ルーシ（キエフ大公国）

9世紀の終わり頃、ハザール・ハン国が衰退する中でキーウ・ルーシ（Київська Русь）が誕生した。キーウ・ルーシは、スラヴ人の中で東スラヴ系ルーシ人（ウクライナ人の祖先）が最も早く建設した自前の国家である。このルーシ国家は、実は外来のノルマン人（ヴァリャーグ人）が建国したのだが、彼らは建国後、急速にルーシ人と同化したので、実質的にキーウ・ルーシを東スラヴ人中心の国家と呼んで問題ない。また、本来の名前は、「ルーシ」だけなのだが、本書では慣例に従い「キーウを中心に発展したルーシ」として使われる「キーウ・ルーシ」を用いる。

ところで、なぜ、キーウがこの国の中心となったかと言えば、この町を横切り黒海まで続くドニプロ川、またその支流であるプリピャチ川とデスナ川の存在が大きい。これらの川が交易と領土拡大の際のネットワークの役割を果たし、キーウがその中心地として発展したのである。

12世紀に書かれた『原初年代記』によれば、外来のリューリクの一族オレフ（オレグ）が882年にキーウの支配者を殺害し町を占領、イーホル（イーゴリ）が後を継ぐ。イーホルの妻オリハ（オリガ）は幼い息子スヴャトスラウの代わりに政治を行った。なお、オレフ、イーホル、オリハとも、スカンジナビア語の名前である、ヘルギ、イングヴァル、ヘルガという名前も知られている。そして、成人したスヴャトスラウ、キリスト教を受容したヴォロディーミル聖公、ヤロスラウ賢公と続く時代が、キーウ・

ルーシの最盛期である。

988 年 に は、 ヴォロディーミル 聖 公 （Володимир Святославич） が コ ン ス タ ン ティノープルからキリスト教を受容し、キーウ にはコンスタンティノープル総主教庁の下に一 つの府主教区が置かれた。なお、ハザール・ハ ン国はユダヤ教をそれ以前に国教とし、ポーラ ンドは 966 年に西方キリスト教を導入、そのよ うな環境の中で、ウクライナの地ではキー ウ・ルーシが東方キリスト教を受容するという 決定を下している。伝説では、ヴォロディーミ ルは、ビザンツ帝国からのキリスト教を受容す る前に、ローマからの使者とハザールのユダヤ 教徒からもそれぞれの宗教の受容を勧められ、 逡巡の後に正教会の受容を決めたとある。これ は伝説であるが、隣国が選択した宗教を見れ ば、キーウ・ルーシに受容する宗教の選択肢が 存在したとしてもおかしくはなく、様々な要素 を考慮した上で、ビザンツ帝国との繋がりが強 化される正教会を選択したと考えられる。な お、これにより、ポーランドとウクライナの間 で、カトリックと正教会の境界線ができあがっ たと言えるし、この決定は以後の東欧の民の運 命に大きな影響を与えることになる。

キーウ・ルーシの社会には、大公の他、聖職 者、兵士、経済活動を行う住民で構成されてい た。大小合わせて 240 の町があり、その最大 のものがキーウであり、次に繁栄していたのが 北部のチェルニヒウであった。1100 年頃のキー ウの人口は、約 4 ～ 10 万人と言われる。同時 期のコンスタンティノープル が 25 万人、カイ ロ 15 ～ 25 万人、パリ 5 万人、ロンドン 2 万人、

平安京の人口は 12 ～ 20 万であり、当時のキー ウの繁栄ぶりが想像できる。キーウ・ルーシは、 貿易で栄え、特にコンスタンティノープルやイ タリア商人と交易をしていた。貨幣は、グリヴ ナ （гривна） と呼ばれる銀の鋳棒が用いられ ていた。現在のウクライナの通貨名「フリヴニャ （гривня）」はこの貨幣から採用されている。 なお、ヤロスラウ賢公が 1037 年に建設したソ フィア大聖堂、また 1050 年建設のペチェルシ ク （洞窟） 修道院は、現在ユネスコの世界遺産 リストに登録されており、キーウ市内で訪問で きる。

12 世紀頃からキーウ・ルーシは国内諸侯の 争いと遊牧民との戦いで弱体化していく。そし て、1240 年、強大かつ最新の戦闘技術を有し たモンゴル軍によりキーウは滅ぼされた。その 後、13 世紀後半までにキーウは過去の繁栄の 見る影もなく廃れていたが、1362 年、リトア ニア大公アルギルダスがモンゴル軍 （ジョチ・ ウルス軍） に勝利し、この地域を征服すること で、ウクライナの大部分はリトアニア大公国（住 民の多くは東スラヴ人であった）、後にはポー ランドの支配下に入ることになる。

ハーリチ（ガリツィア）・ヴォリーニ大公国

1054 年にキーウ大公ヤロスラウ賢公の死 後、キーウ・ルーシは複数の小国に分裂して いくが、その中で、1199 年にキーウ・ルーシ の南西部に誕生するハーリチ（ガリツィア）・ ヴォリーニ大公国（Галицько-Волинське князівство）は、ビザンツ帝国とも関係を有し て、貿易で繁栄していく。ハーリチ・ヴォリー ニ大公国にとっても、モンゴル軍からの攻撃が 最大の外憂であったが、1245 年、同国ダニー ロ王（Король Данило, Данило Галицький） がモンゴル軍の本拠地であるサライまで出向い てバトゥと会い、ハーリチ・ヴォリーニ大公国 をモンゴルの属国化することで、キーウ・ルー シのような徹底的な破壊は免れた。このハーリ チ・ヴォリーニ大公国の首都として繁栄してい くのが現在の西ウクライナの中心地であるリ ヴィウである。リヴィウは、14 世紀には貿易 の要所として繁栄し、原ウクライナ人以外に

ヴォロディーミル聖公のキリスト教受容のリトグラフ

も、ポーランド人、ユダヤ人、ドイツ人、アルメニア人等の様々な外国人が移住し、国際色豊かな街に発展していった。リヴィウは、その後 1349 年にポーランド領となり、以降 18 世紀まではほぼポーランドに属していた。1661 年にはリヴィウ大学が創設され学問が発展し、また、印刷が発展し多くの書物が出版された。

キーウ・ルーシは、ロシアの起源？ ウクライナの起源？

ロシア史を勉強された方は、ロシアはキーウ・ルーシの継承国であると学んだことであろう。一方で、ウクライナの歴史家は、しばしばウクライナこそキーウ・ルーシの継承国であり、ロシアの起源はモスクワ大公国であると主張する。ウクライナ側は、ロシアがキーウ・ルーシに国の歴史的起源を求め始めたのは 16 世紀、モスクワ・ツァーリ国（1541 〜 1721）のイヴァン雷帝の頃であり、国家の拡大の過程で、自国を偉大な歴史と結びつけ始めたのだと主張している。

更に、モスクワが、「ルーシ」を意味する「ロシア」を名乗るようになったのも、同様の意図によるものと考えられている。ロシアの歴史家は国名「ロシア」の使用の歴史が如何に古いかを主張するが、他方で、ウクライナの歴史家は同国が「ロシア」を用いた歴史は実はロシア側が主張する程古くなく、ピョートル大帝が 18 世紀にロシア帝国の建国時に積極的に用い始めたのであり、16 〜 17 世紀、ウクライナ人は彼の地の人々を「モスクワ人」と呼び、国も「モスクワ国」と呼んでいたと説明し、「キーウ・ルーシ」の継承国はやはりキーウを中心とする「ウ

ヤロスラウ賢公（I. ビリビン）

クライナ」である、と主張する。

学術的な議論は歴史研究者達に任せておくとして、他方で、少なくとも、ウクライナがキーウ・ルーシの中心キーウを現在首都と定めているのは事実であり、ヤロスラウ賢公の作ったソフィア大聖堂を抱え、国章や貨幣名もキーウ・ルーシ時代のものを採用していることを見れば、ウクライナが栄光の国キーウ・ルーシを継承しているとの考えには根拠があり、現在のウクライナ人の間で強固に根付いている理由も理解できるであろう。

余談だが、ロシアでは、2000 年代初頭に、国がイニシアティヴを取り、キーウではなく、リューリクが都に定めた古代の町ラドガ（現在のスタラヤ・ラドガ村、ロシア北西部レニングラード州のヴォルホフ川沿岸に位置）を「真のロシア史の起源」とする運動が起こされていたが、定着せずに忘れ去られた。このエピソードは、国の起源に関する議論、あるいは「国史」というものが、後世の人の意図を多分に含む主観的なものであることを示す例といえよう。

キーウ・ルーシ時代の銀貨（表：ヴォロディーミル聖公、裏：三又の鉾）

V. ドゥブロウシキー著『モスクワ語ーウクライナ語辞典』（リーダナ・モーヴァ出版、1918 年）

コサック時代

キーウ・ルーシを滅ぼしたモンゴル軍の国、チンギス・ハンの長男ジョチから名前をとったジョチ・ウルスは、15世紀には分裂を迎え、クリミアとウクライナ南部には、1440年代にクリミア・ハン国（Qırım Hanlığı, Qırım Yurtu）が建国される。このクリミア・ハン国は、1475年にオスマン帝国の属国となり、リトアニア領ウクライナに攻め込むようになる。1482年、キーウとその周辺は、彼らにより更なる破壊が行われた。この荒れ果てた広大なステップに、15～16世紀にかけてコサックと呼ばれる集団が形成されていく。

当初、コサックと呼ばれる集団は、テュルク系民族であった。ウクライナ系コサックについて最初に言及があるのは、1492年のクリミア・ハン国からリトアニアへの書簡で、キリスト教徒コサックがクリミア・ハンの船を襲撃したことへの苦情が書かれている。このキリスト教徒のウクライナ・コサックは、主にポーランドとリトアニアから逃亡した農奴で構成されていたとされる。逃亡した農民達は、ステップで既に活動していたテュルク系コサックの活動を模倣しながら、北のポーランド・リトアニアからの追手や、奴隷を求めて襲撃してくる南のクリミア・タタール人から自衛するため、戦闘技術を高めていくことになる。戦闘の中で、ウクライナ・コサックはテュルク系民族から影響を受けていき、彼らの騎兵技術、衣服、言語、食習慣、風習は、テュルク系民族のそれに似ていった。この頃のウクライナのステップには、スラヴ系とテュルク系の民族が並存し、民族間で影響を及ぼし合いやすい状況であったと言える。実際、ウクライナ・コサック集団の中にイスラム教徒がいたり、一つのコサック集団の中でウクライナ語とクリミア・タタール語が両方使われたりすることも珍しくなかった（現代ウクライナ語に残るテュルク系の借用語は、この時期に入ったものと考えられている）。この時代のコサックとクリミア・タタール人の混交は、以後キリスト教徒のコサック軍とムスリムのクリミア・タタール軍が戦時にしばしば同盟することを可能としていく。

16世紀には、ウクライナ・コサックが逆にクリミア・ハン国を襲撃していく。このコサック達は、ドニプロ川の大きな中州ホルティツャ島に要塞を作り、「シーチ（Січ）」と呼んだ。そのため、この頃から18世紀まで続くこの準国家的コサック社会は、「ザポロッジャ（早瀬の中）・シーチ」（Запорозька Січ）と呼ばれる。また、このウクライナ・コサック達は、「ザポロッジャ・コサック（запорозькі козаки）」と呼ばれ、他の地域のコサックとは区別される。

ザポロッジャ・コサック達は、ラーダと呼ばれる集会を開き、指導者の選出等の集団に関わる意思決定を合議制で行った。ラーダには、すべての成人コサックが参加しており、この点で、当時のコサック集団は平等かつ民主的であったと指摘される。コサックになるためには、能力の高さを示す必要があり、シーチのある中州までドニプロ川を渡ったり、オスマン帝国への襲撃戦に参加したりすることで、メンバーとして認められた。また、元々が逃亡者社会であったことから、新メンバーの過去の経歴が問われることはなく、一度コサックになれば、元の身分や民族の違いで区別されることはなかった。このコサック社会の「平等」と「集団」を重視する制度は、この時期、いつ戦闘が起こるかわからない状況に置かれた彼らが、集団の能力の高さと戦時の即応性を追求した結果生まれたものであると考えられ、「軍事力」を重視した結果として「平等」原理に行き着いたとも言える。ラーダでは、目的達成のために集団の能力を最も効率良く引き出せる人物がコサックの指導者として選出されていた。

戦闘能力を高めたザポロッジャ・シーチのコサック達は、クリミア・タタール人やオスマン人の脅威となる。コサック達は、シーチから船でドニプロ川を下り、黒海北岸の沿岸都市や、更にはオスマン帝国領の黒海南岸の都市まで襲撃し、略奪を行った。夜闇に紛れて急襲する彼らの略奪は、要は海賊行為であった。また、騎兵技術を用いた陸路での略奪も迅速であった。彼らは、略奪に成功すると、宴会を開き、

「ザポロッジャ・コサックからメフメト4世オスマン帝国スルタンへの返事」(I. レーピン)

コサック・ダンスを踊って喜びを分かち合ったという。

コサックが強力になるにつれ、近隣諸国は対応を迫られることになる。クリミア・ハン軍もまた、コサックの拠点を何度も襲撃した。1569年にポーランドとリトアニアが、国家連合を組むと、ウクライナ地方はこの連合国家領に含まれるようになる（なお、この連合は、かつてのハーリチ・ヴォリーニ大公国領とその他のキーウ・ルーシ時代の領域が一国家の下で支配されることになったことを意味した）。そして、この連合国家は、ウクライナ・コサックを統制しようと試み始める。

登録コサックとジレンマ

ポーランドは、1572年にまず300名のコサックを、給料と自由を保障する代わりに、軍人として登録し、次第にこの数を増やしていった。ポーランドの意図は、コサックに貴族並みの権限と一定の自由を与えることで、彼らを戦争に利用するというものであった。しかし、この登録コサックが次第に増加していく内に、問題が生じる。登録コサックは、戦時には強力な兵でも、平時には財政上の負担である上、彼らがオスマン帝国等の他国領を引き続き襲撃することは、外交問題に発展するため、ポーランドとしては数をむやみに増やすわけにいかない。一方で、コサック側では、特権階級である登録コサックを希望する者は当然増えていく。ポーランドにとって登録コサックの存在は次第にジレンマとなり、コサックもポーランドの対応に次第に不満を募らせ、しばしば反乱を起こすようになる。

この時期、サポロッジャ・シーチでは、ペトロ・サハイダチニー（Петро Сагайдачний）が指導者となる。ウクライナ人小貴族出身のサハイダチニーは、軍事的功績を多く残すとともに、コサック集団に民族意識をもたらしている。サハイダチニーは、キーウに住み、聖職者ペトロ・モヒラ（Петро Могила）等と共に、かつてキーウ・ルーシの都として繁栄したキーウの再建を始める。サハイダチニーの尽力により、キーウには正教会のキーウ府主教区が再設置され、その結果、教会が多く再建されていった。また、サハイダチニーの死後の1632年には、モヒラにより、キーウ・モヒラ・コレギウム（現キーウ・モヒラ・アカデミー大学）が設立される。こうして、キーウは、東欧における

宗教、文化、学問の中心地として復活し、この偉大なるキーウの再建は、コサック達にウクライナ人としての愛国心と民族の自覚をもたらすこととなった。

フメリニツィキーの乱

　16世紀末、コサック達は、ポーランド側がコサックの希望通りに登録数を増やさないことでしばしば反乱を起こしていた。1621年、サハイダチニー率いるコサック軍は、ホティンの戦いでポーランド側につき、オスマン・クリミア連合軍に勝利したが、ホティンの戦いの後も、登録コサックは5000人にしか増えず、以降も戦争でコサックが活躍する度に、コサック達の不満は高まっていった。この頃、ザポロッジャ・シーチにいるコサックは既に6万人程であった。

　ところで、1624年、この頃、クリミア・ハン国では、兄弟のメフメト・ギライとシャーギン・ギライが権力の座を巡り対立し、双方ともザポロッジャ・シーチに協力を求めた。この時、コサック部隊は、クリミア南部のカッファまで進入し、この二人のギライに協力をしている。この際、シャーギン・ギライがコサックの頭領（ヘトマン）に対し、将来の支援を約束したことが確認されており、コサックがこの時期既に独自に外交行為を行っていたことがわかる。

　ボフダン・フメリニツィキー（Богдан Хмельницький）は、この時期にコサックの指導者になった人物で、キーウ・モヒラ・コレギウムで教育を受け、ギリシャ語やラテン語の他、クリミア・タタール語のようなテュルク系言語も理解するエリート・コサックであった。この頃、ポーランド側は、コサックの反乱に対して強硬な対応を取るようになっており、登録コサックの領地没収や略奪が行われるようになっていた。1648年、チヒリンのフメリニツィキーの領地も同様にポーランド貴族ダニエル・チャプリンスキによって襲撃される。チャプリンスキがフメリニツィキーの子を殴打で殺害し、妻を奪い無理矢理自分と結婚させると、フメリニツィキーは、ザポロッジャ・シーチのコサックにポーランドへの大反乱を呼びかける。フメリニツィキーは、頭領（ヘトマン／гетьман）に選出され、またポーランドに仕える登録コサックもフメリニツィキー側についた。更に、フメリニツィキーは、クリミア・ハン国へ対ポーランドへの援軍を要請することで、コサック・クリミア同盟を実現している。

　1648年、ザポロッジャから北上したコサック軍8000名とクリミア軍4000名は、まずチヒリンを奪還する。これが所謂「フメリニツィキーの乱」の始まりである。同年、ポーランド軍は4万名の兵で開戦するも、コサック軍5～7万にクリミア軍が加わり、再度コサック・クリミア同盟が勝利する。1649年の戦いには、クリミア軍はハンであるイスラム・ギライ3世（III İslâm Geray）自ら指揮を執って参戦し、コサック・クリミアはまたも勝利、登録コサックの数は4万名まで増加した。この頃、奪還されたチヒリンに、事実上のウクライナの首都機能が置かれた。

　この連戦連勝には、コサック軍自体の強さに加えて、クリミア・ハン軍との安定した同盟関係が大きな役割を担った。敗北を重ねるポーランド側も、これを理解し、自国軍の強化を急ぎつつ、同時にクリミア・ハン国に対してコサック支援を止めることを要請し続けていた。

　1651年、ポーランドが再びウクライナの攻撃を開始する。両陣営が10万近い戦力で挑み、戦いは当時としてはかなりの大規模となる。戦闘中、イスラム・ギライ3世が負傷する等、双方に多くの被害が出る中、ポーランド側の工作が功を奏したか、あるいは被害の大きさで戦意を失ったか、クリミア軍が突如戦場から撤退

ボフダン・フメリニツィキー　イスラム・ギライ3世

し、結果、コサック軍は敗北する。なお、この際、フメリニツィキーの盟友である、クリミア・タタール軍人トハイ・ベイ（Toğay bey）も負傷し、命を落としている。

　フメリニツィキーは、このクリミア軍の撤退を受け、同盟相手を再考せざるを得なくなる。1654年、フメリニツィキーは、その模索の結果としてモスクワ・ツァーリ国（ロシア）とペレヤスラフ協定を締結する。この協定は、モスクワがコサックの自治権を認める代わりに、コサックがモスクワ・ツァーリの宗主権を認めるというものであった。フメリニツィキーは、ポーランドとの戦い継続のためにモスクワと手を結んだのであるが、しかしながら、モスクワは、その直後の1656年、コサック側の意向を汲まずにポーランドと講和を締結してしまう。そのため、フメリニツィキーは、スウェーデン・トランシルヴァニア等と協力を始めるのだが、その後、今度はモスクワとスウェーデンが戦争を始めるのである。

　後世に「ロシア・ウクライナの団結」と謳われたペレヤスラフ協定であるが、実はこのように早々に効果を失っていた。そもそも、この協定の締結がコサック側による多方面外交の結果の一つとして成立したものであり、実際、この協定締結以降も、コサックは、クリミア・ハン国を含め、様々な相手と協力を続けた。さらに、その後の1667年、モスクワ・ポーランド間のアンドルソヴォ協定によってペレヤスラフ協定は破棄されたことになっており、ウクライナは右岸のポーランド領、左岸のモスクワ領と分割されることになる。

　フメリニツィキーの乱において、忘れてはならないのは、この時の大量のユダヤ人犠牲者である。ポーランド・リトアニア共和国領のユダヤ人は、交易・仲介業に携わり、ポーランド政府権力と繋がりを持っていた。コサック軍が蜂起すると、コサック達の憎悪感情がこのユダヤ人に集中する。この時期ウクライナの地では、およそ300のユダヤ人コミュニティが消滅したとされる。

　1667年のアンドルソヴォ停戦協定により、このヘトマンを中心とするコサック国家は右岸ウクライナと左岸ウクライナに分割される。言うまでもなく、コサック達は、この分割に不満であった。とりわけ、右岸ウクライナのヘトマンであったペトロ・ドロシェンコ（Петро Дорошенко）は、ポーランドからの解放を目指し、オスマン帝国を頼り始め、クリミア・ハン国もそれを支援する。これにより、1672年に、オスマン・ポーランド戦争が起こる。この戦争は、カムヤネツィとリヴィウの包囲戦を経て、オスマン・コサック・クリミア連合軍が勝利し、同年、オスマン帝国はポジッリャ（ポドリア）地方を、コサック達はブロツラワ県とキーウ県南部を得た。

　1676年、右岸コサックの首都であるチヒリンが、モスクワ軍・左岸コサック軍に包囲され、ドロシェンコは降伏する。1677年、オスマン・クリミア連合軍は、モスクワへ宣戦布告、チヒリンを攻撃し始め、1678年にチヒリンは陥落。1681年には、バフチサライで停戦条約が結ばれ、オスマン・モスクワ戦争が終結する。その後、右岸ウクライナのヘトマン国家は、1700年には廃止され、ヘトマン体制は左岸のモスクワ・ロシア領でのみ残ることになる。

マゼーパの乱

　左岸ウクライナでは、1687年にイヴァン・マゼーパ（Іван Мазепа）がヘトマンとなる。このマゼーパは、18世紀初め、コサックの自治を制限するモスクワに対して、反乱を起こす。いわゆる、マゼーパの乱である。マゼーパは、キーウ南方の村でウクライナ系ポーランド貴族（シュラフタ）の家庭に生まれ、キーウ・モヒラ・コレギウムとワルシャワで学び、ポーランドの外交官をしていたが、1663年に故郷のウクライナへ戻り、1687年に左岸ウクライナのヘトマンに選出された。マゼーパは、ウクライナ文化の発展に尽力し、

イヴァン・マゼーパ（O. クリラス）

コサック・バロック様式の教会を多く建設した。マゼーパは、ピョートル大帝の信頼を受けていた。

　1700年に始まる大北方戦争において、マゼーパ率いるコサック部隊は、当初はモスクワ側に付いていたが、右岸ウクライナを加えたウクライナ国家の再建とモスクワからの独立を目指して、1708年にモスクワから寝返り、ポーランド・スウェーデン側と同盟を組む。これがピョートル大帝の怒りを買うことになる。ピョートル大帝は、マゼーパの拠点であったバトゥーリンにおいて住民6000人を殺害し、ザポロッジャ・シーチも破壊した。また、1709年、ポルタヴァの会戦にて、スウェーデン側が敗北し、マゼーパは、カール12世とともにオスマン帝国に逃亡し、モルダヴィアのベンデルで死亡する。

　マゼーパの死後の1710年、コサック亡命政権でヘトマンとなったピリープ・オルリク（Пилип Орлик）は、カール12世の支援を受け、大北方戦争にスウェーデンが勝利することを前提に、将来のヘトマンとコサック軍の間での将来のコサック国家のあり方を定める「ザポロッジャ軍の権利と自由の協定と憲法」（通称「ピリープ・オルリクの憲法」（Конституція Пилипа Орлика））を執筆した。この文書は、ヘトマンや議会の役割を担う「総ラーダ」の権限が書かれており、立法、執行、司法の権限の分立が記載されている点で、実質的に憲法と呼べるものであった。また、この文書に、コサッ

ピリープ・オルリクの憲法表紙

クがハザールに起源を持つとの記述や、クリミア・ハン国との将来の協力意図が記されている点も特筆に値する。この時期としては非常に先進的であったこの憲法は、しかしながら、大北方戦争でスウェーデンが敗北したため、一度も発効することはなかった。

　ところで、この時期、もう一つ興味深い出来事があった。大北方戦争において、コサックがまだモスクワ側で戦っていた際、スウェーデン側に捕虜として拘束され尋問を受けているが、その際「お前は誰か」との問いに対し、多くが「自分はウクライナ人である」と返答していたことがスウェーデン側の記録で確認されている。この時期、既にコサック達の間では、少なくともウクライナ人という自覚が芽生えていたのである。

　マゼーパの寝返り以降、モスクワは、コサックの自治をいよいよ制限していくことになり、1775年、エカチェリーナ2世は、サポロッジャ・シーチを破壊、1782年にはヘトマン国家を完全にロシア帝国の直轄領とする。これにより、ウクライナのコサック時代は終りを告げる。

　コサック時代を振り返ると、ウクライナ・コサックは、自らのルールを有す自治・準軍事的コミュニティであり、アイデンティティと呼べる感覚を抱き始め、それを政治的要求に結びつけることで、彼らが特権の獲得等、一定の結果を得た時期であった。フメリニツィキーはポーランドに対し、マゼーパはモスクワに対して戦い、敗北こそしたが、敵対者にはウクライナ・コサックの存在を自らとは異質なる者達として、一定のインパクトを持って記憶させることになった。そして、この時代にコサック達の中で生じたアイデンティティの萌芽は、次の時代の人々に受け継がれ、発展していくことになる。

「ポルタヴァの会戦後のカール12世とマゼーパ、ドニプロ川沿いにて」（G. セーデルストレム）

ウクライナの民族意識

　18世紀の後半、中・東欧では、ウクライナのヘトマン国家の消滅以外にも、地政学的な大きな変化が生じていた。ウクライナの地が多く含まれていたポーランド領は3度にわたりロシア帝国とオーストリア帝国に分割され（1772年、1793年、1795年）、オスマン帝国領であったブコヴィナ地方（ウクライナ南西部）がオーストリア領へ編入され（1775年）、クリミア・ハン国もロシア帝国に併合される（1783年）。そして、これらの領土変更は、ウクライナ人の以降の運命を大きく左右していくことになる。また、19世紀を通して、移民政策が進み、ウクライナの地では、ウクライナ人だけでなく、ロシア人、ポーランド人、ユダヤ人、ドイツ人、アルメニア人等、様々な民族が活動し始めていた。加えて、この時期、ルハンシク、カテリノスラウ（現ドニプロ）、オデーサ、ミコライウ、ヘルソンといった町が発展していった。

　ヘトマン国家がロシアへ編入されたことによりコサック時代は終了するが、ウクライナ人はそれまでに萌芽した民族意識を、以降、ロシアとオーストリアというそれぞれの国の中で発展させていくこととなる。また、18世紀末に起きたフランス革命が、国民・民族（ネイション）という考えをヨーロッパ全体に広めることとなり、ウクライナ人もこの影響を受けていく。とりわけ、この時代、ウクライナ人は、民族意識を高揚させたロマン主義の影響を受けながら、中・東欧の他の「国家を持たない民族」同様、文学や言語、民族史執筆や言論を通じた民族運動を行っていく。このような動きがいずれ独自の国家を建設する欲求へと繋がっていくのである。

　1798年にイヴァン・コトリャレウシキー（Іван Котляревський）がウクライナ語の口語で書いた『エネイーダ（Енеїда）』（第1巻）は、古代ローマのヴェルギリウスがラテン語で書いた叙事詩「アエネーイス」をもとにしたパロディー作品であり、エカチェリーナ2世により滅ぼされたザポロジャのコサックが自ら

の国を再建する話であった。これは、新しいウクライナ文学の始まりとなる作品とみなされると同時に、民族の記憶としてのコサックを深く掘り下げた点で特徴的である。1805年、スロボダ地方の中心地であるハルキウではヴァシーリ・カラジン（Василь Каразін）により西欧型大学が設立された。このハルキウ大学では、研究者達がウクライナの民謡や詩を集め、ウクライナ民族の起源を研究していく。1820～30年、ハルキウは、ウクライナの科学・文化の近代的中心地であり、ウクライナ文学の発展に大きく貢献することとなった。このように、ウクライナの民族再興の動きは、ロシア帝国領内のドニプロ川左岸・スロボダ地方という旧ヘトマン国家領域において、旧コサックのエリート達によって始められていた。

ウクライナ民族の父、シェウチェンコ

　タラス・シェウチェンコ（Тарас Шевченко）は、とりわけ、ウクライナ民族意識の覚醒に大きな役割を果たす。農奴出身であったシェウチェンコは、詩と絵画の才能があり、ペテルブルクで修行を行い、美術アカデミーに入学した。1840年に制作したウクライナ語詩集『コブザール（吟遊詩人、Кобзар）』は、ウクライナと民への愛を歌い、瞬く間に大人気となる。コブザールの功績は、文学的価値にとどまらない。コブザールは、単にウクライナの口語で書かれたのではなく、ウクライナ語の3大方言（南東方言、北方方言、南西方言）、教会スラヴ語、過去のウクライナ文学の言語要素をもとにして制作されており、その結果、ウクライナ語を飛躍的に発展させることに成功している。シェウチェンコは、ウクライナ近代文学を堅固なものとし、ウクライナ民族アイデンティティの強固な基盤を作りあげた。また、シェウ

タラス・シェウチェンコ

チェンコは、ウクライナが自由を失った原因はロシア帝国にあると考え、自らの作品にロシアに対する強い抗議の声を込めており、同時に、ウクライナ社会に存在した村落部住民と貴族という階級の違いを作品の中で平等に扱うことで、ウクライナ民族の団結と社会階層間の統合を同時に進めることに大きく貢献した。これらの偉業が、シェウチェンコが「ウクライナ民族の父」と呼ばれる所以である。

　シェウチェンコは、ペテルブルクからキーウへ移り、ウクライナの知識人と知り合い、彼らとともに 1845 ～ 46 年に結成されたキリル・メフォディー団（Кирило-Мефодіївське товариство）という 12 名からなる政治秘密結社に参加する。このキリル・メフォディー団のメンバーは、ウクライナ人の歴史における民主主義性はロシアの独裁政治ともポーランドの貴族政治とも異なるという考えを育む。これは、つまり、ウクライナはロシアともポーランドとも異なるため、究極的には彼らの間では自らの民族性が実現できないとの考えに発展していくものであった。しかし、この団体は政治結社としての活動はほとんど実現せず、会合を開いて思想を深める他は、個々がウクライナ語による文学作品や翻訳を発表するだけであった。そのうち、ロシアの官憲は彼らの活動を民族主義の発露として危険視し始め、1847 年、シェウチェンコを含めた多くの作家・活動家がロシアの秘密警察により逮捕・流刑されることとなった。シェウチェンコは、一切の制作活動が禁止され、中央アジアへ流刑された。彼が恩赦を受け解放されるのは、10 年後の 1857 年であった。しかしながら、このように 19 世紀前半に知識人達の間で生まれた新しいウクライナ民族アイデンティティの考えは、以降も 20 世紀に向けて発展を続けていく。

産業化の波と多数派の農民

　ロシア帝国では、1855 年に皇帝ニコライ 1 世が死亡し、1856 年にはロシアがクリミア戦争で敗北すると、国内で改革の季節が始まり、帝国体制には雪解けとも呼べる全体的に緩和・自由化の時期が訪れる。この時期、ウクライナ

は、ロシア帝国内の砂糖の主要な供給源となり、また、東部では 1872 年にはイギリス人の実業家ジョン・ヒューズが金属工場を設立し、以降金属や炭鉱といった産業が発展、そのような状況下、石炭の取れる地にヒューズの名をつけた町、ユゾフカ（後のドネツィク市）が作られる。ユゾフカを中心とするドンバス地方（ドンバスとは、ドネツ炭田（Донецький вугільний басейн）の略）は、1880 年には、ロシア帝国全体の 43％の石炭を生み出すようになっていた。このような産業の発展には、帝国内の鉄道網の整備も大きな役割を果たしていた。

　しかし、この帝国の急速な産業化と近代都市化は、村落部に多く暮らすウクライナ人にはあまり変化をもたらさなかった。1897 年時点で、都市部に暮らすウクライナ人は民族全体の 16％に過ぎず、また都市人口のウクライナ人の割合は全体の約 3 分の 1 に過ぎなかった。村落部のウクライナ人の多くは、都市社会が激しく変化する中で、変わらず農業に従事していく道を選んだのである。同時に、ウクライナの土地には、既に多くの移民が受け入れられていたため、新たな土地を求めるウクライナ人農民の多くが、この時期、北コーカサス、中央アジア、シベリア、極東まで移住し、新たな地を開墾していった。第一次世界大戦開始までに、約 200 万人のウクライナ人農民がロシア帝国の東方へ移住したことがわかっている。

　この時期、ロシア帝国内のウクライナでは、ウクライナ人の数が最も多く、そのほとんどが農民であった。ウクライナに暮らすロシア人は、主に公務員や地主であり、ポーランド人も、キーウ地方、ポジッリャ地方、ヴォリーニ地方で地主をしていた。ドニプロ川右岸では、多くのユダヤ人が交易と産業に携わっていた。同時に、このように異なる民族が異なる社会的立場を有していたことは、民族間に否定的なステレオタイプを生み出すことにも繋がった。

ウクライナ民族運動の弾圧

　ロシア国内で緩和政策が進む中、1860 年代に恩赦を受け解放されたシェウチェンコ達キリ

ル・メフォディー団のメンバーをはじめとし、ウクライナ知識人は、民族運動を再開し、ウクライナ語で行われる日曜学校の開催、知識人や大衆向けの出版活動やウクライナ農民に対する運動を進めていった。

　しかし、ロシア国内の「雪解け」の期間は長くは続かなかった。ロシア政府は、当初はウクライナ民族運動に寛容に接していたが、次第にこの運動を再び弾圧し始める。1863年、アレクサンドル2世の許可を受け、ヴァルーエフ・ロシア内相が指示し、ウクライナ語による宗教・教育関連書物の出版が禁止される。この頃、ヴァルーエフが同僚に出した書簡において、「小ロシア（ウクライナ）語は、存在したことはなく、今も存在せず、存在し得ないものである」と述べたことがわかっているが、「存在しない」とするものを禁止しようとする行為自体が、この頃のロシア政府のウクライナ運動に対する危機感の強さを表している。

　1870年代に特徴的なのは、ウクライナ民族運動が、ウクライナ人の中で圧倒的多数派を占める農民の利益を次第に取り込んでいったことにある。ウクライナ民族運動は、社会的要請を受け、マルクス主義、社会主義を取り込む理論を展開していくことになる。とりわけ、この時期キーウで活動していたミハイロ・ドラホマノウ（Михайло Драгоманов）が民族運動と社会主義の理論的統合を試みる。このドラホマノウによる「ウクライナ社会主義」とも呼びうる理論は、以降、20世紀初頭まで、ウクライナ運動の主要なイデオロギーとなる。ウクライナ人に農民が多いことが、民族運動と社会主義が接近する要因になったと言える。

　ロシア政府によるウクライナ民族運動禁止の動きは、1876年、アレクサンドル2世が署名した「エムス令」と呼ばれる命令により徹底される。エムス令は、宗教・教育関連書物の出版禁止だけでなく、ウクライナ語によるあらゆる出版、舞台上演、講義、学校でのウクライナ語での授業を禁止し、学校からのウクライナ語書物の除去まで命じるものであった。この命令を見れば、ロシア当局がウクライナ民族運動を危険分子とみなし、この運動を徹底的に根絶する

ことを目的としていたことは明らかである。実際、エムス令発効の結果、ロシア帝国内においては、ウクライナ語の出版物は20世紀初頭の革命期まで一切刊行できなかった。

民族運動の中心となる西ウクライナ

　しかし、このエムス令はロシア帝国内でしか効力を有さず、オーストリア領であったウクライナ西部には影響がなかった。キーウで活動していたミハイロ・ドラホマノウは、エムス令の発効を受け、オーストリア領ハリチナ（ガリツィア）地方へ移り、ウクライナ運動、言論・出版活動を継続する。これにより、ハリチナではウクライナ民族運動が盛んになり、ウクライナ語出版物の数が増大し、ウクライナ語の文章語が確立していく。この時、作家イヴァン・フランコ（Іван Франко）もこの運動に加わり、ウクライナ語で多くの小説や詩、翻訳を行い、フランコはウクライナ文学においてシェウチェンコに次ぐ評価を受けるようになる。

　19世紀末には、ウクライナ史を研究するミハイロ・フルシェウシキー（Михайло Грушевський）が精力的に論文を発表し、他の研究者も彼に追随していった。1898年、リヴィウでは、コトリャレウシキーの『エネイーダ』出版100周年、イヴァン・フランコの文学活動25周年が祝われたが、その際、フルシェウシキーは、自身の畢生の大作となる『ウクライナ・ルーシの歴史（Історія України-Руси）』の第1巻を出版している（全10巻、1898～1937年）。

ミハイロ・フルシェウシキー　イヴァン・フランコ

このように、ロシア帝国内でウクライナ運動が弾圧を受けたことは、むしろリヴィウを中心とするオーストリア領ハリチナ地方でのウクライナ運動を活発化させることに繋がった。この時期のハリチナのウクライナ知識人が願っていたことは、ロシア帝国領におけるウクライナ民族運動の再開、そして、オーストリアとロシアにおけるウクライナ運動の統合であった。一方で、この民族運動の高まりは、主に文学や文化、言論の場における盛り上がりに過ぎず、国なき民であるウクライナ人は政治・国家運営の経験を蓄積することはかなわなかった。このような時代を経て、20世紀に入り、ウクライナも革命期を迎え、ウクライナ人達は、ナショナリズムの高まりの一つの頂点として、自らの国家の建国に挑戦することになる。

なお、同時期の全てのウクライナ知識人がウクライナ・ナショナリズムを選択したわけではないことも指摘せねばならない。知識人の中には、ロシア帝国の中枢で活躍した者もおり、大ロシアも小ロシア（ウクライナ）も同様に自らの故郷であると感じる者、自らの帰属意識につき、「帝国」であるロシアと「地方」であるウクライナを比べ、ロシア帝国への帰属を優先した者、文化面に制限される小規模なウクライナ民族運動に比べて同時期のより大規模かつより包括的なロシア民族運動にこそ魅力を感じた者等、様々な考えがあった。作家のニコライ・ゴーゴリ（露語：Николай Гоголь、宇語：ミコラ・ホーホリ/Микола Гоголь）は、そのようなウクライナ人の一人である。旧コサックの家系に生まれたウクライナ人のゴーゴリは、ウクライナをテーマにした作品をロシア語で書き、ロシア文学界で活躍をした人物である。ゴーゴリは、自らの精神性をウクライナとロシアの両方から構成されるとみなしていたとされる作家と言える（無

レーシャ・ウクラインカ

論、その出自や思考から、ゴーゴリの作品をウクライナ文学に加える者もいる）。

なお、この時期、ウクライナ文学における至高の女性作家、レーシャ・ウクラインカ（Леся Українка）が活躍している。ウクライナに古来より伝わる神話を取り入れ、人の男性と美しい森の精霊マウカの間に生じた愛をテーマとした戯曲『森の歌（Лісова пісня）』は今日まで広く愛されている。

革命期のはじまり

1904〜1905年の日露戦争でロシア帝国が敗北すると、クリミア戦争敗北時と同様に、ロシア国内は不安定化する。1905年、ペテルブルクでは、所謂「血の日曜日」事件で政府軍の発砲により少なくとも1000名の市民が死亡し、ロシア帝国全土で政府に対する怒りの声が上がる。いわゆる、1905年革命（ロシア第一革命）である。ウクライナでは、オデーサにてウクライナ人マチューシェンコ等率いる戦艦ポチョムキンの反乱が起こり、カテリノスラウ、ハルキウ、キーウ、ミコライウ等、ウクライナ全土で労働者がストに入り、一部都市ではこれが暴動に発展、警察と衝突した。ウクライナでは、とりわけ、農民暴動が広まるとこれが1907年まで続き、ロシア政府に衝撃を与えた。

この労働者、農民、兵士の反乱を受け、ロシア政府は、民衆に対して多くの妥協を約束する。その最たるものが「10月宣言」であり、国民に国会の開設や言論の自由を約束することとなり、この文脈でウクライナ民族運動も短期間ながら盛んになる。1876年から続くエムス令が無効化されたことで、オデーサやハルキウの大学でウクライナ学専攻が開設され、1905年にはロシア帝国領で初めてのウクライナ語新聞『パン農家（Хлібороб）』が発行される。1907年には、ペテルブルクでタラス・シェウチェンコの『コブザール』が出版される。

1905年から1907年にかけて、ウクライナ民族運動と社会主義を標榜する政党や政治団体が多く設立され、歴史家フルシェウシキーも政治運動に加わっていく。しかし、1910年には、ロシア帝国のピョートル・ストルイピン内相が

ウクライナの全ての団体を禁止する。このストルイピンは、1911年に、「ロシアの歴史的課題は、運動との闘いであり、現時点で言えば、ウクライナ運動と呼ばれる、民族・領土自治を基盤に古きウクライナを再興しようとする運動との闘いである」と述べている。このストルイピンによる禁止を受け、再びウクライナ語の書籍販売、コンサート等の開催が禁止されることになった。そして、1911年にストルイピンがキーウで暗殺されて以降も、ウクライナ運動に対する弾圧政策は止まず、1914年、タラス・シェウチェンコ生誕100周年の式典開催が禁止されると、キーウでは多くの学生が抗議を行った。

　ロシア帝国内でのウクライナ運動は、恒常的な禁止と弾圧を受ける中で、オーストリア領ハリチナでの活発さと比べれば、脆弱であり、限定的であった。この運動がエネルギーを得て本格的に動き出すのは、第一次世界大戦と1917年以降の革命期であった。大戦のはじまりを受け、歴史家ミハイロ・フルシェウシキーのような民族運動において影響力のある人物は、活動拠点をリヴィウからキーウへ、東へと移す。

ウクライナ革命（1917 ～ 1921年）

　社会主義革命が、村落部住民の革命への参加を求めることを考えると、ウクライナ人の圧倒的多数が村落部に居住していた点は特徴的であり、地主や貴族層を抱えるロシアやポーランドと異なり階級間対立が少ないことから、運動指導者にとっては、民族全体に対する社会的利益を訴えやすいという利点があった。つまり、ウクライナにおいては、その村落部住民の割合の多さから、民族革命と社会革命の理念を統合し、大衆動員が比較的容易に実現したのである。しかし、革命に参加する農民は、漠然とした不満こそあれど、必ずしも、参加する闘争の政治的意味を深く理解していたわけではなかった。同時に、ウクライナ人知識層の規模は、同時期のロシア帝国内におけるベラルーシ人やクリミア・タタール人の状況に比べ、比較的大きい点も特徴的であった。1917年に始まるウクライナ革命は、これらの要因から、この時期のロシア革命以外のその他の民族革命の中におい

て最大規模の革命となる。

　1914年に第一次世界大戦が始まると、中・東欧は大きく震撼する。1918年に大戦が終了するまで、ウクライナは最大の戦地の一つであり、更に、世界大戦の終結以降も、ウクライナの地を巡って勢力間の衝突が続いた。また、1917年3月にロシア革命が起こると、この革命が生み出したロシア国内の内戦にウクライナも巻き込まれていく。同時に、ロシア帝国とオーストリア・ハンガリー二重君主国が崩壊すると、ウクライナの政治指導者達によるウクライナ民族革命が急速に進展する。

　ウクライナ革命を、ロシア革命内の一部地方の現象とみなす歴史家もいるが、ウクライナの歴史家は複数の点でこの見解を否定する。主要な指摘の一つは、ウクライナ革命がハリチナ、ブコヴィナ、ザカルパッチャといったオーストリア・ハンガリー二重君主国領内でも起きており、ロシア帝国内の問題に限定されないこと。加えて、ロシア革命は政治体制の転換であったが、ウクライナ革命は、ポーランド人、チェコ人、スロバキア人、フィン人、リトアニア人等と同様に国家なき民族の国家設立を目的とした革命であったことである。同時に、ロシア革命もウクライナ革命も、第一世界大戦を契機とする中・東欧における政治変動の一部であることには変わりなく、ロシア革命がソヴィエト連邦というその後の超大国を生み出し、ウクライナ革命の結果生まれたウクライナの民族国家がそのソヴィエトに滅亡させられたという点では、両者が深く結びついていることも事実である。また、この革命を外から見ると、ウクライナが穀物の一大生産地であったことも極めて重要な意味を持つ。戦時下で食料が不足する中で、穀物庫とみなされるウクライナの地のコントロールを得ることは、ドイツ、オーストリア、ロシア（ソヴィエト赤軍と白軍）にとって、とりわけ戦争が終盤を迎えるにつれ、戦争の勝敗を左右し得る程の決定的な意味を持っていたため、各国が競ってウクライナの支配を確立しようとする。ウクライナ革命は、その外からの激しい競争の中で自らの独立国家の確立を目指すのである。

1917年、ロシア帝国で二月革命が起こると、キーウでは、3月、複数の民族・社会主義政治勢力によりフルシェウシキーを議長とする、ウクライナ人の政治利益を代表する「ウクライナ中央ラーダ」（Українська Центральна Рада）が設立される。ラーダとは、ロシア語の「ソヴィエト」にあたる「評議会」を意味する単語で、コサック時代に「集会」を意味した言葉である。中央ラーダは、自らをウクライナ民族の代表権力機関と定め、ウクライナにおける全生活をウクライナ化することを目的に定めた。

中央ラーダは、ウクライナの国際会議への参加、ウクライナ人部隊の設立、ウクライナ的学校教育の実施などの要求をペテルブルクに送るが、二月革命後に生まれたロシア臨時政府はこれら要求を拒否した。1917年6月23日、ウクライナ中央ラーダは、「第一次宣言（ウニヴェルサル）」を発出し、臨時政府の態度に対し、今後は我々ウクライナ人がウクライナの運命を決めると宣言し、ヴィンニチェンコを代表とする実質的な政府にあたる総書記局を形成した。中央ラーダのこの宣言は、ウクライナとロシアの間の対立を深める。この後、ロシア臨時政府とウクライナ中央ラーダは、一度は妥協的合意に至るが、10月革命が起こることで状況は一転する。

ロシア臨時政府首都

首都のペトログラードでは、臨時政府とボリシェヴィキが対立していたが、キーウでは、臨時政府、ボリシェヴィキ、中央ラーダという勢力が三つ巴の様相を呈していた。しかし、この3者のキーウにおける軍事力を見ると、中央ラーダ部隊の兵が最も多かった。このキーウで、まず臨時政府とボリシェヴィキの間で軍事衝突が発生し、中央ラーダは、当初ボリシェヴィキ側で参戦し、その結果、臨時政府が降伏する。中央ラーダとボリシェヴィキが臨時政府をキーウから追放すると、権力は中央ラーダが握ることになった。これは、この時点で、キーウのみならず、ウクライナ全土で中央ラーダ以上に支持を受けている勢力がなく、ボリシェヴィキも中央ラーダには対抗し得なかっ

たためである。中央ラーダは「第三次宣言」を発出し、クリミアを除くウクライナの地を領土とするウクライナ人民共和国（Українська Народна Республіка）の創設を宣言した。これを受け、英仏等各国がオブザーバーをキーウに送り始める。日本も、後に首相となる、当時ペトログラードの日本大使館に赴任していた外交官芦田均をキーウに送っており、芦田は『革命前夜のロシア』という回想録に当時のキーウの様子を記録している。

ボリシェヴィキでは、ヨシフ・スターリンが民族問題人民委員として、ロシア帝国に属していた非ロシア系民族との交渉に責任を負っていた。しかし、彼の仕事の実際の目的は、これら非ロシア系民族を「何らかの手段」で、ソヴィエト支配に従わせることであった。このスターリンは、この頃、ウクライナに関して二つの喫緊の課題を抱えていた。その一つは、ウクライナにおいてボリシェヴィキの最大の敵となり得るウクライナ民族運動を弱体化すること。もう一つは、ウクライナの穀物を手中に入れることであった。スターリンのナショナリズムに対する考えは、1913年に彼が書いたエッセイ「マルクス主義と民族問題」において、ナショナリズムは社会主義の障害となるものであり、対抗すべきものであると明確に示されている。スターリンは、ロシアからの分離を進めるウクライナの中央ラーダに対抗すべく、様々な工作活動を行っていく。例えば、ウクライナに「ドネツク＝クリヴォイ・ログ」「オデッサ」「タヴリダ」を名乗る極小の傀儡ソヴィエト共和国の建国を宣言させるが、これらは無論「独立国家」とは程遠い存在であった。キーウ市内のクーデターも画策したが、失敗に終わる。次に、ボリシェヴィキは、1917年12月24、25日、既にロシア赤軍が進入していたハルキウにて大会

ウクライナ人民共和国ポスター

を開き、ウクライ
ナ・ソヴィエト政府
を打ち立てる。しか
し、ウクライナのボ
リシェヴィキが政権
を奪取するには、国
内勢力が小さ過ぎ、
彼らは当初からロシ
ア・ボリシェヴィ
キをあてにした存

ウクライナ人民共和国国章

在であった。そのため、このウクライナ・ソ
ヴィエト政府は、次第にロシア・ソヴィエト
に飲み込まれ、決定は全てロシアが下すよう
になっていく。ボリシェヴィキは、ロシアか
ら遠征してきたロシア・ソヴィエトの革命遠
征軍の支援を受け、武力により中央ラーダを
制圧する方針をとる。1917年12月、約3万
名からなるソヴィエト赤軍がウクライナに侵
攻、これにより、ソヴィエト・ウクライナ戦争
（Радянсько-українська війна、1917～1921
年）が始まる。1918年1月初頭、アントーノ
フ＝オフセエンコとムラヴィヨフの指揮のも
と、革命遠征軍はキーウへ総攻撃を開始する。
1918年1月25日、中央ラーダは「第四次宣言」
を発出し、ウクライナ人民共和国は完全に独立
した主権国家であることを宣言する。

クルーティの戦いと人民共和国の国家承認

　ロシア・ソヴィエト軍は、ウクライナ・ラー
ダ軍を各地で撃破し、1月前半にはウクライナ
左岸を占領していた。1月29、30日、ソヴィ
エト軍のキーウへ向けた更なる進軍を食い止め
ようと、ウクライナ人の学生が中心となり部隊
（約500人）を編成し、数で圧倒的に有利な
ロシア・ソヴィエト軍（約6000人）とキーウ
近郊のクルーティ駅で交戦する。若いウクライ
ナ兵は、その戦闘で約半数が戦死するも、ソヴィ
エト軍の二日間の足止めに成功する（クルー
ティの戦い）。そして、この二日間は、外交面
で大きな意味を持った。クルーティでウクライ
ナ兵士がソヴィエト軍を足止めしている間、ウ
クライナ人民共和国は、諸外国と講和に向けた
外交努力を重ねていた。ウクライナにおいて

は、中央ラーダがロシア帝国と臨時政府後の権
力を継承していたため、ウクライナとドイツ・
オーストリアとは形式的な戦争状態にあり、ウ
クライナ人民共和国は、ボリシェヴィキが進軍
する間、独墺の支援を得るために和平交渉を続
けていたのである。1918年2月9日、その努
力が実り、ウクライナは、ドイツ帝国、オース
トリア・ハンガリー二重君主国、オスマン帝国、
ブルガリア王国とブレスト＝リトフスク平和条
約を締結する。これは第一次世界大戦における
最初の講和であり、これをもってウクライナ人
民共和国は、オーストリア領内ウクライナを除
く歴史的ウクライナの地全域を領土とする独立
した主権国家として承認された。また、この条
約にて、独墺はウクライナ軍を支援してボリ
シェヴィキと戦うことが義務付けられ、代わり
にウクライナは食料100万トンをこれらの国
へ供給することを約束する。加えて、この条約
への秘密議定書により、オーストリアはハリチ
ナ地方をポーランド側とウクライナ側に分割す
ることも約束した。この条約の締結は、ソヴィ
エトからの激しい攻撃を受ける中で独立の確立
を目指していたウクライナにとって、外交上の
大きな勝利であった。

　なお、ウクライナの政治家達は、革命開始当
初からしばらくの間はロシアとの連邦国家を目
指していた。彼らが、革命の中で、ウクライナ
の完全な独立へと舵を切ることにした決定的な
理由は、ウクライナへ容赦なく侵攻を続けるロ
シア・ソヴィエト軍の存在であった。フルシェ
ウシキー・ウクライナ人民共和国中央ラーダ議
長は、1918年2、3月に執筆した著書「新た
なウクライナのはじまりにて」において、1月
25日のソヴィエト軍のキーウ砲撃を回想して
いる。フルシェウシキーは、自宅が砲撃にて破
壊され、収集したあらゆる資料を焼失したこと
を書きつつ、ウクライナの今後の外交方針に関
し「我々のロシア路線は、終わったのだと考え
る」と述べ、今後の西方路線と黒海（南方）路
線の重要性を強調している。

　その後も進軍を続けるボリシェヴィキ軍は、
2月9日にはキーウへも侵入する。しかし、3
月初頭には、ウクライナ人民共和国軍がドイツ

ウクライナ人民共和国ポスター

軍とともにキーウへの再入城を果たす。ソヴィエト軍のこの時のキーウ支配期間は短く、すぐに撤退するのだが、しかし、彼らはその短い間に市内で無差別な略奪・破壊を行っていた。ソヴィエト兵は、屋外でウクライナ語を話す者全てを銃撃し、最大5000人の市民を殺害、またウクライナ語の看板等、あらゆるウクライナ的な物を徹底的に破壊していた。キーウに入城したドイツ・ウクライナ軍は、その後、4月にはウクライナのほとんどの地をボリシェヴィキから奪還する。

パウロ・スコロパツィキー

しかし、ドイツとオーストリアは、この時点で既に中央ラーダに穀物の供給・運搬を行うだけの能力が失われていることに気付き、中央ラーダ政権を見限ることになる。独墺が目をつけたのは、中央ラーダの社会主義路線に不満を抱く、ウクライナの地主層であった。4月29日に中央ラーダがウクライナ人民共和国の憲法を採択すると、その翌30日、ドイツ・オーストリアが代わりに擁立したパウロ・スコロパツィキー将軍（Павло Скоропадський）の勢力が政府機関を占拠し、中央ラーダ政権は崩壊する。

スコロパツィキーは、ヘトマンの末裔かつ元ロシア軍将軍であり、しかもウクライナ最大の地主の出身であるという、全くの旧体制出身の人物であった。このスコロパツィキー政権は、中央ラーダ時代の社会主義路線を止め、独墺の支援を受けて政権を運営する。この政権下で、ドイツが穀物の徴発を行うと、ウクライナ農民が反発し、各地で反乱が発生する。その中で、とりわけ、アナキストのネストル・マフノ（Нестор Махно）が南部のカテリノスラウ地方で農民を動員し、武力蜂起を始める。

11月14日、ドイツ軍が連合国に敗れ、ウクライナからも撤退すると、旧中央ラーダ政権の政治家達が、ウクライナ人民共和国最高機関としてヴィンニチェンコ（Володимир Винниченко）を代表とする「ディレクトリヤ（指導部、Директорія）」という組織を作り、後ろ

盾を失ったスコロパツィキー政権を打倒し、キーウへ入城、このディレクトリヤがウクライナ人民共和国の権力を掌握することになる。

　1918 年秋、ところ変わってウクライナ西部では、ハリチナ、ブコヴィナ、ザカルパッチャ等のオーストリア・ハンガリー二重君主国領において、中央同盟国の敗北とオーストリア・ハンガリーの崩壊に際しウクライナ独立に向けた動きが盛んになっていた。10 月末、独立を目指すこれらの地のウクライナ人は、リヴィウの関連庁舎を占拠し、11 月、リヴィウを中心とする西ウクライナ人民共和国（Західноукраїнська Народна Республіка）の建国を宣言する。しかし、このウクライナ人の行動は、リヴィウを中心とするハリチナ地方全域を独立回復後のポーランド領にしようと考えていたポーランド人（ポーランドの独立回復は数日後に宣言される）との間で対立を生み、ウクライナ・ポーランド間の戦争に発展、まずリヴィウにおいて激しい市街戦が始まった。この市街戦で、経験の不足する西ウクライナ人民共和国側が敗北し、スタニスラヴィウ（現イヴァノ＝フランキウシク）まで撤退することになる。西ウクライナ人民共和国は、支援を求めて戦勝国となった協商国側との交渉を行うが、協商国側がポーランドを支援したため、西ウクライナ人民共和国は以降もポーランドに対し敗北を重ねる。なお、11 月 11 日には、ブコヴィナ地方がルーマニア軍に占領された。

　東のディレクトリヤ政権のウクライナ人民共和国と西ウクライナ人民共和国は、互いに抱える苦境の中、両国家を合流させることに合意す

ウクライナ人民共和国 100 フリヴニャ紙幣

る。1919 年 1 月 22 日、キーウのソフィア広場における式典にて、西ウクライナがその他のウクライナの地に合流し、ウクライナが一つの不可分の国家となったことが宣言された。このとき、長年大国により分断されていた東西のウクライナがようやく一つの国家となったのだが、しかしながら、この合流をもってしてもウクライナはソヴィエトとポーランドという東西から攻め入る外敵の侵攻を止めることはできなかった。

　この頃、東のソヴィエト軍、西のポーランド軍に加え、ロシアの白軍を支援する諸外国軍もウクライナ領に入り、さらには国内でアナキズムのネストル・マフノの勢力も伸長し、ウクライナ情勢は混乱を極めていた。フランスからの援軍を得たポーランドは、1920 年 6 月にはハリチナ地方ほぼ全域を占領、西方前線で戦っていたウクライナ軍は、完全に同地方を去ることとなる。

　ディレクトリヤ政権軍は、農地獲得を目的に蜂起した農民が多くを占めていたが、目的を達した彼らは更なる戦いを欲せず、軍は急速に弱体化していった。その中で、1919 年 1 月、ボリシェヴィキ軍は、ハルキウ、チェルニヒウとウクライナ北部の都市を占領。ディレクトリヤ政権は、2 月にキーウを離れ、まずヴィンニツァへ、その後、6 月にはカムヤネツィ＝ポジリシキーへと逃げ落ちる。

　1918 年 12 月、ウクライナ南部には、フランス軍が駐留し始めていたが、フランスは社会主義路線のディレクトリヤ政権をボリシェヴィキと同一視し、ウクライナに対して実質的な降伏を要求するばかりであった。1919 年 2 月、ディレクトリヤ政府が妥協点を模索する中、理想を求めていたヴィンニチェンコが辞任し、より現実的な路線を志向するシモン・ペトリューラ（Симон Петлюра）がディレクトリヤ政権を率いることとなる。

　1919 年春以降のウクライナ革命は、ウクライナ人民共和国ディレクトリヤ、ロシア・ソヴィエト、ロシア白軍、ポーランド軍といった複数の勢力が支配権を巡って戦い、またマフノのアナキズム勢力も大きな力を維持し、全土で

ネストル・マフノ

戦闘が起き、目まぐるしく勢力が入れ替わる混沌とした情勢であった。ウクライナ人民共和国も弱体化していたが、同時にその他の勢力も権力を奪取できるほどの圧倒的な力も市民の支持も有していなかった。また、どの勢力にとっても、ウクライナの農民兵の支持が勝敗の鍵を握っていたが、彼らも必ずしもいつも同じ勢力を支持していたわけではなかった。当初は、農民はウクライナ人民共和国を支持していたが、後には赤軍や白軍も支持し、そして、多くがマフノの蜂起勢力に参加した。白軍の情報では、マフノの蜂起農民軍は1919年夏頃には25万人近い兵力を有していたらしい。

1919年夏、農民軍の蜂起に苦しめられているボリシェヴィキに対し、ウクライナ人民共和国軍とデニーキン率いる白軍は、ボリシェヴィキを攻撃し、8月31日には各個キーウへ入城する。しかし、白軍とウクライナ人民共和国軍は、互いにキーウの支配権を巡って意見が対立し、ウクライナ人民共和国軍はキーウを撤退することを決める。一方、残ったデニーキンの白軍は、「大ロシア」の再興を目指しており、民族問題の点でウクライナの民の支持を得ることはできなかった。デニーキンは、ウクライナ民族運動を裏切り行為と宣言し、「ウクライナ」という名前の使用を禁止し、代わりに「ロシア南部」や「小ロシア」といった用語を使ったが、これはこの時点のウクライナにおいては自殺行為に等しい姿勢であった。

9月、大規模な農民反乱が起こり、ウクライナ人民共和国はこれを利用し、白軍への攻撃を開始するも、10月、流行したチフスで兵力を大きく喪失、かつ、白軍、ポーランド軍、ボリシェヴィキ軍に攻められ、また協商国による封鎖により医薬品も入手できず、ウクライナ軍はその約70%の兵力を失うという致命的な被

シモン・ペトリューラ

害を出す。これを受け、旧西ウクライナ人民共和国系のウクライナ・ハリチナ軍はデニーキンの白軍へ合流し、残ったウクライナ軍も軍事作戦の遂行が不可能となる。11月17日、ポーランド軍は、ウクライナ人民共和国最後の首都カムヤネツィ＝ポジリシキーに入城した。ペトリューラは、ワルシャワへ移動し、ウクライナ使節団に合流する。

白軍は、1919年11月、ボリシェヴィキと農民軍の攻撃を受け、クリミアの黒海沿岸まで撤退、代わりに、1919年12月、ボリシェヴィキ軍がキーウを奪取。1920年初頭、このボリシェヴィキが、ポーランドの占領したヴォリーニとポジッリャ西方を除く、ウクライナ全土のコントロールを確立した。ボリシェヴィキの勝利の要因は、白軍の体制に不満を抱いた農民の支持を得たことにあるが、しかし、1920年春・夏頃には、ボリシェヴィキも同様に農民の支持を失っていく。

ワルシャワに避難していたペトリューラは、4月22日、ユゼフ・ピウツキ元首のポーランドと、対ボリシェヴィキによる共闘につき合意する。ポーランドは、ウクライナ人民共和国ディレクトリヤ政権を承認するとともに、ドニプロ川右岸をウクライナ領として認める。一方で、ペトリューラは、ハリチナ地方やヴォリーニ地方西部等、ポーランドの求める土地の領有主張を断念する。ペトリューラにとっては、ボリシェヴィキからウクライナの地を奪還するために、ポーランドに妥協した形であった。しかし、このペトリューラとピウツキの合意は、双方の勢力から批判を浴びる。ウクライナ側は、ハリチナ住民はもちろんのこと、亡命していたフルシェウシキーやヴィンニチェンコもペトリューラを非難した。ポーランド・ウクライナ統合軍は、4月25日、ボリシェヴィキ軍（赤

軍）支配地ウクライナへ侵攻を開始し、5月7日にはキーウへ入城するが、6月11日にはボリシェヴィキに再奪還される。赤軍は、そのままワルシャワ近郊まで攻め入るも、ワルシャワ近郊戦ではポーランド軍に大敗する。

ソヴィエトとポーランドの間で、和平交渉が始まると、ペトリューラは、リトアニア出身バルト・ドイツ系のウランゲリ率いる白軍勢力との接近を試みていた。ウランゲリは、ボリシェヴィキ打倒に向けた同盟相手を探す中で、デニーキンの白軍と異なり、民族問題に寛容な姿勢を示し、クリミア・タタール、ドン・コサックやクーバニ・コサック等への自治を約束し、ペトリューラやマフノとも接触していた。しかし、ソヴィエト軍は、1920年10月にポーランドと停戦すると、ウクライナ南部の白軍への攻撃に集中し、マフノ農民軍もこれに協力、11月にはフルンゼ率いるソヴィエト赤軍はクリミアへ進攻し、クリミアのコントロールを確立。ウランゲリは、残党を連れてトルコへ避難することになった。このクリミアからの離脱直前、ウランゲリはディレクトリヤをウクライナ政府として認め、ウクライナ・ロシア白軍勢力はソヴィエト赤軍に攻撃を仕掛けるが、赤軍がすぐに有利になり、ペトリューラは3000名の兵士とともに亡命する。

こうして、ソヴィエト赤軍（ボリシェヴィキ軍）が、ピウスツキのポーランド軍、ウランゲリの白軍、ペトリューラのウクライナ軍を打倒し、ウクライナ全土のコントロールを確立した。この時点で、赤軍に抵抗し得たのは、マフノの農民軍のみであった。マフノの農民軍は、この頃までにウクライナの中・南部を支配しており、赤軍はこの農民軍と1920年冬まで激しい戦闘を繰り広げ、これを撃破、マフノは国外へ亡命した。

1921年3月18日、リガにて、ロシアとウクライナの両ソヴィエト社会主義共和国とポーランドの間で平和条約が締結された。これにより、ウクライナとベラルーシのソヴィエト共和国の独立が認められ、双方の間の国境が確定される。これは、ウクライナ人民共和国領の完全な消滅を意味するとともに、ウクライナ民族の

独立主権国家の設立を目指して起きたウクライナ革命の敗北に他ならなかった。

ウクライナ革命の陰「ポグロム」

「ポグロム」とは、歴史上のユダヤ人に対する殺戮や略奪等の集団的迫害行為を指す。ロシア帝国が崩壊すると、ユダヤ人に対する「ポグロム」が各地で起こり、とりわけ、革命と内戦が渦巻いたウクライナでその被害が確認されている。歴史的に、ウクライナ人とユダヤ人は、近接して生活する者同士であったが、必ずしも平和な共存ができていたわけではない。特に、この時期、ウクライナ人が次第に民族意識に目覚め、革命に突入し自立意識を強める中で、一方でユダヤ人達はウクライナ語・ウクライナ文化に対する関心を示さず、彼らがロシア的アイデンティティに寄り添い続けると、ウクライナ人側からユダヤ人側への「異質な人々」との意識がいよいよ高まる。加えて、勢力同士が対峙し、互いの疑心暗鬼が深まると、ユダヤ人達はそれぞれの勢力から「裏切り者」とみなされるようになる。ある勢力はユダヤ人を帝国支持者とみなし、別の勢力はボリシェヴィキ支持者とみなし、その敵視感情が「ポグロム」に繋がったのである。この時期の旧ロシア帝国領においてポグロムで亡くなったユダヤ人は、5万人以上に上り、そのポグロムの多くがウクライナの地で起こっている。

なお、ディレクトリヤ政権のペトリューラは、しばしばポグロムを主導した人物のように語られるが、ペトリューラ自身の言動から反ユダヤ的なものは見つかっていない。ペトリューラ政権ではユダヤ問題省が作られており、政府からポグロム被害者に対する賠償金も支払われているし、ペトリューラ本人によるポグロム非難を示す文章も複数見つかっている。同時に、ポグロムに加わった人物達が「ペトリューラ派」を名乗る、あるいは、「ペトリューラ派」とみなされていたことはある。ただし、その「ペトリューラ派」とされる加害者は、必ずしもディレクトリヤ政権のコントロール下にあった者ばかりではない。ペトリューラ自身がポグロム実施を命じた記録はないのだが、しかし、ウクラ

イナ政権が自陣営に入ってくる人物や出て行く人物達による凄惨なポグロムを止められなかった点に、ペトリューラの指導者としての責任があることも否定し難い。それでも、革命と内戦という複雑な状況の中で起きたポグロムに関して、ペトリューラの役割がしばしば誇張されているのは事実であろう。

ただし、いずれにせよ、この時期のウクライナでポグロムが多大な被害をもたらしたことは事実であり、ポグロムはウクライナ・ユダヤ関係史研究の中で、現在まで研究が続けられる重要なテーマであり続けている。

ウクライナ革命の現代に繋がる意味

ウクライナ革命の失敗については、多くの研究者がその理由と評価を指摘してきた。しばしば指摘される政治家の未熟さは、この時期に独立を試みた全ての民族運動に共通のことであり、むしろウクライナの政治エリートはロシア帝国内の他民族と比べ比較的層が厚い方であった。ウクライナ革命は理想主義に過ぎたという指摘は、社会主義革命全体の理想と比較する必要が生じる。後世のソヴィエトの歴史家が主張する、ソヴィエト軍が最も農民に支持されたという言説は、イデオロギーに基づいたものであり、実際にはウクライナの農民はソヴィエト軍に対しても蜂起を繰り返している。個人の能力を見ると、レーニンのプラグマティズムは確かに傑出しており、歴史家フルシェウシキーでは比肩し得なかったであろうが（なお、プラグマティズムの点ではペトリューラは一定の評価を受けている）、他方、個人の能力はあくまで革命における要素の一つにすぎない。ウクライナを巡る大国の意思・野心もまた非常に重要であった。ウクライナ人民共和国が第一次世界大戦の戦勝国をはじめ国際社会の大半から支援を受けられなかったことも、ウクライナ革命の大きな敗因の一つであろう。

ウクライナ人民共和国を生み出した中央ラーダは、理想に基づいた運動を起こし、指導者に政治経験が欠如していたにも関わらず、ウクライナ人大衆の動員にも一時期は成功し、独立国家の建国を宣言し、しかもソヴィエト軍が攻め入る最中に独墺等から国家承認を得るという結果を残した。この結果は、指導者達による数々の妥協と決断、他国勢力との協力の模索の産物であった。同時に、このウクライナの政治家達がその独立を維持するだけの強靭さを有していなかったのも事実である。しかしながら、歴史の節目と呼びうる、欧州における激動の時代の中で、ウクライナ人民共和国の建国とその存在の維持に向けた人々の戦いは、民族の理想を実現したという事実として、後世のウクライナ人の間に特別な希望を生み出すことになる。この希望が、1991年に向け、ウクライナ人の再度の独立に向けた運動の原動力となっている点は重要である。加えて、レーニンは、もともとは連邦制に反対の立場であったが、この時期のウクライナをはじめとする民族運動の動向やウクライナ農民の蜂起を受けて、民族問題により慎重に向き合うようになり、ソヴィエトを民族共和国からなる連邦制の国家とするよう、その立場を変えている。これにより、ウクライナ人は、ウクライナ・ソヴィエト社会主義共和国という（形式的ながらも）自らが自治権を持つ国家を手に入れることになった。言い換えれば、ウクライナ人民共和国が建国されたために、その対抗のためにウクライナ・ソヴィエト社会主義共和国が作られ、その延長で、ソヴィエトが連邦制を採択したのである。つまり、ウクライナ革命とウクライナ・ソヴィエト戦争は誕生したばかりのソ連のあり方、その後のソ連の民族政策に大きく影響を与えており、更には、1991年、ウクライナをはじめとするソ連構成民族共和国が独立することで、連邦が崩壊したことを考えれば、ウクライナ革命、ウクライナ・ソヴィエト戦争、ウクライナの「敗北」の影響は、相応の評価が必要である。

ウクライナ化と
　スターリンによる大粛清

　1922 年 12 月 30 日、ロシア、ウクライナ、ベラルーシ、ザカフカスの 4 つのソヴィエト社会主義共和国により、ソヴィエト連邦が誕生する。なお、同年 9 月、スターリンが、ロシア以外のソヴィエト構成共和国（ウクライナ、ベラルーシ、アゼルバイジャン、ジョージア、アルメニア）をロシアを構成する自治共和国にするという提案をしているが、レーニンが反対したため、結局ソ連は、ロシアとその他の構成共和国が形式的ながらも平等となる連邦国家として成立する。レーニンは、スターリンと違い、この時点までに民族問題の機微を理解し、一定の妥協が必要であると考えていたと思われる。ウクライナ・ソヴィエトの幹部は、更に、ソ連を構成する民族共和国に外交権等の主権を付与することを要求したが、スターリンがこれを却下する。このような経緯を経て誕生したソ連は、名目上は構成共和国が平等ということになっているものの、実質的には、当初のスターリン案に近い、中央に権限が集中する制度を有す国となった。

　ソ連発足時、ウクライナ人はロシア人に次ぐ最大の人口（3100 万人）を有していたのであり、ソ連幹部は、ウクライナのソ連に与えうる潜在的影響力に特別な注意を払っていた。加えて、ボリシェヴィキは、当初、非ロシア系民族共和国の運営に各民族代表者が加わるべきと考えていた。これにより、1920 年代から 1930 年代初頭までは、ウクライナ・ソヴィエトではウクライナ語教育、ウクライナ語出版物の拡大といった、「ウクライナ化政策（Українізація）」が採用され、ウクライナ共産党がこの政策を積極的に実現し、党・国家機関内部のウクライナ化を推進した。この結果、1920 年代終わりには、97％のウクライナ児童がウクライナ語で教育を受けられるようになり（1917 年の革命前には、ウクライナ語で教育する学校は全くなかった）、またウクライナ語出版物も飛躍的に増加した。ウクライナ共産党は、「ウクライナ」とはもともと名ばかりで、

1920 年にはウクライナ人党員が 19％しかいなかったが、ウクライナ化政策を受け、1933 年にはこの割合を約 60％ まで増やすことに成功し、その結果として、ウクライナ民族主義的共産党員エリートなる新しい層が誕生することになる。このウクライナ化推進者がウクライナ・ソヴィエトの幹部に就くと、1924 年には、長い交渉を経て、ミハイロ・フルシェウシキー元中央ラーダ議長すらキーウへ戻って研究を再開し、彼に続き亡命していた政治家が多くウクライナへ帰還することになった。このウクライナ化を受けて、ウクライナの社会は急速に変化していくことになった。

　しかし、ウクライナ化政策は短期間で大きな成功を遂げたがゆえに、モスクワのソ連中央がこれを脅威とみなし、「過剰なウクライナ化」として批判するようになる。これは、ソ連中枢部のスターリンとトロツキーの闘争に、1920 年代終わりまでに最終的にスターリンが勝利したことで、彼による大粛清の波が始まることに関連する動きであった。ウクライナでも、1928 ～ 1930 年にかけて、知識人が逮捕され始める。1933 年、ウクライナ化政策の責任者であったフヴィリョヴィーとスクリプニクが自殺すると、ウクライナの文化人、知識人、指導者は更に逮捕・粛清されていった。こうして、ウクライナでは、短期間のウクライナ化政策の時代が終わり、再びロシア化政策の時代が始まることになる。

　スターリンの大粛清は、ウクライナ共産党にも向けられており、第二次世界大戦前の 1937 ～ 38 年には、ウクライナ・ソヴィエトの幹部がほぼ全員が逮捕され、ソ連中央によりほとんど無名の人物がウクライナ・ソヴィエトの幹部に据えられていった。この際、唯一例外的に知名度のある政治家としてウクライナ共産党第一書記に任命されたのが、後にソ連共産党第一書記となりスターリン批判を行うニキータ・フルシチョフ（宇語：ミキータ・フルシチョウ、Микита Хрущов）であった。

ホロドモール（人為的大飢饉）

　1929 年、ソ連は、農業の全体的集団化を開

飢餓で路上に横たわる人（ハルキウ、1933年）

ホロドモール餓死者とそれを見る人々（ハルキウ、1933年）

始する。集団化とは、都市部から農村部に武装した労働者や共産党党員を送り込み、強制的な農業収穫物の徴発、他人の労働力で農業を行う自営農家（クラーク）の廃止、クラークの財産を没収し銃殺・拘留・流刑といった手段での排除、農民のコルホーズ（集団農場）への編入、というものであった。ソ連の主要な穀物供給源であったウクライナでは、1932年まで約20万のクラークが「排除」されたことがわかっている。ウクライナ、クーバニ地方を含む北カフカスでは、伝統的に自営農業が盛んであったため、農民はこの集団化に激しく抵抗し、彼らの抗議はしばしば蜂起にも発展したが、ソ連はこの政策を断行し続ける。この集団化により、農村は急速に荒廃していき、31年の収穫は前年の65％にまで低下、計画経済で掲げられた収穫量目標が全く達成できない中、収穫物に加え翌年の種まき用種子や農民自身の食料まで徴発されたため、ウクライナ全土の農村で深刻な飢餓が発生する。ウクライナ共産党の中には、スターリンに対し飢餓地域への支援を要請する者もいたが、スターリンはウクライナ共産党への不信を強めるだけであった。その後、ウクライナ共産党内部で異論排除を目的とした幹部の大規模な「人事異動」が行われたが、集団化政策が止められることはなかった。国家は、32年の収穫物も徹底的に徴発し、更に、農民には移動の自由が与えられず、都市住民もクラークを支援することを躊躇した。こうして、ウクライナをはじめとする集団化が行われた農村部では致命的な荒廃が生じ、未曾有の大飢饉「ホロドモール（Голодомор）」が発生する。ホロドモールの起きた1932～1933年、ウクライナ全土で400～500万人が飢饉により死亡したと推定されており、これは当時のウクライナ人口の10％強が飢えで亡くなったことになる。その深刻さは、多くの自治体でカニバリズム（食人行為）の事例が確認される程であった。ホロドモールが20世紀における最大の悲劇の一つであることは間違いない。

この惨劇は、ソ連中央が飢饉の発生を無視し続け、強引な集団化を断行し続けた結果生じたものであり、被害の人為性は疑いようもない。加えて、ホロドモールがソ連領のウクライナでのみ発生し、当時ポーランド領であったウクライナ西部では発生していないことも、これが人災であることを裏付けている。ソ連は、飢餓の存在を否定し続けていた。加えて、エドゥアール・エリオ元仏首相（急進社会党）等、西側のいわゆる親ソ・左派系知識人・文化人・政治家がウクライナを訪問した後、自国に戻り飢餓はないと喧伝したことにより、ホロドモールの被害が世界に知られるのは一層遅れることとなった。飢餓を隠匿したがっていたソ連が偽りの「農村」を彼らに見せたことに疑う余地はないが、西側の親ソ知識人がソ連にとって都合の良い情報を広めたがっていたという事実も無視し得ない原因であろう。

更に、この集団化の被害は、この大規模飢餓の発生時にウクライナ人を意図的に見殺しにする、あるいは、ウクライナ人を虐殺する隠された意図がスターリン政権にあった可能性がしば

しば指摘される。この見解は、ホロドモールが農村にのみ発生しており、カザフスタンや北コーカサスでも飢餓は発生しているが、農業の盛んなウクライナにおいて被害が甚大であることをはじめ、同時期にウクライナ人エリートに対する大粛清が行われていたこと等、ソ連政権の同時期の対ウクライナ民族政策を分析する国内外の専門家の研究に基づいている。他方、ウクライナ人以外も飢餓の犠牲となっていること、そもそもウクライナ人一人一人を残らず殺害しうる政策ではないこと等から、特定の民族を対象にした意図的虐殺とは言えないとの反論も聞かれる。ただし、大規模飢餓が存在したこと、加えて、それが「虐殺」の定義に当てはまるか否かは置いといて、飢餓の発生原因が人為的であったという点は、概ね見解が一致している。欧州議会は、2008年10月の決議により、ホロドモールを「人道に対する罪」であると定義している。

なお、「ジェノサイド（大量虐殺）」という用語を作ったユダヤ系ポーランド人法律家のラファエル・レムキン（Rafał Lemkin）自体は、1953年、ウクライナで起きたホロドモール等のソ連政権のウクライナ人に対する行為はジェノサイドの典型的事例であると指摘している。現在、ウクライナ及びカナダやポーランド、オーストラリアといった複数の国家が、ホロドモールはソ連によるウクライナ民族に対するジェノサイドであったと認定している。最近では、2017年にポルトガル議会が同様の認定をする決議を採択した。また、2017年にウクライナの調査機関レイティング社が実施した世論調査の結果では、ホロドモールをウクライナ民族に対するジェノサイドだと思うかという問いに対し、ウクライナ国民の77％が「そう思う」、13％が「そう思わない」と答えており、地方別に見ると西部91％、中部84％、南部65％、東部56％

ホロドモールの象徴として採用されているアイコン

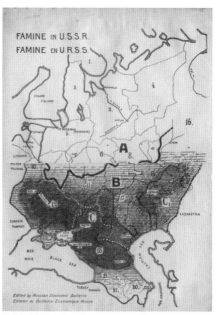

飢餓発生地域の地図（A.マークオフ「Famine in USSR」（1933年）より）。色の濃い部分の地域にて、より被害が大きかった。

の住民が「ジェノサイドだと思う」と答えている。

ここでは本件に関して一義的な評価を下すことはしないが、ホロドモールに関しては、ソ連崩壊まで関連資料が開示されなかったこともあり、現在までその研究が活発に行われていることを指摘しておきたい。最近では、2017年にアメリカのA.アップルボムが『Red Famine: Stalin's War on Ukraine』という本を出版し、詳細な研究成果を発表している。アップルボムは、同著書において、ソ連政権のウクライナ・アイデンティティ弱体化政策の存在とホロドモールの意図的実行を説明し、レムキンの当初の定義に則れば、ホロドモールがジェノサイドであることに議論の余地はないと指摘しつつも、しかしながら、第二次世界大戦後のナチスの戦争犯罪を裁いたニュルンベルク裁判の後に、国連で採択された通称「ジェノサイド条約」において、同条約上の「ジェノサイド」の定義がソ連の意向により当初の考えより狭まったことから、ホロドモールは国際法による「ジェノ

サイド」の分類からは外れると説明している。

なお、キーウ市内にあるホロドモール犠牲者追悼碑は、各国首脳等の外交賓客がウクライナを訪問する際に訪れる場所の一つとなっている。2010年にはメドヴェージェフ露大統領が、2015年には日本の安倍晋三首相も訪問している。

第二次世界大戦

1939年8月23日にドイツ・ソ連間で締結されたモロトフ＝リッベントロップ協定、通称独ソ不可侵条約には、両国の勢力圏に関する付属の秘密議定書があった。その秘密議定書は、ポーランド、フィンランド、バルト三国、ルーマニア領ベッサラビアにつき、ドイツとソ連がそれぞれの勢力範囲につき合意する内容となっていた。この秘密議定書にもとづき、9月1日、まずドイツがポーランドに西から侵攻し、これを受け英仏がドイツに宣戦布告、そして9月17日、ドイツに続きソ連も「ウクライナ系住民とベラルーシ系住民の保護」を名目にポーランドを東から侵攻した。こうしてポーランドは再び強国に分割され、ソ連はポーランド領ウクライナ・ハリチナ地方を占領した。第二次世界大戦は、ナチス・ドイツとソ連の秘密議定書にもとづくこのポーランド侵攻から始まる。

1941年6月22日、ドイツ軍は、不可侵条約を破り、ソ連への攻撃を開始する。これにより始まる独ソ戦は、ベルリンとモスクワの間に横たわるウクライナをその主戦場の一つとする。ウクライナ人は、独ソ戦開始までに、スターリン政権下のソ連において、ロシア化政策、ホロドモール、知識人の粛清といった悲惨な経験をしており、ウクライナ人の中にナチス・ドイツのソ連侵攻にソ連からの解放と民族独立いう一縷の希望を見る者がいたことは事実であった。しか

ステパン・バンデラ

し、実際には、ドイツはウクライナに解放をもたらす気などなく、希望を抱いた者の多くはすぐに幻滅を経験することになる。

1929年にウィーンで創設され、ポーランド政府に対する殺人等の手段を用いた闘争や自治交渉を行っていたウクライナ民族主義者団体（OUN、Організація українських націоналістів（ОУН））は、このドイツのソ連侵攻に希望を抱いた者達であった。OUNは、独ソ戦開始時にナチス・ドイツ軍に協力することを決め、ステパン・バンデラ（Степан Бандера）率いるOUN部隊がドイツ軍より先にウクライナへ入り、リヴィウでソ連軍に勝利、6月30日にはウクライナの独立を宣言した。

この際、OUNは、ハリチナ地方の住民に対し、ドイツが彼らを完全に支持していると明言した。しかしながら、ドイツ軍はこの独立を認許せず、バンデラを逮捕し、ドイツの収容所に送還し、1944年9月まで政治囚として拘留した。ドイツ軍は、1941年9月にはキーウを落とし、11月までにウクライナの大部分を掌握した。こうして、ソ連に代わり、1944年まで続く、ナチス・ドイツによるウクライナ支配が始まる。

ドイツは、ウクライナ支配に際し、占領した領土を複数に分割する。旧オーストリア領の西部ハリチナ地方は、ポーランドとともに総督府（Generalgouvernement）に編入される。ブコヴィナ地方、ベッサラビア地方、また、現在のオデーサ州、ミコライウ州とヴィンニツァ州の一部はドイツの同盟国であるルーマニアに割譲される。ザカルパッチャ地方は、1939年春の時点でハンガリーに編入されていた。残りの占領地は、ウクライナ国家弁務官区（Reichskommissariat Ukraine）として、エーリヒ・コッホ総督（Erich Koch）により統治された。ドイツのウクライナ支配の主目的は、第一次世界大戦期のスコロパツィキー政権時と同様、食料供給源の確保であり、ヒトラーにはウクライナを独立させる気など全くなかった。独立を夢見た一部のウクライナ人は、早々に期待を裏切られる。それどころか、ドイツ支配下のウクライナでは、ウクライナ人は劣等人

ドイツ支配下ウクライナの 50 カルボバネツ紙幣（ドイツ語とウクライナ語併記）

種として扱われ、数十万人のウクライナ人がドイツ本国へ強制連行され、「東方からの労働者（Ostarbeiter）」と呼ばれ、極めて劣悪な労働環境で使役させられた。このドイツへの強制連行・労働は、あまりの過酷さ故に、ソ連によるシベリア流刑と比較されるほどであった。また、ユダヤ人とロマ人が殲滅の対象として大量に殺害された。1941 年 9 月 29、30 日の 2 日間だけで、キーウ市内バービー・ヤール（宇語：バービン・ヤール、Бабин Яр）において、3 万 3700 名のユダヤ人がナチスにより銃殺された。

以降も同地では銃殺が執行され続け、殺害された市民の数は計 10 万人以上にのぼる。その他、ウクライナの 250 以上の場所で、共産主義者、知識人、犯罪者、スパイと見なされた者等を対象とし、ナチス・ドイツによる銃殺が行われた。更に、ウクライナ国内に設置された 180 の絶滅収容所では、140 万近いソ連捕虜が

Babi Jar, 29./30. 9. 1941 – Erschießung von 33771 jüdischen Menschen.

バービー・ヤール

死亡。また、ウクライナでは、ドイツによる集団懲罰の結果、約 250 の自治体が住民もろとも「消滅」した。

世界が激震し、凄惨な被害をもたらした第二次世界大戦に関して、しばしば戦争で亡くなった人の数が国毎に比較されることがある。死者数が最も多いのは、2500 万人が亡くなったソ連、これに、中国（1500 万）、ドイツ（700 万）、ポーランド（600 万）と続く。しかし、ソ連は、各民族共和国の連邦国家であったため、国家主権を持たないウクライナからも、多くの兵士・民間人の犠牲者が出ていることはしばしば忘れられる。1939 ～ 1945 年の間のウクライナの死者数は、兵士約 300 ～ 400 万、民間人 500 万以上（うちドイツ占領下、ホロコーストによりユダヤ人約 150 万死亡）と推定されている。ソ連の犠牲者数 2500 万人は、このウクライナの犠牲者数 800 ～ 900 万人を含むものである。また、戦争犠牲者ではないが、1944 年、クリミアでは、スターリンの命令を受け、クリミア・タタール人全体 18 万 3200 名をはじめ、多くの民族がクリミアから追放されたことも大きな犠牲であった。

主権国家を持たないウクライナ人は、第二次世界大戦中、様々な軍に加わり戦争に参加することになった。最も多くのウクライナ人、約 600 万人がソヴィエト軍の兵士として独ソ戦に加わり、約 10 万人が後述するウクライナ蜂起軍（UPA）に加わった。その他、およそドイツ軍に 25 万、ポーランド軍に 12 万、アメリカ軍に 8 万、イギリス軍に 4 万 5000、フランス軍に 6000 のウクライナ人が参加していたことが判明している。そのため、第二次世界大戦の節目節目に出てくるソ連兵は、調べてみると実は民族的にはウクライナ系であったということが珍しくない。日本にとって身近なところで言えば、1945 年 9 月 2 日、東京湾上のアメリカ戦艦ミズーリにおいて、日本の降伏文書の署名が行われるが、連合国側代表としては、ダグラス・マッカーサー連合国軍最高司令官に続き、ソ連からはクジマ・デレウヤンコ（Кузьма Дерев'янко）が署名したが、このデレウヤンコはチェルカーシ州出身のウクライナ人であっ

クジマ・デレヴャンコ

た。

　他にも、1945年の小笠原諸島硫黄島の戦いにおいて、摺鉢山に星条旗を掲げた6名のアメリカ兵の内、唯一のヨーロッパ出身者であったマイケル・ストランク（Michael Strank）は、チェコスロバキア出身のウクライナ系少数民族ルシン人の出自である。独ソ戦において、ドイツに対して攻勢に転じたソ連軍には多くのウクライナ兵が加わっていたし、否定的側面を考えれば、各地で確認されるソ連軍の戦争犯罪にも彼らが関わっていたと見るのが自然である。

ウクライナ蜂起軍（UPA）

　もう一つ、第二次世界大戦の中、ウクライナで生まれた運動がある。1942年11月〜1943年8月、バンデラという指導者を拘束されたOUNは、ドイツ軍との協力を止めたウクライナ人部隊や赤軍脱走兵、他のパルチザン勢力の合流、迫害から逃れたユダヤ人等の合流を得て再編成され、ドイツ支配に対抗するために、ウクライナ蜂起軍（UPA、Українська повстанська армія（УПА））が創設された。UPAは、ドイツ軍への抵抗の中で誕生した組織であり、1943年2月、UPAはロマン・シュヘーヴィチ（Роман Шухевич）を総司令官に据え、ドイツに対する武力闘争を開始、森林の多い北部を中心に、収穫物をめぐりドイツ軍やドイツ警察への攻撃を繰り返しつつ、新たな農民の参加を得て勢力を拡大していく。第二次世界大戦中、UPAに加わったウクライナ人は約10万人とみなされている。

　また、この頃ウクライナでは、ドイツに対してソビエト・パルチザンも闘争しており、多くのウクライナ人がこれに参加していた。加えて、ポーランド人パルチザン組織「国内軍（Armia Krajowa）」もウクライナ領で対独闘争

を行っていた。すなわち、この時期にパルチザン闘争を行っていた組織は3つもあり、この全てがナチス・ドイツを敵とみなしていたが、同時に各々同士も敵対関係にあるという、複雑な状況が生じていた。

ヴォリーニの悲劇

　独ソ戦の後半、ソ連軍がウクライナ領をナチス・ドイツから解放していく中で、UPAは、ソ連がウクライナ西部に向かうと今度はソ連軍とソビエト・パルチザンと闘争を始める。また、ソ連の他、ポーランドも、ウクライナ西部の領有権を主張しており、UPAをはじめ、ウクライナ独立を目指すウクライナ人と見解が対立していた。UPAとポーランド国内軍は協議を行うが、それぞれの領土に関する立場は全く相容れることはなかった。そして、ウクライナ人とポーランド人の間で高まった相互の憎悪は、歴史に暗い影を落とす事件を引き起こしている。ウクライナ北東部ヴォリーニ地方を中心に、UPAがウクライナ独立運動に敵対的とみなしたポーランド人を民間人含め数万人殺害し、ポーランド側も報復でウクライナ人を数万人殺害する、「ヴォリーニの悲劇」と呼ばれる事件が起きている。被害者数は、ポーランド側とウクライナ側の歴史家で評価が異なり、ポーランド歴史家は、ポーランド人犠牲者数を5〜10万、ウクライナ人犠牲者を2万5000〜3万とみなし、ウクライナ歴史家は、それぞれ3万5000と1万5000とみなしている。ポーランド側には、本件はウクライナ人によるポーランド人に対する民族浄化であるとの強い見方がある中、両国研究者の研究と議論が続いている。いずれにせよ、この事件が、この時期の二つのナショナリズムが、互いに憎悪を向け合い、民間人を巻き込む形で衝突した血塗られた悲劇であることには疑いがない。

ナチス・ドイツとの協力問題

　ナチス・ドイツのウクライナ支配下における、ドイツに協力したウクライナ人の存在は、極めて機微な問題である。少なくとも多くの歴史家は、ウクライナ人の協力は存在したと指摘

している。むしろ一定の地元住民の協力があったからこそ、ナチス政権はウクライナ支配を維持できたとも言えよう。しかし、ウクライナ人協力者が、どのような条件下においてナチスとの協力をしたかについては、単純にナチズムに賛同したからとは言い得ない。ソ連という全体主義支配を受ける中で、ウクライナ解放に向けてナチス・ドイツへの希望を抱き、OUNのように独ソ戦に軍事的に協力した者もあれば、出世を目論む者や単純に生活のための協力もあり得たであろう。ウクライナ民族主義者にとっては、ウクライナ独立という目的を阻む「第一の敵」はソ連であり、「第二の敵」はポーランドであった。その中で、ナチス・ドイツに期待をかけたが、結果として、彼らの希望は裏切られ、1941年夏以降、彼らの多くはドイツを「第三の敵」とみなしていく。数で見た場合、ウクライナ人のソヴィエト軍参加が約600万人に対して、ドイツ軍参加は約25万人であるが、この数字は、ロシア解放軍やロシア国民解放軍等、ドイツ軍に協力・参加したロシア人の数（30〜35万）よりも少なかった。参加者を民族人口比で見れば、ウクライナ人のドイツ軍参加者割合の方がロシア人より高いが、これはウクライナ全土が独ソ戦初期からナチス・ドイツ支配を受けていたのに対し、ロシアにおける支配は部分的であったことで説明できよう。概して、この時期、ナチスの絶滅政策への直接的加担も含め、ナチス・ドイツへの協力は、ナチス支配下の中・東欧で幅広く確認されるものであり、ウクライナ人が特にナチスに傾倒していたとは言い難い。圧倒的多数のウクライナ人がドイツ支配に対して否定的な立場を有していたし、同時に、ユダヤ人を匿う知識人や聖職者もいれば、ユダヤ人をソヴィエトと同一視して敵視する反ユダヤ主義者もいた。強い反ソ感情からナチスに協力した者もいれば、動員によりドイツ軍に加わらざるを得ない者もいた。更には、ナチスに協力もせず、ユダヤ人を助けもしない多くの「消極的な」一般市民がいたことも確かであろう。

1944年末には、ウクライナ全域がソ連の支配下に入る。しかし、ソ連首脳部は、ナチス占領下を数年過ごしたウクライナの住民に対して大きな不信感を抱いていた。第二次世界大戦の中で、スターリンは、以前に増して、階級ではなく、民族を基準に思考し出しており、個人がソ連への裏切り行為をした場合も民族全体の罪とみなすようになっていた。そのような状況下で、ソ連が以後、そのイデオロギーに基づくプロパガンダの中で「ウクライナ人のナチスへの協力」を特に誇張し、政権の都合に応じて「ウクライナ・ナショナリズムとファシズム」を近しいものとして喧伝したため、「ナチスへの協力」という機微な問題は極端に政治利用されていくことになる。

戦後

第二次世界大戦が終わると、皮肉なことだが、ソ連のおかげで、ウクライナは数世紀ぶりに歴史的・民族的ウクライナの地を、ほぼ一つの国家の枠内で統合することができた。加えて、ソ連憲法が変更され、ウクライナ・ソヴィエト社会主義共和国は、形式的ながらも独自の国防大臣と外務大臣を得ることができた。また、国際連合が創設されると、ウクライナは、ベラルーシとともに、ソヴィエト連邦とは別に、創設国として独自に国連に参加することができた。これは1945年2月クリミアのヤルタ会談で決められたことであり、つまり、ソ連からは、ソ連、ウクライナ、ベラルーシの3国が国連原加盟国として参加していた。なお、その他の旧ソ連構成共和国が国連に加盟したのは、1991年以降である。

他方で、ウクライナ戦争被害については国際社会からの特別な補償は何もなかった。ウクライナ国家弁務官区のエーリヒ・コッホ総督は戦後死刑を宣告されたが、裁判所で扱われたのはコッホの1939〜41年のポーランド人に対する罪だけで、1941〜43年のウクライナでの彼の行為は考慮されなかった。コッホは、その後終身刑に減刑され、1986年にポーランドの刑務所で死亡した。

戦争を経て、ウクライナ国内の民族構成は大きく変化した。ナチスの絶滅政策の結果、国内のユダヤ人は1959年までに2％未満に激減。

また、近隣諸国と住民の交換が行われ、1944年にはウクライナからポーランドへ100万のポーランド人が、ポーランドからウクライナに52万のウクライナ人が移住させられる。同様に、チェコスロバキア、ルーマニア、ハンガリーとも住民の交換移住が行われた。

　戦後、スターリンによる粛清がウクライナで再開され、戦前同様、主な対象となったのは知識人であった。「敵対的ブルジョア的・民族主義的イデオロギーの発露」等を口実に、1946〜47年だけでも、学術、文学、芸術の分野のウクライナ人知識人が約1万人逮捕された。

　1946〜47年には、ウクライナで飢餓が発生するが、これは戦中に荒廃した農村に対する中央の定める収穫物供給ノルマの高さが原因であった。1946年秋には、フルシチョフ・ウクライナ共産党第一書記がスターリンに対し、ノルマの減少を要請するが、スターリンはこれを却下する。この2年間で、約10万人が飢餓で死亡した。フルシチョフは、1947年3月から12月までの間、第一書記の座から外される。

　1946〜49年、約30万のウクライナ人がシベリアに流刑される。その大半は、ドイツとの協力ないしUPAに参加した者の家族であった。また、1946年には、ギリシャ・カトリック教会も禁止され、教会幹部もシベリアに流刑された。

　UPAは、戦後もソ連に対する闘争を継続したが、その規模は縮小し、活動内容も、地下活動やテロに限られていた。フルシチョフ・ウクライナ共産党第一書記（当時）は、1944年にUPAに対し、最初の投降勧告を出しており、以降ウクライナ・ソヴィエト政府は1956年まで類似の投降勧告を出し続けており、UPAが戦後もしばらくソ連内で活動を続けていたことがわかる。1950年には、シュヘーヴィチUPA総司令官がソ連秘密警察との衝突で死亡。1959年には、国外活動を管理していたステパン・バンデラが、ミュンヘンでソ連国家保安委員会（KGB）のエージェントに暗殺された。

　UPAは、ゲリラ活動をソ連内のみならず、ポーランド南西部でも続け、その闘争規模はむしろポーランド国内での方が大きかった。

1947年春、UPAは、元ソ連将校のカロル・スヴェルチェフスキ・ポーランド国防次官を殺害する。これを受け、1947年3〜7月、ポーランドの共産党政府は、ポーランド南東部のウクライナ系住民（少数民族レムコ人、ボイコ人を含む）約15万人を強制的にポーランド国内他地域に移動させる「ヴィスワ作戦」を実行した。無論、その多くは、UPAと関係のない一般市民であり、UPAの壊滅を口実としつつ、民族を国内他地域にばらばらに強制移住させ、同化を進めることで民族問題の解決を図ろうとする政策計画者の意図が指摘されている。なお、移住者が元の地に帰還することは、禁止された。いずれにせよ、以降、ポーランド国内のUPAの活動は、急速に縮小した。

クリミア移管

　1953年3月5日、スターリンが死亡する。権力闘争を経てソヴィエト連邦共産党中央委員会第一書記に就任したフルシチョフは、ウクライナ系政治家をウクライナ・ソヴィエト、ソ連全体に積極的に登用していく。戦前、ウクライナ・ソヴィエトの幹部の約65％がロシア人だったが、1950年代には、ウクライナ人の割合が68％まで上昇する。フルシチョフは、ウクライナに限らず、民族共和国の運営をよりその土地の民族を代表する者に委ねる姿勢を見せた。

　フルシチョフのこのアプローチは、1954年のクリミア譲渡により更に結実する。「ロシアとウクライナの永遠の団結」と謳われたペレヤスラフ協定締結から300年を記念した祝賀の中、1954年2月19日、ソ連最高会議幹部会は、それまでロシア・ソヴィエトに属していたクリミア州をウクライナ・ソヴィエトに移管する命令を下す。この移管は、

ヴィシヴァンカを着たフルシチョフ。なお、フルシチョフの好きな作家は、ウクライナのヴォロディーミル・ヴィンニチェンコであった。

クレムリンが実質的にウクライナのコントロールを有していたため、ロシアによるクリミアの喪失を実質的には意味しなかった。他方で、この出来事は、法的観点では18世紀末のクリミア・ハン国併合以来続いたロシアによるクリミア支配が唐突に終わったことを意味した。このソ連中央の特権的な友好的姿勢に対し、ウクライナの政治家は、熱心にクリミアの開発を実現していく。

この時期、ウクライナ語による出版、文化人・作家の権利回復が進み、歴史、言語、文学の分野の研究が進展していく。「60年代人」と呼ばれる、若きウクライナ人作家が活躍し出すのもこの時期であり、彼らの運動により政治以外の分野にてウクライナ市民の活躍の裾野が以降着実に広がっていった。

フルシチョフは、1961年のソ連初の宇宙飛行船打ち上げ成功という快挙はあったが、1960年代前半、農業部門での失敗を起源とする食糧不足の結果、1964年に第一書記長の座から降ろされる。代わりに就任したのは、ドニプロペトロウシク（現ウクライナ）派の政治家、レオニード・ブレジネフであった。ブレジネフ政権下の初期、ウクライナ・ソヴィエト政権は、一定の自治を得て、限定的ながらウクライナ化の実現に成功する。1963年にウクライナ共産党第一書記となったペトロ・シェレストは、ウクライナの民族性を鼓舞する政策を採用する。シェレストは、1968年、キーウの大学において、今後全ての教科書はウクライナ語で印刷すべきであると演説する。1960年代は、穏健なウクライナ化の時代であったが、同時にウクライナ知識人に対する弾圧も存在した。ソ連体制を批判したヴャチェスラウ・チョルノヴィル記者の逮捕、「インターナショナリズムか、ロシア化か」と、ソ連のロシア化政策を批判した作家イヴァン・ジューバの逮捕等、知識人への弾圧は継続していた。

1970年代に入ると、再びソ連中央による対ウクライナ弾圧の時期が訪れる。1972〜73年、70〜100名の知識人が逮捕され、シェレストもウクライナ共産党第一書記の座から解任される。その後、シェレストは、著書『ウクライナよ、私達のソヴィエトの』を、イデオロギー上の誤り、ウクライナの過去の理想化として非難された。

ソ連中枢部のウクライナを巡る政策は、何度も揺れ動き、1980年代は再び、民族政策が緩和する。1982年にシェウチェンコの詩集が再販された際には、明確に反ロシア的な内容を含む詩の掲載が認められた。また、これまで刊行できなかった、リーナ・コステンコやヴァシーリ・シモネンコ等の詩集も出版を許可された。このような状況下で、ウクライナもペレストロイカの時期を迎えることになる。

1986年4月、チェルノブイリ（ウクライナ語：チョルノービリ、Чорнобиль）原発事故が起こる。ウクライナにおいて、ペレストロイカ（ウクライナ語：ペレブドーヴァ、Перебудова）が本格化するのは、これ以降である。ウクライナでは、この時期、とりわけ、ウクライナ語政策が活発化し、作家達はウクライナ語の危機的状況を指摘し、ウクライナ語保護の必要性を訴えた。1989年には、知識人達が、ウクライナ憲法にウクライナ語の国家語規定を加えるべきであると主張した。これを受け、同年8月、ウクライナ・ソヴィエトの最高会議幹部会は、ウクライナにおいてウクライナ語を国家語かつ公用語に規定する言語法を採択した。1989年、ゴルバチョフがバチカンを訪問した際、ギリシャ・カトリック教会の合法化を約束する。このような民族政策の実現が進む中で、ウクライナは、1991年の独立を迎えていくのである。

ヴャチェスラウ・チョルノヴィル

ロクソラーナ　スルタン妃になった「スラヴの人」を意味する奴隷

ロクソラーナ（ヒュッレム・スルタン）

黒海周辺地域は、古代から奴隷貿易が盛んであり、とりわけウクライナの地を含む黒海北岸・東岸は、長らく奴隷の供給源であった。古代ギリシアの時代から、この地に既に奴隷貿易が行われていたことがわかっている。ビザンツ帝国時代もイタリア商人がこの地からビザンツ帝国へと奴隷を運んでいくことで富を築いていた。ビザンツ帝国が滅びオスマン帝国時代が訪れてから、奴隷貿易はさらに盛んになった。クリミア・ハン国にとっては、奴隷貿易が主要な産業の一つであった。

クリミアからオスマン帝国に運ばれた者達の運命は如何なるものだったのであろうか。奴隷の多くは召使として用いられた。他には、オスマン帝国海軍イェニチェリ歩兵や船上奴隷としてガレー船の漕ぎ手として徴兵された者、農業労働者となった者の生活は厳しく、短命であったと伝えられる。一方、職人、商人の補佐、絹糸産業や、給仕の仕事を得た者は、幾分ましだったようである。女性の奴隷は、妻となったり、裕福な者のハーレムで仕えたりした。

同時に、オスマン帝国に奴隷として連れ去られることで、しばしば元の生活よりも、生活水準が上がることも珍しくなかった。イスラム教に改宗した男性であれば、オスマン軍の一軍人から、管理職に就くことも可能となった。女性に関しては、オスマン帝国の上層部のハーレムに入れられることがあり、スルタンのハーレムに入れられる場合もあった。

このスルタンのハーレム奴隷出身の女性で、最も有名なのがロクソラーナ（Роксолана）である。別名アナスタシヤ・リソウシカ（Анастасія Лісовська）、トルコ語名ヒュッレム・ハセキ・スルタン（Hürrem Haseki Sultan）と知られるこの女性は、当時ポーランド・リトアニア共和国のウクライナのハリチナ地方ロハティン（現イヴァノ＝フランキウシク州）出身であり、16世紀中頃、他の奴隷同様、クリミア・タタール人に捕らえられオスマン帝国に奴隷として売られた。ロクソラーナは、イスタンブルにあるトプカプ宮殿内のスルタンのハーレムに入れられると、スレイマン1世のお気に入りとなって、帝国の皇后となり、スルタンとの間に6人の子どもを授かるとともに、スルタンを通じて政治影響力も発揮して活躍したのである。

ウクライナとトルコで人気

ロクソラーナとは、「スラヴの人」を意味しており、彼女がウクライナの出身であることを示す名前である。現代ウクライナでは、ロクソラーナは奴隷からスルタンの皇后になるという大出世をしたウクライナ人女性として大変な人気があり、彼女を題材にした多くの作品が制作されている他、親が子どもにロクソラーナと名付けることも珍しくない。彼女の出身地のロハティン市には地元の偉人としてロクソラーナの像が建てられている。また、ロクソラーナについては、ウクライナの外でも広く知られ、ヨーロッパで文学や絵画の題材となっている。トルコでは、2011〜2014年にテレビ放送された宮廷ドラマ『壮麗なる世紀』（邦題『オスマン

帝国外伝〜愛と欲望のハーレム〜』）で、このロクソラーナ（ドラマ上の名前は「ヒュッレム」）に脚光が当てられた。

出世チャンスとしての奴隷身分

ロクソラーナは、奴隷の中で最も活躍した例であるが、18〜19世紀の西洋の旅行者達が残した記録では、奴隷達の中にイスタンブルという大都市で売られ、ハーレムに入り富と成功を得る機会として、奴隷の身分を受け入れる者が少なくなかったことが知られている。中には、生活の苦しい個人が、クリミア・タタール人の奴隷商人やオスマン船の船長に対し、自らを奴隷として売り込んだり、家族が子どもを売り、裕福な家庭との関係を作ろうとしたりする場合もあったと言う。

強制的に奴隷状態に陥るという経験が想像を絶する苦しいものであることは疑いがなかろう。また、奴隷というのは、自らの人生の選択のできない状態であり、単純に「奴隷の生活も悪くなかった」と一般化することは難しい。他方で、この時代の奴隷の生活は、現代で一般にイメージされるような、一生差別を受け解放されない身分では必ずしもなかったことも指摘する必要がある。イスラム法は、自らが所有する奴隷の解放を奨励していたし、賃金を得た奴隷が支払いによって奴隷身分をやめることも認められていたし、それ以外にも、奴隷が奴隷身分から解放される方法は複数存在したのである。このように、黒海を通じて長く続いたオスマン帝国への奴隷貿易は、さらわれる人々の中には自らの置かれた状況を大都市において富を得る機会として考えた者が少なからずおり、必ずしも皆が絶望していたわけではなかったようである。もしかすると、16世紀にスルタンの妃となったロクソラーナの活躍は、奴隷達の間で希望となっていたのかもしれない。

ロクソラーナの木版肖像画（作者不明）

ウクライナで発行されたロクソラーナの切手

ウクライナ史とロシア史　異なる視点が生む齟齬・対立

　ウクライナの歴史とロシアの歴史には、どのような違いがあるのだろうか。「キーウ・ルーシを起源とし、ソ連が崩壊するまで一つの国であったウクライナとロシアであるから、両国の歴史はほとんど重複する。ウクライナ人とロシア人は兄弟民族である」というような話をロシア関係者からしばしば聞く。しかし、同様の見方をウクライナの歴史家から聞くことは少ない。なぜだろうか。このコラムでは、この二つの民族の歴史について少し考えてみたい。

ペレヤスラフ協定の誇張

　1654年、当時ポーランドと戦っていたコサックの頭領ボフダン・フメリニツィキーは、ロシアに助けを求め、ペレヤスラフ協定を締結する。ソ連で「教えられていた」歴史では、コサックの自治を認める代わりにウクライナがロシアの宗主権を認めるこのペレヤスラフ協定を、「二つの兄弟民族の永久の結合」となった出来事であると説明していた。ウクライナ人とロシア人は、この協定以降、手に手を取り合って共存してきた、という主張である。しかし、実際には、この協定以降もウクライナとロシアの関係が「兄弟」のように親密になることはなかった。ウクライナは、この時期、ポーランド、オスマン帝国、クリミア・ハン国、ロシアに囲まれる中で、手を組むべき同盟相手を模索し、一つの可能性としてロシアと一時的に手を結ぶことを決めただけであり、それはあくまでウクライナが生き残るための一つの選択肢でしかなかった。事実、その後、ウクライナは、モスク

「クルーティの戦い 1918」O. クリムコ

ワの意向を無視し、トランシルヴァニアとスウェーデンと軍事同盟を組み、ポーランドに攻め込む。そして、一方のロシアは、ウクライナと組むスウェーデンと戦争を始めるのである。結果、このペレヤスラフ協定は、1667年には無効化しており、「兄弟民族の永久の結合」は、13年間続いただけであった。

ロシア革命とウクライナ革命

　ウクライナ史とロシア史の見方が決定的に異なる歴史的出来事をもう一つ紹介しよう。1917年、ロシア革命と時を同じくして、ウクライナでも革命が生じ、2月にウクライナ独自の中央ラーダと呼ばれる政権が発足している。同年11月には、中央ラーダはウクライナ人民共和国の建国を宣言、ウクライナ人は悲願の独立国家の運営に挑戦することになる。しかし、このウクライナの独立を不満とするロシアのボリシェヴィキ政府は、ウクライナへの侵攻を開始。以降数年間の両国の戦いは、ウクライナ・ソヴィエト戦争と呼ばれる（ウクライナ・ロシア戦争とも言う）。同年12月、ロシアはウクライナ東部のハルキウにて、実質的にロシアの傀儡国家となるウクライナ・ソヴィエトの建国を宣言させる。これに危機感を覚えたウクライナ人民共和国は、国際社会に対し、ロシアとは別の国家としてのウクライナ人民共和国と外交関係を結ぶことを呼びかける。

　1918年1月、中央ラーダはウクライナ人民共和国が完全に独立した主権国家であると宣言し、ロシアと連邦を組む考えを否定。ロシア・ソヴィエト軍がいよいよキーウに攻め込まんと進軍を続ける中、同年1月29、30日キーウを守ろうとするウクライナ人の学生達が中心となり部隊（約500人）を編成し、数で圧倒的に有利なロシア・ソヴィエト軍（約6000人）とキーウ近郊のクルーティ駅で戦闘、ウクライナ兵は約半数が戦死するも、ロシア軍の二日間の足止めに成功する。これがウクライナ人の間で人気の高い「クルーティの戦い」であり、ウ

クライナの独立を潰しに来たロシア軍をキーウの若者達が自らを犠牲に食い止めるという、悲劇的かつ英雄的に記憶されるウクライナ史の一ページである。無論、「兄弟の永久の結合」との見方に反するこの戦いは、ソ連史では教えられていなかった。

　クルーティで若者がロシアを足止めしている間に、ウクライナ人民共和国は、外交努力を続け、1918年2月9日、ドイツ帝国、オーストリア・ハンガリー二重君主国、オスマン帝国、ブルガリア王国とブレスト＝リトフスク平和条約を締結し、これをもってウクライナ人民共和国は独立国家として認められたことになる（同年3月にロシアが同名の条約を締結するが、このウクライナが締結した条約とは別のもの）。一方、進軍を続けたロシア・ソヴィエトはキーウを占領し、1月28日にはキーウにソヴィエト政権が樹立したと宣言するが、そのわずか2週間後の2月16日には、ウクライナ人民共和国軍はドイツ軍とともにキーウへの再入城を果たす。しかし、この2週間の間で、ロシア・ソヴィエトは、ウクライナ人を無差別に逮捕・処刑しており、最大5000人が殺害されたことがわかっている。

　ウクライナ人民共和国は、結局、独立を長くは保てなかった（〜1921年）。ウクライナは、その後、1991年までソヴィエト連邦の一構成国として存在していくことになる。しかし、1917年から1921年までの独立ウクライナの中で人々が経験した辛酸な歴史は、ウクライナが決してロシアと共有し得ない痛みとして人々の記憶に残っている。これ以外にも、幾度も繰り返されたウクライナ語弾圧やウクライナ独自文化発展に対する妨害、ウクライナ全土で引き起こされた大規模な人為的飢餓（ホロドモール）等、ウクライナがロシアから受けた行為を考えれば、「兄弟の永久の結合」なる言葉が如何に一方にとってのみ都合の良い表現であるかは明白である。

歴史の延長にある現代

　2014年、ロシアがクリミア・ドンバスに侵攻し始めた時、約100年前のロシア・ソヴィ

ウクライナ人民共和国のポスター　双頭の鷲はロシアを表す

エトのウクライナ侵攻と重ねて、敵はまたしても東からやってきたと感じるウクライナ人が少なくなかったことは想像に難くない。このように、ウクライナ史とロシア史は、長い年月においてしばしば生じた対立を経て、今日において不可逆的に離別していく二つの民族の歴史の様相を呈している。今後、両民族が現在の戦争状態を終わらせ、何らかの和解に至ることがあったとしても、将来、ウクライナとロシアの間で、人々が記憶し、記述する歴史が全く同じものとなることはないであろう。

　なお、補足となるが、1917年、クリミアでは、18世紀にクリミア・ハン国をロシアに滅ぼされたクリミア・タタール人が再度の独立を夢見て世俗国家クリミア人民共和国を建国するが、ウクライナ人民共和国同様、すぐにロシア・ソヴィエトにより解体させられている。加えて、クリミア・タタール人は、第二次世界大戦中の1944年、スターリンによりその全民族がクリミアから中央アジアへ追放され、その過程で民族全体の約45%が死亡している。このように、クリミア・タタール人は、ウクライナ同様にロシアに対する苦い記憶を有している民族であり、それゆえ、ロシアよりもウクライナに対してより強いシンパシーを感じやすいのである。

クリミア史　クリミア・ハン国、ロシアの南下、追放と移管

　現在占領下にあるクリミアの現状と将来を考える際に重要なのは、クリミアがどのような土地であるか、どのような歴史を有してきたかを知ることが大切である。日本には、クリミアの歴史を詳細に記載した書籍はない。しかしながら、現在のクリミア問題の難しさは、その背景の複雑さと大いに関係するのであり、それを考えることなしに、クリミアを論じることが困難であることも事実であろう。ここでは、クリミア史の概略を書くことにする。

古代～中世

　まずクリミアには、紀元前約 1200 年にキンメリア人がやってくる。その後、紀元前約 650 年にスキタイ人が現れ、沿岸ではギリシャ人がケルソネス等の植民地を作り、スキタイ人とギリシャ人が交易を始める。紀元前 4 世紀には、クリミア半島にはギリシャ系のボスポロス王国が作られる。紀元前 1 世紀には、このボスポロス王国はローマの宗主権を認め、ローマ帝国が実質的にクリミアの地を支配下に入れる。

　2 世紀の終わり頃には、コーカサス山脈を中心に活動していたイラン系アラン人（サルマタイ人の一部）がクリミアにも進入し、山岳や沿岸地域に居住し始める。現在のスダク市は、当時スグデヤと呼ばれた港町であったが、このアラン人に作られた町と言われる。また、興味深いことは、このアラン人の少なくとも一部が 3 ～ 5 世紀にキリスト教（アリウス派）を受容したことである。これは、キーウ・ルーシのキリスト教受容（988 年）より数百年前のことであった。

　250 年以降、ゲルマン系のゴート族が黒海沿岸のオルビアとティラスをローマ人から奪取する。以降、黒海沿岸やクリミアのボスポロス王国等がこの東ゴート族の影響下に入っていく。しかし、ゴート族支配は、中央アジアからやってきた遊牧騎馬民族のフン族に取って代わられる。フン族は、カスピ海からヨーロッパ中心部までを支配し、ゴート族を従え、彼らにローマ

帝国を攻撃させたりもしていた。

　395 年、ローマは東西に分裂する。これにより、330 年に完成したコンスタンティノープルは、東方におけるキリスト教の中心地となった。クリミアにおいて、東ローマ行政の中心的役割を担ったのはケルソネスであった。東ローマ／ビザンツ帝国は、このケルソネスを強化していき、クリミアにキリスト教の教区を置く。クリミアのゴート族は、アラン人とともにキリスト教を受容することで、ビザンツの政治・文化の一部を担うようになる。彼らは、ビザンツ帝国のクリミア沿岸の町を北方からの別の部族の侵入から防ぐ役割を担った。

　クリミアは、この時期、正教会文化圏に属していたと言える。一方で、北方のウクライナの土地には、主にテュルク系の様々な部族が現れていた。その中でも、ハザール・ハン国は最も安定した国づくりを行い、8 世紀には、クリミアにも侵入、クリミア南部のスダクは、ハザールの中心的都市となった。

　その後に、現れるのがキーウ・ルーシである。ルーシは、960 年代にハザール・ハン国を滅ぼした後、クリミアを塩の供給源として重要視した。更に、988 年には、ヴォロディーミル聖公がケルソネスにおいて、キリスト教を受容。キリスト教は、キーウ・ルーシの公式宗教となり、キーウ・ルーシはコンスタンティノープルを中心とするビザンツ世界の一部となる。しかし、ルーシのキリスト教受容以降も、クリミアはルーシの支配下にはなかった。

　ハザール・ハン国の滅亡が生んだ広範な土地の権力の不在は、中央アジアから新たに複数のテュルク系部族の到来を招く。10 ～ 11 世紀、これらテュルク系部族は、ウクライナ南部を支配し、クリミア半島にも彼らは徐々に入っていくのだが、その中で、比較的長い間この地に居座ったのは、キプチャク人（スラヴ系の人々は、ポロヴェツ人と呼ぶ）であった。キプチャクの存在は、キーウ・ルーシにとって、当初は軍事上の脅威であり、多くの戦闘が起きたが、

次第に協力関係が築かれていった。キプチャクがクリミア南部のヤルタやスダクの港を用いて、ビザンツ帝国との交易を始めると、交易品は、そこから北へ、キーウ・ルーシの首都キーウ、更に北のノヴゴロドまで届けられるようになった。13世紀の初め頃は、ルーシとキプチャクの関係は良好であったとされる。つまり、この頃のクリミアは、キーウ・ルーシではなく、キプチャクのコントロール下にあったとも言える。

東方から襲来したモンゴル軍に対し、クリミアのキプチャク人とキーウ・ルーシは同盟を組み戦うが、1223年のカルカ河畔の戦いでキプチャク・ルーシ軍は敗北する。そして、その15年後、さらなる大軍を引き連れて到来したモンゴル軍は、まずキプチャクの政治体制を破壊する。その際、キプチャク人の一部はウクライナやクリミアの地に残り続け、支配階級となるモンゴル人やテュルク系の被支配民族と同化していった。そして、1240年にはキーウも陥落。以降、ウクライナ南部とクリミアは、チンギス・ハンの長男ジョチの治める、ジョチ・ウルス（キプチャク・ハン国）と呼ばれる国の一部となる。ジョチ・ウルスは、14世紀にイスラム教を公式宗教として受容。この宗教は、モンゴル人との婚姻による混血の進む中、テュルク系キプチャク人にも広がっていく。そして、この頃から、ジョチ・ウルスの住民について、タタール人という他称が使われるようになっていく。

クリミアの支配勢力はジョチ・ウルスとなり、これによりクリミアはいわゆるシルクロー

キプチャクの像

ドを通じた貿易網に組み込まれる。ジョチ・ウルスは、現在のスタリー・クリムのある、都市ソルハットを拠点とする。クリミアの沿岸都市は、ジェノヴァやヴェネツィアからの商人が現れ、彼らは税金をジョチ・ウルスに支払いながら商業を行う。ソルハットは、このタタール人とイタリア人の交易の拠点都市となり、この街の別名「クリム（クリミア）（Крим/Qırım）」がこの半島の全体の名称となる。ソルハットには、1314年、クリミア最古のモスクが建設された。クリミアの港からは、様々な商品がコンスタンティノープルへ向けて運ばれた。また、クリミア山岳地帯にはキリスト教系のテオドロ公国が建設される。この時期のクリミアは、モンゴル・タタールのジョチ・ウルス、ジェノヴァ、テオドロ公国の関係のもとで安定していた。

クリミア・ハン国（1441～1783年）

クリミア・ハン国国章

しかし、14世紀半ばには、ジョチ・ウルスが国内の闘争の結果弱体化し、北のリトアニアや南のティムールからの攻撃を招くことになり、クリミアの状況も変わっていく。15世紀には、ジョチ・ウルスは一体性を失い、1441年にヴォルガ川中流域にはカザン・ハン国が、クリミア半島とアゾフ海北岸にはクリミア・ハン国（Qırım Hanlığı, Qırım Yurtu）が、後にカスピ海北岸にはアストラハン・ハン国が誕生する。カザン・ハン国とクリミア・ハン国は、分離元のジョチ・ウルスの領域の支配を求めることで、ジョチ・ウルスの正統後継国とされる大オルダと、また同時に、西のリトアニア大公国と北方のモスクワ大公国と対立していく。加えて、クリミア・ハン国は、クリミア南部の沿岸都市を支配するジェノヴァとも戦い始める。

クリミア・ハン国を建国したハジ・ギライ（I Hacı Geray）は、チンギス・ハン子孫であり、クリミア・ハン国はジョチ・ウルスの継承国であることを自認した。また、ハジ・ギライは、

クリミア・ハン国の首都を、ジョチ・ウルス時代の中心地からソルハットではなく、クルクイェル（後のバフチサライ近く）に定める。

しかし、この時期の最も重要な出来事は、1453年にオスマン帝国がビザンツ帝国を滅ぼしたことである。黒海が実質的にビザンツの海からオスマンの海となったことは、クリミア・ハン国にとって大きな意味を持った。当時、クリミア・ハン国は、クリミア南部のジェノヴァの中心的都市であったカッファ（現在のフェオドシヤ）を攻撃していたが、オスマン帝国がコンスタンティノープルを陥落させると、クリミア・ハン国はオスマン軍の力を頼るようになる。クリミアに協力したオスマン帝国は、1475年カッファ等のジェノヴァの沿岸都市を手に入れ、テオドロ公国も破壊。クリミア・ハン国は、カッファの領有を認められなかったが、隣国の脅威からの庇護を受けるために、オスマン帝国の属国となることを選択した。他方、オスマン帝国は、クリミア・ハン国を他の属国と同様には扱わなかった。クリミア・ハン国のギライ家がチンギス・ハンの系譜を継ぐことから、血統を重視するオスマン帝国は、クリミア・ハン国に、かつての広大なモンゴル帝国支配地との繋がりという重要な意味を見出していた。17世紀になるとオスマン帝国のクリミア・ハン国への政治干渉の頻度が高くなるが、それまではクリミア・ハン国はオスマン属国の中でも外交序列の高い特権的な扱いを受けた国であった。クリミア・ハン国は、オスマン帝国に貢納金の代わりに騎兵軍を供出し、16、17世紀にわたり、オスマン帝国軍にとって重要な戦力となっていた。

1502年、クリミア・ハン国は、ジョチ・ウルスの継承国大オルダの中心都市であったサライを破壊し、これを滅亡させる。ジョチ・ウルス滅亡後、クリミア・ハン国は、ポーランド支配下のウクライナ方面やモスクワ支配下

クリミア・ハン国　ハジ・ギライの銀貨

ハジ・ギライ

のロシア方面を襲撃していく。1521年、クリミア・ハン国は、カザン・ハン国とともに、モスクワ大公国へ遠征し、多くの戦利品を獲る。1532年、新たにハンに就いたサーヒブ（I Sahib Geray）は、バフチサライにハンの住居となる宮殿を作り、バフチサライはクリミア・ハン国の首都となるとともに、イスラム文化が栄えていく。

以降、16世紀後半までは、クリミア・ハン国にとって安定と繁栄の時代であった。しかし、イヴァン4世（雷帝）率いるモスクワ・ツァーリ国が次第に強大になると、同国との戦いが激しくなっていく。オスマン帝国も、拡大するモスクワに脅威を感じ、クリミアとともに戦うようになる。

イヴァン4世は、1552年にカザン・ハン国を、1556年にはアストラハン・ハン国を滅ぼし、ヴォルガ川河口部、カスピ海北岸、コーカサス北部まで版図を拡大する。クリミア・ハン国は、度々モスクワ・ツァーリ国への遠征を行い、1571年にはモスクワを一時的に占領し、町を焼き払うが、これは、クリミア・ハン国の歴史における対モスクワ戦最大の勝利であり、以降、クリミア・ハン軍がモスクワまで達することはなかった。

17世紀にはクリミア・ハン国のオスマン帝国属国化が進み、オスマン側の都合でハンが変えられる等、オスマン帝国によるクリミア・ハン国への政治干渉の頻度が高まった。一方で、17世紀初頭のモスクワは、初期のロマノフ家の統治者に力がなかったことから、クリミア・ハン国の脅威とはならなかった。この時期のクリミア・ハン国の脅威であったのは、ウクライナの地とドン川中・下流域で台頭してきたスラヴ系キリスト教徒戦闘集団、コサック（ウクライナ・コサックとドン・コサック）であった。ウクライナ・コサックは、遊牧民の技術を会得

しており、クリミア・ハン国を襲撃するだけでなく、黒海を船で渡って南岸のオスマン帝国領すら攻撃していた。1637年には、コサックはオスマン帝国の要塞アザクを攻撃し、数年の間占領していた。17世紀中旬のこの地域は、ポーランド・リトアニア、モスクワ、ウクライナ・コサック、クリミア、オスマンといった勢力が、同盟と戦闘を繰り返す時代であった。

　クリミア・ハン国にとって、奴隷貿易は経済の中心的役割を担う主要産業であった。イスラム法は、奴隷貿易を合法としていたが、それは非ムスリムのみに限ったものであったため、クリミア・ハン国は、戦闘で捕らえた捕虜の他、ウクライナの地やロシア南部、つまりポーランド・リトアニアとモスクワの支配下にあった地において、キリスト教徒を捕まえ、ケフェ（かつてのカッファ）等の奴隷市場に集まるオスマンの商人に対して、奴隷として売却し、利益を得ていた。

クリミア・タタール人

ウクライナとクリミア

　ウクライナでは、南方からの襲撃が続いたことで、この地に自衛の役割を果たせる戦闘集団コサックを生み出した。他方、対立ばかりが起きていたわけではなく、政治的な利害の一致がある場合は、キリスト教徒のウクライナ・コサックとイスラム国家のクリミア・ハン国は、何度も協力して戦っていた。顕著な例は、1648年のフメリニツィキーの乱である。ポーランドがウクライナ・コサックへの支配を強めようとすると、コサックの頭領（ヘトマン）ボフダン・フメリニツィキーは、クリミア・ハン国へ同盟を要請し、コサック・クリミア同盟が実現、クリミア・ハン軍はコサック軍と協力してポーランドを攻撃する。このコサック・クリミア同盟は、ポーランド軍を何度も攻略することとなった。

　ウクライナ・コサックの頭領フメリニツィキーは、クリミア、オスマン、モスクワ等の中から、常に同盟相手を探していた。1654年に、ウクライナ・コサックがモスクワとペレヤスラフ協定を締結し、モスクワの宗主権を認めたため、コサック・クリミア同盟は一旦終了するが、しかし、それも一時的なものであり、その数年

後、1656年ロシア・スウェーデン戦争では、ウクライナ・コサックはスウェーデン・オスマン・クリミア側で戦っている。

ロシアの南下

　17世紀の終わり、ポーランド・リトアニア共和国が弱体化していき、一方でモスクワ・ツァーリ国（1721年以降は、ロシア帝国）が急速に勢力を伸ばし、東ヨーロッパの勢力図が変化していく。モスクワは、凍らない海である黒海を求め、さらなる南下を欲していたため、オスマン帝国との対立は避けられなかった。そして、クリミア・ハン国にとっては、オスマンとモスクワ／ロシアの間で、困難な時代が始まる。なお、この頃には、オスマン帝国のクリミア・ハン国への影響力が増し、オスマン側の都合でハンの就任・解任が頻繁に起こり、またオスマン帝国による戦争への参戦命令も拒否できなくなっていた。

　これまで、オスマン帝国は、常にクリミア・ハン国を通じてモスクワ・ツァーリ国と交渉してきたが、1700年、モスクワ・ツァーリ国は、初めてオスマン帝国と単独でイスタンブル条約

ケルチ

を締結する。この条約により、クリミア・ハン
国は、モスクワに貢納金を求めることが禁止さ
れる。これは、オスマン帝国とモスクワ・ツァー
リ国の関係が対等なものに変化したのであり、
また同時に、クリミア・ハン国のモスクワに対
する立場がもはや対等ではなくなったことも意
味した。同時に、モスクワの軍事力の高まりは、
クリミア・ハン国が奴隷貿易を継続することが
難しくなったことも意味した。クリミア・ハン
国の弱体化は避けられなくなっていた。

クリミア・タタール・ダンス

1736年、ロシアは、初めてクリミア半島に
侵攻、ハンの宮殿とともにクリミア・ハン国の
首都バフチサライを破壊する。この際のロシア
軍の放火により、クリミア・ハン国の書物や
文書のほとんどが失われた。そして、1768～
1774年の、ロシア・オスマン戦争は、ロシア
の勝利に終わり、キュチュク・カイナルジ条約
により、クリミア・ハン国の領地が独立させ
られ、同国に対するオスマン帝国の支配権が
失われた。1771年、サンクトペテルブルクに
クリミア・ハン国の独立に向けた交渉で訪れ
たシャーヒン・ギライ（Şahin Geray）を、そ
の知性、容貌、洗練された振る舞いから、エカ
チェリーナ2世が気に入る。キュチュク・カ
イナルジ条約締結後の独立クリミアは、ロシア
支持者とオスマン保護の回帰を望む者との間で
内紛が続いた。1776年、エカチェリーナ2世
がグレゴリー・ポチョムキン率いるロシア軍を
クリミアに送り反乱を鎮圧し、親露派のシャー
ヒン・ギライをハンに即位させる。シャー
ヒン・ギライは、ロシアの保護を受けながら、ク

リミアの国家制度の
改革を始めるが、多
くの部族の反発を招
き、社会が不安定化
する。シャーヒンが
情勢を抑えられない
ことがわかると、エ
カチェリーナ2世は
1783年、クリミアを
ロシア帝国に併合す
ることを宣言する。
こうして、クリミア

シャーヒン・ギライ

は、ロシア帝国の一部となり、約340年続い
たジョチ・ウルスの最後の継承国であるクリミ
ア・ハン国は消滅した。そして、この出来事は、
ロシアにとってはモスクワ時代からの積年の夢
であった、クリミア半島、黒海・アゾフ海への
アクセスの実現を意味したのであった。

　1787年、オスマン帝国は、クリミア奪還を
目指してロシアと開戦するが、再度敗北、ロシ
アのクリミア併合は確定した。

ロシア帝国領のクリミア（1783〜1917年）

　クリミア併合後、ロシアは、クリミアとウクラ
イナ南部をまとめて、タウリダ州とし、それまで
アクメジト（クリミア・タタール語で「白いモ
スク」の意）と呼ばれていた町をシンフェローポ
リに改名し、州都とする。タウリダもシンフェロー
ポリも、ギリシャ語由来の名前である。

　エカチェリーナ2世は、クリミア・タター
ル人の宗教及び文化に寛容な政策を取ってい
た。しかし、その死後、クリミア・ハン国時代
の文化遺跡、モスク、墓地等は、朽ちるにまか
され、また、ロシア帝国のインフラ計画が進め
られる中で破壊されることもあった。

　多くのクリミア・タタール人は、沿岸部から
内陸部へ移動し、あるいは、イスラム教国家で
暮らすことを望んで、クリミアを去り、主にオ
スマン帝国へ移住した。新たに多数のロシア人
やウクライナ人等がクリミアに移住し、クリミ
アの人口構成は大きく変化した。1780年代、
約18万5000人だったクリミア人口は、1850
年には、約25万まで増加し、クリミア・タター

ル人の人口全体の割合は、約90％から約60％
まで低下。19世紀後半もクリミア・タタール
人の割合の減少する傾向が続いた。

　ロシア帝国は、シンフェローポリやセヴァス
トーポリといった都市を開発していく。とりわ
け、セヴァストーポリには、水上艦が配備され、
ロシア帝国海軍の黒海・地中海への戦力として
急速に発展していった。

　ロシアが黒海・地中海への進出が可能とな
り、その影響力がますます強大化していくと、
イギリスとフランスは、自らの経済上の利益を
守る必要を考え始める。この結果として生じた
クリミア戦争（1853〜1856年）では、連合
軍がロシア艦隊のあるセヴァストーポリを落と
し、ロシアが敗北、黒海の制海権は連合国に渡っ
た。そして、クリミアの経済は、この戦争で大
きく疲弊する。

　クリミア戦争において、クリミア・タタール
人の多くはロシア軍で参戦していたが、一部が
英仏オスマン側に協力したことをもって、正教
会やロシア帝国将校は、クリミア・タタール人
全体を連合軍の協力者とみなした。そのため、
クリミア戦争後、反クリミア・タタール的な世
論が生まれ、ロシア貴族によるクリミア・タター
ル人からの搾取が加速し、またクリミアそのも
のからクリミア・タタール人の排除を求める世
論が強まる。結果、クリミア・タタール人は、
これまで以上にクリミアを去らざるを得ない状
況が生まれた。ロシアの統計では、1863年ま
でに14万人以上のクリミア・タタール人がオ
スマン帝国へ移住したことが記録されている。
1897年の国勢調査では、クリミアの人口約54
万6000人のうち、クリミア・タタール人の割
合は、約35％にまで減少している。他方で、
オスマン帝国へ移住したクリミア・タタール人
の中には、いずれクリミアへ戻ることを希望
し、ロシア国籍を維持した者も少なくなかった。

　また、並行して、クリミアでは、多くのキリ
スト教の教会が建設されていく。これは、988
年に、キーウ・ルーシのキリスト教受容がクリ
ミアのケルソネスで行われたことから、ロシア
の歴史家がクリミアをロシア正教会の始まりで
ある特別な場所とみなしたことが大きく関係す

る。他方、ほとんどのクリミア・タタール人は、正教には改宗せず、クリミア・ハン国時代からの生活様式とイスラム教信仰を維持していた。

19世紀後半は、クリミアにおけるロシア帝国の影響が最も大きくなった時期である。ペテルブルク（現サンクトペテルブルク）やモスクワからウクライナを通過してシンフェローポリまでの鉄道網が完成し、セヴァストーポリとヤルタの間に道路が作られ、ヤルタは貴族や上流階級の人々の間で人気のリゾート地となる。ツァーリ自らも、夏場に保養するための宮殿をヤルタに建設する。1912年には、「ツバメの巣」と呼ばれ、崖の上に立つネオ・ゴシック様式の小型のお城も、この時代を代表する建築である。

この頃、ロシア作家のアレクサンドル・プーシキンや、ポーランド作家のアダム・ミツキェヴィチも、頻繁にクリミアを訪れている。プーシキンの有名な詩「バフチサライの泉」は、クリミア・ハン国のハンの宮殿の様子を想像して書いた作品である。その他、ロシア人作家のレフ・トルストイ、アントン・チェーホフ、マクシム・ゴーリキー、ウクライナ人詩人のレーシャ・ウクラインカ等様々な作家がクリミアを訪れた。

19世紀を通じて、欧州の多くの国家を持たない民族の間で、民族の覚醒と呼ばれる、文化、教育、社会・経済的地位の向上をもって、居住国において政治的権利獲得を求める動きが盛んになる。クリミア・タタール人の知識人の間でも同様に、この動きは広まる。教育改革や民族団結、女性の権利向上を主張した貴族出身のイスマイル・ガスプラル（İsmail Gaspıralı）にはじまり、20世紀に入ると、イスタンブルを拠点に民族主義運動を展開していたノマン・チェレビジハン（Noman Çelebicihan）やジャフェル・セイダメト（Cafer Seydamet）等は、第一次世界大戦が始まる前後から着実にクリミアへ戻り続け、農村や徴兵された軍の中で啓蒙活動を続けた。

混乱期（1917～1921年）、クリミア人民共和国の試み

1917年2月、ロシア帝国が崩壊し、臨時政

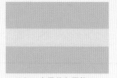
クリミア人民共和国旗

府はロシアの統一の維持を宣言する。同時に、各地では労働者、兵士、農民による「ソヴィエト（評議会）」が誕生し、急進的な社会の変革と戦争の終結を求めていく。加えて、各地で、民族集団により、民族自治の確立及び独立が宣言される。ウクライナ同様、クリミアでも、クリミア・タタール人を中心とした国家の建国が宣言される。

11月7日、レーニンが臨時政府打倒を宣言し、ソヴィエト政権の確立を宣言する頃、クリミアでは、民族大会「クルルタイ（Qurultayı）」が招集される。その後、11月26日、このクルルタイがバフチサライのハンの宮殿で開催され、シンフェローポリを中心とし、民族運動を進めていた民族党（Milli Firka）党首ノマン・チェレビジハンを首班とし、ジャフェル・セイダメトを外相兼軍務相とするクリミア・タタール政府閣僚を選出する。1917年末には、憲法が採択され、クリミア人民共和国（Qırım Halq Cumhuriyeti）の独立が宣言される。なお、クリミア人民共和国憲法は、当時まだ珍しい女性参政権を定めていた。このクリミア新政権は、成立直後にウクライナの中央ラーダ政権を承認しており、当初からウクライナとの連携の姿勢を示していた。

同時に、この時期、シンフェローポリには、臨時政府の議会も存在し、また、セヴァストーポリにはソヴィエトが大きな影響力を持っていた。クリミア政府は、力をつけるボリシェヴィキと協力するか否かで見解が別れたが、チェレビジハンは、協力を支持した。しかし、1918年1月、チェレビジハンの期待は裏切られ、ボリシェヴィキと黒海艦隊により、クリミア人民共和国は解体させられる。1918年2、3月、ボリシェヴィキは、数千のクリミア・タタール人民族主義者、ムスリムとキリスト教の聖職者、地主、ブルジョアとみなされたロシア人・ウクライナ人を殺害する。この際、クリミア・タタール人の指導者として、ボリシェヴィキと

1917 年 11 月 26 日の第一回クルルタイ会合

の和解を模索していたノマン・チェレビジハン
も殺される。クリミア・タタール民族歌となる
「我は誓った（Ant etkenmen）」の歌詞も作っ
た、この愛国者チェレビジハンは、この死をもっ
て、クリミア・タタール民族の悲劇の英雄とし
て記憶されることになる。

　以降のクリミアの情勢は、極めて複雑であ
る。1918 年 3 月にはソヴィエト政権ができる
が、5 月にはウクライナがドイツとともにクリ
ミアを占領。6 月には、ドイツの擁立するマ
ツェイ・スリケヴィチ政権ができるが、11 月
にはドイツが撤退し、反ボリシェヴィキのカラ
イム人（カライ派ユダヤ教徒）ソロモン・ク
リムの政権が樹立する。1919 年には、ソヴィ
エト連邦構成国とな
るクリミア・ソヴィ
エト社会主義共和国
ができるが、1920 年
には白軍政府が樹立
される。同年、白軍
が最終的に敗北し、
イスタンブルへと避
難。1921 年 10 月、
改めて、クリミア自
治ソヴィエト社会主
義共和国（Крымская

ノマン・チェレビジハン

Автономная Социалистическая Советская
Республика）がソ連構成国として成立する。

戦間期・第二次世界大戦

　1921 〜 1923 年、大飢餓により、クリミア
では住民の約 10 〜 11 万が死亡した。1926 年
の国勢調査では、クリミアの人口は約 71 万
4000 人であり、構成は、ロシア人：42.2%、
クリミア・タタール人：25.1%、ウクライナ
人：10.8%、ドイツ人：6.1%、ユダヤ人 5.6%
等となっていた。1920 年代、クリミア・タター
ル語の整備が行われ、クリミア・タタール語に
よる学校教育等も始まり、大学ではクリミア・
タタールの文化遺産を記録し始める等、クリミ
ア・タタール人にとっては肯定的な動きも見ら
れた。しかし、スターリンが権力を掌握すると、
この肯定的な動きは萎んでいく。1928 年、ソ

ヴィエト政権は、クリミア・タタール語のラテン文字化を強制したかと思うと、1938年には、次はキリル文字化を強制し、混乱を招いた。

ノマン・チェレビジハンという指導者を失ったクリミア・タタール人の政治運動であったが、しかし、亡命した残りの政治家達は、この時期、ソヴィエトにより併合された他の民族共和国の政治家との連携を模索している。ロシア革命を機に黒海周辺に生まれた複数の民族共和国がボリシェヴィキに制圧された後も、これらの小民族は反ボリシェヴィキで連帯を模索していた。1920〜30年代にかけて、ユゼフ・ピウスツキのようなポーランド愛国主義者らが加わった「プロメテウス運動」として知られるこの活動は、ソヴィエトにより自らの共和国を失った黒海地域の民族達、具体的には、ウクライナ、アゼルバイジャン、ジョージア、ヴォルガ・タタール等の政治家・指導者を巻き込んだ運動であった。クリミア・タタール人からは、ノマン・チェレビジハンと共に活動していたジャフェル・セイダメト元クリミア人民共和国外相兼軍務相が民族を代表して参加した。1926年11月、パリで『プロメテウス』誌を発刊し、以降、ソヴィエトに従属されている全ての民族の解放を目指して、ウクライナやクリミア、コーカサスの民族国家のソヴィエトによる併合の不当性を告発するロビー活動を各国で行った。この運動は、すぐには民族共和国の再興には繋がらなかったものの、モスクワを中心とするソヴィエト政権に対抗する形で黒海の小民族が連帯した例としては、歴史上初めてのものであったし、この亡命者の運動がその後ソ連解体と民族国家の独立を実現させる遠因となったとも言える。しかしながら、クリミア・タタール人に関しては、彼らの独立国家再興を目指した動きは、1944年の民族追放の悲劇に結びついてしまう。

1939年9月1日、アドルフ・ヒトラー率いるナチス・ドイツが、ポーランドに侵攻。9月17日、ドイツに続きソ連もポーランドを西から侵攻し、第二次世界大戦が始まる。1941年になって、ドイツが不可侵条約を破りソ連に侵攻し始め、クリミアにも大きな影響が及ぶよう

になる。同年9月、ドイツは、クリミアへも進出し、1か月以内に半島のほとんどを占領する。セヴァストーポリのみ攻めあぐねたが、約8か月後にはこれも陥落する。ドイツは、クリミア在住の多くのユダヤ人を殺害する。

スターリン治世で、強制農業集団化、粛清、文化破壊等の苦しみを感じていたクリミア・タタール人の一部に、ナチス・ドイツによるクリミア治世をソヴィエト支配からの解放者として期待し、ナチスと協力する者もわずかながら存在した。彼らにとっては、ナチスとの協力は自らの国家再興を目指すプロメテウス運動の一環であったのかもしれないが、しかし、実際には彼らがナチスから実際に得られたものはほとんどなく、クリミア・タタール人がドイツ治世下のクリミアで重宝されるということもなかった。同時に、その他多くのクリミア・タタール人は、ソヴィエトのへの忠誠心を維持し、約2万のクリミア・タタール人がソヴィエト兵として戦っていた。

ソ連によるクリミア・タタール人追放

1944年5月12日、ソヴィエト軍がクリミアを奪還する。スターリンは、わずかな協力者の存在を根拠に、クリミア・タタール民族全体をナチスとの協力者とみなし、シベリアや中央アジアを彼らの「祖国」と一方的に決めつけ、民族全体をクリミア半島から追放しこれらの地へ強制送還することを決める。ナチス・ドイツをクリミアから排除の直後である5月18日、ソヴィエト内務人民委員部（NKVD）が、クリミア・タタール人全員、約18万3200人を、「大祖国戦争中の祖国への反逆」「ドイツ占領政権との積極的な協力」と断罪し、クリミアから追放した。クリミア・タタール人は、有蓋貨物車に無理矢理押し込まれ、ほとんど飲み食いできないままで移送され、結果、移動時に数百人、また追放先へ到着した後も、数か月以内に数万人が死亡した。追放者の大半は、ウズベキスタンへ送られた。

クリミアでは、その後、クリミア・タタール人の居住していた町や村がロシア語名に変えられ、宗教施設等が壊されていった。また、同時

期、その他の非スラヴ系民族もクリミアから追
放されており、その結果、1959年の国勢調査
では、約120万クリミア住民のうち、ロシア
人が71%、ウクライナ人22%と極端に東スラ
ヴ人の割合が多くなっていた。

　1945年2月、第二次世界大戦終了間際、米
英ソの首脳は、クリミアのヤルタに集まり戦後
世界の秩序につき話し合う。

戦後

　1945年6月、クリミア自治ソヴィエト社
会主義共和国が廃され、ロシア・ソヴィエ
ト社会主義共和国内の一州としてクリミア州
（Крымская область）が設置される。ソヴィ
エトは、イデオロギー上の観点にもとづき、歴
史の教科書から、クリミア・タタール人とクリ
ミア・ハン国の記述を削除し、代わりにギリ
シャ・ビザンツ文明とキーウ・ルーシやエカチェ
リーナ2世のクリミア併合の関係性を重要な
こととして強調した。ソヴィエトの歴史家は、
クリミアに関して、スラヴ、ロシアに関係する
ものは善とし、ロシアの敵であるオスマン帝国
やクリミア・タタールに関連するものは悪と位
置づけていった。

　ソヴィエトは、1654年のコサックとモスク
ワが結んだペレヤスラフ協定を、「ウクライナ
とロシアの再統合」と表現し、その300周年
記念である1954年を盛大に祝った。その祝賀
の一環で、ウクライナとの関わりが深い、当時
共産党第一書記であったニキータ・フルシチョ
フは、クリミアの帰属をロシア・ソヴィエト連
邦社会主義共和国から、ウクライナ・ソヴィエ
ト社会主義共和国に移管した。この移管に関し
ては、ソ連、ロシア、ウクライナにおける国内
法上の手続きが取られており、憲法の書き換え
が行われ、各憲法間の齟齬がないことも確認さ
れており、クリミアの移管は合法的に実現され
たと言える。この移管は、1783年から続いた
ロシアのクリミア治世が171年で唐突に幕を
下ろすことを意味したが、しかし、中央集権型
体制であるソ連の中における構成国間の領土の
移管は、実際には大きな意味を持たなかった。
一方、ウクライナ・ソヴィエトの政治家は、こ

ソヴィエト連邦最高会議週刊官報『ヴェドモスチ』のク
リミア移管に関する1954年3月9日号

の移管実現を重要視し、以降、クリミア開発計
画を積極的に実行していく。

　ウクライナへの移管後のクリミアは、インフ
ラ整備が進み、温暖な気候のおかげもあり、保
養地・療養地として発展していく。クリミア
は、一般市民や政治エリートの間でリゾートと
して好まれ、ソヴィエト連邦の中で特別な場所
となっていく。

　中央アジア、主にウズベキスタンへ追放され
たクリミア・タタール人は、概して劣悪な生活
環境に置かれていた。クリミア・タタール人活
動家は、民族の権利回復とクリミアへの帰還を
求めて活動を行っていく。ソ連最高会議に対し
て請願を送付したり、広場で集会を開いたりす
るが、ソヴィエト政権はこれら活動家を逮捕す
る等、否定的に対応した。しかし、帰還を求め
る動きは止まらず、各地でソ連の歴史が記さな
い1944年の民族追放の歴史が伝えられる中、
活動の支持は着実に増えていった。1989年11
月、ソヴィエト最高会議は、クリミア・タター
ル人のクリミアへの帰還を認める決定を採択
する。これにより1991年6月までに約13万
5000人のクリミア・タタール人がクリミアへ
帰還した。

　クリミアへの帰還を続けるクリミア・タター
ル人は、シンフェローポリにおいて民族大会
「クルルタイ」（議会）を開催し、民族主権宣
言を採択し、主権を有すクリミア・タタール国

家を再建する意図を確認、また、民族代表機関（執行機関）としての「メジュリス（Meclis、Меджліс）」の設立を発表した。

ソ連崩壊と独立ウクライナ領の中のクリミア

　1991年8月19日、ゴルバチョフ・ソ連大統領とソ連構成国首長が新連邦条約に署名する前日、モスクワでクーデターが発生、保養のためクリミアを訪れていたゴルバチョフが軟禁される。クーデターの失敗直後、8月24日には、ウクライナ最高会議は、ウクライナの独立を宣言し、12月1日の国民投票の実施を発表する。クリミア議会は、これを受け、1991年9月に「クリミア国家主権宣言」を採択。議会は、クリミアのウクライナ内の残留を認めたが、同時に、1954年のロシアからウクライナへのクリミア移管に疑義を呈した。

　1990年代初頭、クリミアには、異なる見解を有する3つの勢力、すなわち、クリミア議会、ウクライナの中央政権、そして、クリミア・タタールのクルルタイとメジュリスが存在していた。クリミア議会の旧共産党系の政治家は、クリミアが主権国家として存在することを支持していた。ウクライナは、クリミアが自治権を持ちつつウクライナ領内に残ることを支持。メジュリスは、クリミアは先住民族であるクリミア・タタール人、クリムチャク人、カライム人が特別な権利を持つ政治体制となるべきだと主張した。

　このような中で、1991年12月1日の全ウクライナ国民投票が実施され、クリミア住民の54％がウクライナの独立を支持した。独立支持者が過半数を超えたことは事実であったが、同時に、この割合はウクライナの他の州と比べ、最も支持が低く、クリミアにおける市民の考えが一様ではなかったことが窺えるものであった。

　1992年、クリミア議会はウクライナ内の国家として、クリミア共和国憲法を採択。1994年、ユーリー・メシュコフを共和国大統領に選出する。メシュコフ大統領は、クリミアとロシアの歴史的繋がりを強調し、ロシアとの更なる接近を訴えた。一方で、クリミア・タタール人

指導者達にとっては、このような親露的主張は、民族の経験した歴史から受け入れられるものではなく、結果、彼らはウクライナ民族主義系の政党と協力を進めていくようになる。

　1995年、レオニード・クチマ大統領は、クリミア憲法の無効化を決定し、クリミア大統領職を廃した。1996年に成立したウクライナ憲法は、基本的には中央集権型の政治体制を定めていたが、クリミアだけは例外で、クリミア自治共和国の規定が加えられ、クリミアは、ウクライナ領であるが、同時に広範な権利が認められることになった。

　1997年、長らく続いたセヴァストーポリの黒海艦隊の帰属の議論は、艦隊を分割し、ロシアが81.7％、ウクライナが18.3％受け取り、またウクライナがロシアに対し基地を20年間リースすることで決着がついた。

　クリミア・タタール人のクリミアへの帰還はその後も続き、2001年までには24万人を超えていた。2001年の国勢調査によると、クリミア人口の民族比は、58.5％がロシア人、24.4％がウクライナ人、12.1％がクリミア・タタール人となっている。帰還後のクリミア・タタール人は、住居不足、自治体からの支援欠如等、多くの困難が続いた。一方、欧州、NGO、国連機関等から追放先からクリミアへの帰還支援が行われるようになった。緒方貞子元国連難民高等弁務官も、当時このクリミア・タタール人のクリミア帰還を支援しており、1998年にはジェミレフ・メジュリス代表（当時）に「ナンセン難民賞」を贈っている。

ナンセン難民賞受賞時の緒方とジェミレフ（©デーニ紙）

ハンの宮殿（バフチサライ）

ジェノヴァ要塞（スダク）

ケビル＝ジャミ・モスク（シンフェローポリ）

クリミア　黒海に浮かぶ歴史の十字路

アク゠メチェチ地区（シンフェローポリ）

スダク

クリミア料理　ラグマン

独立記念日式典の様子

政治　権力者を嫌う、コサック由来の参加型・合議制との親和性

1991年8月24日、ウクライナの最高会議（国会）が「ウクライナ独立宣言」を採択する。同年12月1日にはウクライナの有権者による国民投票が行われ「ウクライナ独立宣言を確定させるか」との問いに対し、90%以上の国民が支持をした（なお、その際、現在問題となっているクリミアでは賛成54.19%、ドネツィク州は83.90%、ルハンシク州は83.86%と、いずれでも過半数の支持を得ている）。こうして、ウクライナは、長年の悲願であった独立を達成する。

同年12月8日、ウクライナ、ロシア、ベラルーシの首脳が集まり、ソ連はもはや存在しないと宣言し、独立国家共同体（CIS）の設立に関する協定（ベロヴェーシ合意）に署名。12月25日、ゴルバチョフ初代ソ連大統領が辞任を表明、ソ連が崩壊した。日本は、1991年12月28日にウクライナの国家承認を行い、翌1992年1月26日に外交関係を開設している。

現在、ウクライナにおいて8月24日は、独立記念日として、ウクライナの人々にとって重要な祝日となっている。

ウクライナ内政

1991年に独立したウクライナは、1996年に憲法を採択。2020年現在、ウクライナは、国家元首としての大統領と立法府の最高会議と行政府の閣僚会議を有す共和制国家である。

大統領（Президент України）

ウクライナ憲法は、大統領を国家元首と定めている。大統領は、直接選挙で選出され、任期は5年、2期までの再選が可能。

最高会議（国会）(Верховна Рада України)

ウクライナの立法府は、この最高会議（国会）であり、議席数は定数450、任期は5年。

閣僚会議（内閣）(Кабінет Міністрів України)

行政に大きな責任を負うのは、閣僚会議（内

閣）である。首相候補は、まず最高会議の与党連合が大統領に首相候補を提案し、それを受けて大統領が最高会議に同候補を提出、それを受けて最高会議が選出する。大統領が自由に首相候補を提案できるわけではない。首相選出の後に、首相は、外相と国防相を除く各閣僚候補を最高会議に提案し、最高会議がこれを承認する。外相と国防相のみ、大統領が直接最高会議に提案する。

ウクライナ内政の特徴

ウクライナの政治状況の特徴の一つとして、非常に活発な市民社会の政治参画が指摘できる。ウクライナは、他の旧ソ連諸国と比べて、国民の政治家に対する信頼が極めて低く、同時に、積極的に政治に関わろうとする活発な市民社会が存在する。

ウクライナでは、大統領を含めて、政治家が高い支持率を維持することは極めて稀であり、ウクライナ政治における目立った特徴となっている。ウクライナでは、ロシアや中央アジアの国々と異なり、自由を制限し得る強い権力を持つリーダーに対する不信感が強く、公の場での政治家への批判が積極的に行われる。また、この特徴をもってウクライナが旧ソ連諸国の中では比較的民主主義が成長しているとする見方もある。イギリスのエコノミスト誌傘下の研究所が発表する世界の国々の民主主義の程度を調べた「民主主義インデックス」（2018年）では、ウクライナの民主主義指数は、バルト諸国を除く旧ソ連の中ではモルドバに続き2番目に良い評価を得ている（ウクライナは最高10.00の内、5.69で。なお、モルドバ：5.85、ジョージア：5.50、ロシア：2.94、ベラルーシ：3.13、カザフスタン：2.94、アゼルバイジャン：2.65。他の隣国では、ポーランド（6.67）やルーマニア（6.38）がウクライナより高い評価で、トルコ（4.37）が低い。日本は、7.99）。特に、ウクライナは、「政治参加」や「政治文化」の評価が高いが、「政府の機能」が低いことが指摘されている。

ウクライナにおける「権力者への不信」の理由として考えられるものの一つとして、ウクラ

イナが、その歴史上、絶対的権力を有す皇帝や王のような存在を有した歴史が短く、代わりに、コサックが合議制で国・社会を運営していた経験に由来しているとの指摘がある。ウクライナでは、歴史上、世襲で民の頂点に立つような人物は馴染みがなく、頭領はコサックの総意で選ばれていたし、ロシアのツァーリ（皇帝）のような人物は「多民族の支配者」であった。ウクライナの国民は、現在でも権力者に対する畏怖や忠誠心は高くなく、支配層による汚職や抑圧等の不正義に対しては極めて敏感で激しく批判する傾向がある。そして、不正義に対する市民の怒りは、しばしば大きな抗議運動を引き起こす。ウクライナでは、全国各地で日常的に抗議集会が開かれており、過去のオレンジ革命やマイダン革命も、権力の不正義に対する市民の強い拒否反応という文脈で考えるとわかりやすい（なお、この背景を悪用して、政治家が自身の立場を有利にするために金銭を払って「抗議者」を雇い、「集会」を作り出す場合もある）。

現在、ウクライナの市民社会は他の旧ソ連諸国と比べて活発であり、抗議運動に限らず、各分野の専門家が法律の立案や改革実現に積極的に参画している。一方で、古い体質の政治家や官僚はウクライナにも多くおり、改革の抵抗勢力となっている。この活発な市民社会勢力と既得権益を守ろうとする古い層の対立が、ウクライナ国内政治における近年の一つの目立った構図である。

マイダン革命（2013 ～ 2014）

2013年11月にヤヌコーヴィチ大統領政権が、それまで進めていたEUとの連合協定への署名を行わず、交渉を停止すると発表したことにより、欧州統合の進展を期待していた者やそれまでの政権の汚職に不満を抱いていた市民が抗議集会を開始。治安機関が無防備の大学生に暴力を用いる等、政権の不正義が相次いだことにより、抗議はウクライナ全土に広がり、抗議者と治安部隊の衝突で死傷者が発生するたびに、各地の集会の規模が拡大していった。2014年2月18日から20日にかけて、市民側と政権側で合計100名以上の死者が発生する

マイダン革命時の様子

マイダン時の独立広場

炊き出しの様子

食事を配る女性

マイダンの日中の様子

最も多くの人が死亡した衝突の翌日。多くの人が献花をしていた

大きな衝突が発生。ヤヌコーヴィチ（当時）大統領はついに政権を放棄し、ロシアへ逃亡した。これを受け、最高会議において、当時の与野党議員が協力して大統領代行と新内閣を成立させた。この一連の出来事は「（ユーロ）マイダン」、あるいはウクライナ国内では特に「尊厳革命（Революція Гідності）」と呼ばれる。

なお、ウクライナ国外においてしばしばこの出来事を「極右勢力による武力クーデターによる政権転覆」と表現することがあったが、いくつかの点で適切な表現ではない。まず、武力により政府機関が転覆されたわけではなく、大統領が逃亡した後も立法府である最高会議が正常に機能し続け、与野党議員の参加する投票による信任を得て、合法的に新内閣が承認されたからである。当時の与党が野党とともに政権交代に同意したことで、新政権の合法性と正統性が保たれている。また、ナショナリズム傾向の強い勢力が抗議運動時に現れたのも事実であるが、彼らの抗議運動における数及び影響力は限定的であり、大きな影響力を持っていたのは、地方からも多く集まった最大10万人の参加者の大多数である大学生や年金生活者を含む一般市民であった。各地の大学が学生の要求を受けて集会参加のために大学を臨時休校にしたり、FacebookやTwitter等のソーシャルメディアを利用し市民が集会参加に関する情報交換を行ったり等、当時抗議運動がウクライナ全土に広まっていたし、集会には、ロシア系住民、ロシア語話者、アルメニア系、アフガン系、クリミア・タタール系等様々な人々が加わっていた。ロシアの政権や報道機関は、これら圧倒的多数の抗議参加者を十把一絡げに「極右勢力」であるかのように喧伝していたが、参加者が多種多様であったことは明白であった。この抗議を根も葉もない陰謀論で説明することは、現実的ではない。

ウクライナ外政

1990年7月16日、ウクライナ・ソヴィエト社会主義共和国の最高会議は、「ウクライナの国家主権に関する宣言」を採択する。この宣言には、ウクライナの外交概念が記されているが、中でも重要なのは、ウクライナ・ソヴィエト社会主義共和国がヨーロッパの諸機関へ直接参加する意思を有することが明記されている点である。これは、独立を宣言する前のウクライナによるその後の欧州統合へ向けた意思表示であり、同時に、ソ連末期におけるウクライナの政治エリート達に既にウクライナの独自外交を進める意思が存在したことを証明する出来事でもある。

1991年に独立を果たしたウクライナでは、1993年7月2日に、最高会議で「ウクライナ外交の基本路線に関する決議」が採択された。この決議では、欧州機構への参加推進が改めて示されるとともに、旧ソ連諸国からなる独立国家共同体（CIS）への参加に関しては「超国家的な形態となった場合のCISへの参加に対しては、ウクライナが参加することは控える」と記述された。同決議は、2010年のヤヌコーヴィチ政権時に失効したが、独立ウクライナの外交の歴史を考える際の基本となる重要な文書であった。

2010〜2014年のヤヌコーヴィチ政権は、一般にマスメディアにより親露と形容されることが多かったが、同政権がEU・ウクライナ連合協定の署名前のプロセスを進めていたことは忘れられがちであり、2012年3月に連合協定の仮調印を実現したのは、同政権下の出来事であった。同政権は、ロシアとの関係深化を進める一方で、ロシア率いる関税同盟へのウクライナの加盟は拒否し続けていたのであり、またEUとの連合協定への署名に向けた準備を含め、欧州統合路線の看板を下ろすことも一度もなかった。2014年、マイダンの結果誕生した新政権が発足後、比較的早期に連合協定に署名することができたのは、皮肉にも、それまでの前政権による準備があったからであった。

ウクライナでは、その都度政治的状況に左右されて速度と内容の変化はあるものの、欧州統合路線が外政の主軸であることは一貫している。対露外交を含め、その他のウクライナ外交政策は、常にこの欧州統合路線を害さないことを前提とした上で、近隣諸国との関係発展や地域機関への参加が行われているのである。

現在、ウクライナは、EU及びNATOへの加盟願望を表明している。EUは、ウクライナを加盟候補国とは定めていないが、ウクライナが将来の加盟へ向けた願望を有しているということは認めている。NATOは、2008年のブカレスト・サミットの際にウクライナの将来の同機構加盟を決定している。しかし、現時点では、ウクライナのEU加盟もNATO加盟も時期尚早というのが一般的な見方である。ウクライナは、EUとの関係では連合協定を履行していくこと、NATOとの関係ではウクライナ軍へのNATOスタンダードの導入を進めることが、欧州統合の文脈における課題となっている。

対EU関係

2014年、マイダン以降の新政権発足後、ロシアによるクリミア占領・ドンバス侵略が始まったことで、国民の対ロシア感情は急激に悪化し、反対に欧州統合路線の支持者が急増した。2014年6月までに自由貿易協定（FTA）を含むEU・ウクライナ連合協定が署名された。連合協定は、EU加盟とは直接の関係こそないが、ウクライナが経済的にEUと統合し、政治的にEUと連合を組むことを意味する協定であり、この協定の締結がウクライナの欧州統合における大きな前進であることは間違いない。またEUとの自由貿易圏による利益を享受することができるとともに、今後の国内改革の方向性も定められるという意義がある。連合協定締結は、EUとの関係で言えば、ウクライナが欧州の中の他のEU非加盟国と同様の地位を得たことを意味する。

現在、ウクライナにとっては、将来のEU加盟の願望を表明しながら、同時にこの連合協定が義務付ける国内改革を実現し、旧ソ連の負の遺産である非効率なシステムから脱却することが重要課題となっている。EUは、ウクライナに対して、専門的な助言を行い、財政・人的支援、汚職撲滅分野の協力、市民社会の発展支援等、ウクライナが欧州基準に沿った国家へ脱皮するための努力を様々な形で支援している。

対G7関係

アメリカ、カナダ、日本、イギリス、ドイツ、フランス、イタリアの7つの国とEUからなるG7は、2014年以降のウクライナにとって、特別な意味を持つ。G7各国は、毎年、首脳会談や外相会談等を開催するが、その際ウクライナ情勢が議論され、今後の対応についてG7の大方針について合意する。これは、2014年にロシアがウクライナ領のクリミアを武力占領した際、G8からロシアを除外したこととも関係する。G7は、連帯してロシアに対露制裁を科し続けており、同時にウクライナが自立した国になるための国内改革への支援を続けている。

対ロシア関係

2014年までのウクライナ・ロシア関係は、度々深刻な問題が起きていたが、それでも全体的には良好であったと言え、また国民間の関係も概して友好的なものであった。しかし、2014年にロシアがクリミアを武力で占領し、ドンバス地方への侵略を開始、ロシアの支援を受けた違法武装勢力による地方行政機関の占拠、ロシア領からウクライナ領への越境砲撃や、ロシア軍兵器による民間航空機（MH17）の撃墜等が続いたことで、両国関係は政治レベル、市民レベルともに急激に悪化した。ウクライナは、ロシアを占領国・侵略国と定め、二国間関係は必要最低限のレベルに下げ、また外交努力によるクリミア・ドンバスの返還に向けた努力を続けるとともに、複数の国際裁判所でロシアに対する提訴を行っている。調査機関レイティング社が2018年5月に発表した世論調査結果によれば、ロシアを肯定的に見るウクライナ国民は22%、否定的は48%であり、これは、2013年時点の肯定的50%強、否定的10%強と比べると、国民の対露感情が急速に悪化したことがわかる。2019年12月のレイティング社世論調査では、回答者の70%がロシアを侵略国とみなしていることがわかっている。

経済　　一人辺り GDP 地域最低水準だがとうとう成長の兆し

ソ連において、ウクライナは、鉄鋼、造船、航空宇宙といった軍需産業と穀物生産という、ソ連の中でも特に重要な産業を担っていた。ウクライナ製としては、世界最大の輸送飛行機ムリーヤを製造したアントノウ（アントノフ）社があるし、南部のミコライウ州では戦艦や航空母艦が作られていた。農業では、青空の下地平線まで続く黄色いひまわり畑がよくイメージされるが、このひまわりから良質な油が取られており、ウクライナの主要輸出品となっている。

このように、独立以降、ウクライナは、多くの有力産業を有することから、ソ連の中でも最も経済的潜在力を持ち、大きな発展の可能性があると指摘されてきた。しかし、実際には、過去25年以上、ウクライナ経済はその他の旧ソ連構成国と比べても、著しい発展は実現できず、現在統計上は欧州の中で一人当たり購買力平価 GDP の最も低い国の一つとなっている。隣国ポーランドとウクライナは、1990年時点の一人当たり購買力平価 GDP はほぼ同じだったが、現在ではポーランドの方が約3.5倍多く、差がついてしまっている。

ウクライナ経済の低迷の原因を考えてみたい。独立後のウクライナは、ポーランドやロシアと異なり、長らく実質的な中央政府というものが存在しなかったため、国家制度をほとんど一から作らなければならなかった。同時に、ウクライナの政治家・官僚には、これまで独立国家を運営する経験がなかったため、例えば、自国通貨「フリヴニャ」を作り出すためにも相当な時間と努力を要した。経営経験の全くない人達が集まり、一から会社を立ち上げる状況と比較してもいいだろう。

そして、経済が安定して発展するために必要な諸改革、例えば、非効率かつ数の多すぎる国営企業の民営化、市場経済の制度整備、税制改革、年金改革、エネルギー効率性向上、徹底的な汚職対策等の重要な改革は、残念ながら独立以降長らく実施されなかった（その多くは、現在まで完了していない）。改革が遅延したのは、国家的規模で発展戦略を考えられる政治家が育っておらず、多くが自らの利益や目の前の問題に注力し、例えば、歴史論争や言語問題といった、経済発展に直接結びつかない議論に時間を割き過ぎたことも原因の一つであろう。

必要な法整備が行われない結果、本来市場にあるべき公正な競争原理が機能せず、その間に一部の富豪（オリガルヒ）が法の穴をくぐる形で基幹産業を牛耳り、利益の出る汚職スキームを作り上げ、結果、他企業や外国資本の新規参入に対する大きな障害が生まれてしまった。

さらに2014年、ロシアによる占領・侵略の結果、ウクライナは国土の約13%を占領され、経済状況が急激に悪化、GDP 成長率がマイナスに転じた。以降、ウクライナ政府は、IMF、世銀、国際機関や欧米諸国から多くの支援を受けており、同時に、財政健全化や汚職対策等、諸改革の成果が求められている。

ウクライナは、このように潜在力こそ指摘され続けたが、実際には経済面では自国民や国際社会の期待を、長年裏切り続けてきた国だと言わねばならない。他方で、独立後四半世紀が経過した現在、新しい傾向、発展の兆しが見えてきているのも事実である。

まず、若く、欧米のシステムを知る世代が育ってきていること。これまでの政治家や官僚は、ソ連時代の教育を受けてきた者ばかりで、国家的視野を持つ者が少なかったが、25年以上という年月が経ち、古い世代とは全く異なるメンタリティーを持つウクライナ人が社会・国家機関の中にようやく現れ始めている。例えば、最高会議（国会）や閣僚会議（内閣）、各省庁には、20～40代で要職に就き、活躍している専門性を持つウクライナ人が増えてきている。とりわけ、30代以下なら、ソ連のシステムをほとんど経験しておらず、EU の奨学プログラム等を利用して欧州の大学で学習した者が少なくない。

加えて、2014年に EU との間で連合協定が締結されたことも重要である。ウクライナ・

EU 連合協定に含まれる「深化した包括的自由貿易協定（DCFTA）」は、ウクライナの EU 経済との統合を定めるものであり、文書の中にはその統合に必要な改革の具体的項目が列挙してある。これは、ウクライナが EU との間で、経済を発展させるための諸改革を実現することを約束したことを意味し、同時に EU もウクライナに対して国内改革の義務履行を要求できる状況にあると言える。

GDP 成長率

GDP 成長率は、2014 年の対露紛争以降急激に落ち込んだものの、以降徐々に好転しつつある。世界銀行によれば、2019 年第 3 四半期は、4.2% となり、2019 年上半期の 3.6% と比べて伸びており、今後の成長が注目されている。

平均賃金

2019 年 8 月時点、ウクライナ財務省が発表したウクライナ全国の平均賃金は、10,537 フリヴニャ。これは、日本円にすると約 4 万 5,000 円である。2018 年時点の隣国ポーランドの平均賃金が約 13 万 5,000 円、ロシアが約 6 万 8,000 円、ベラルーシが約 5 万円、と隣国と比べてもウクライナの賃金は低い（※ 2019 年 8 月時点の首都キーウの平均賃金は、15,650 フリヴニャ）。

貿易関係

貿易総額（2018 年：国家統計局出典）
輸出　473.3 億ドル
輸入　571.8 億ドル

主要貿易品目（2018 年：国家統計局出典）
輸出　鉄・鉄鋼（21.0%）、穀物（15.3%）、油脂（9.5%）
輸入　鉱物性燃料（23.4%）、機械（11.3%）、電子機器（9.6%）

主要貿易相手国（2018 年：国家統計局出典）
輸出　ロシア（7.7%）、ポーランド（6.9%）、イタリア（5.6%）、トルコ（5.0%）、ドイツ（4.7%）、中国（4.6%）、インド（4.6%）、ハンガリー（3.5%）、オランダ（3.4%）、エジプト（3.3%）
輸入　ロシア（14.1%）、中国（13.3%）、ドイツ（10.4%）、ベラルーシ（6.6%）、ポーランド（6.3%）、アメリカ（5.2%）、イタリア（3.6%）、トルコ（3.0%）、スイス（2.9%）、フランス（2.6%）

※ 地域別貿易相手（2018 年：国家統計局出典）
輸出　EU（42.6%）、アジア（29.1%）、CIS（14.8%）、アフリカ（8.7%）、アメリカ（3.4%）
輸入　EU（40.6%）、アジア（23.8%）、CIS（23.1%）、アメリカ（7.2%）、アフリカ（1.3%）

※ 参考：2013 年地域別貿易相手
輸出　CIS（34.9%）、EU（26.5%）、アジア（26.6%）
輸入　CIS（36.3%）、EU（35.1%）、アジア（19.8%）

2018 年は、国別に見れば、ロシアが最大の貿易相手国であるが、過去数年、外国貿易に占めるロシアの割合は縮小している。これは、2014 年の対露戦争勃発以降、ウクライナがロシアからのエネルギー供給を徐々に減らしたことが一つの要因である。同時に、2014 年の EU・ウクライナ連合協定の締結以降に DCFTA が発効したこともあり、対 EU 貿易額が確実に増えている。貿易相手の割合を国別ではなく、地域別に見た場合、対 EU 貿易割合の方が対 CIS より上回っていることがわかる。2013 年時点と比べると、対 CIS 貿易の割合減少は明白である。もう一点、顕著なのは、対アジア貿易の割合の大きさである。とりわけ、中国、トルコ、インドといった国は、近年ウクライナにとって重要な貿易相手国となっている。

アントノウ社　現存 1 機の世界最大の輸送機ムリーヤを製造

An-225 ムリーヤ
（©Vasiliy Koba）

An-178 （©Vasiliy Koba）

　世界最大の輸送機 An-225「ムリーヤ（Mpiя）」（ウクライナ語で「夢」の意）は、ウクライナの航空機メーカーである「国営アントノウ（アントノフ）社（ДП «Антонов»)）」が製造した飛行機である。現在でも、An-225 は同社の看板として世界を飛び回っているが、この輸送機は現在まで世界で一機しか存在していない。最大離陸重量 600 トン。2010 年には、日本の防衛省がハイチ大地震の復興支援で重機などを輸送するためにチャーターし、成田空港に飛来したことがある。

　ところで、2 機目の製造は、ウクライナの予算不足で長らく実現できていなかったが、2016 年、アントノウ社が中国の企業と合意に至り、An-225 の 2 機目を共同で製造するとの

情報がマスメディアに流れた。しかし、アントノウ社は、本件につき An-225 の所有権の譲渡が行われることはなく、中国との企業とは今後のあり得る計画についての意思確認が行われたのみと説明し、報道を否定している。実際、それ以降、現時点まで、An-225 の 2 機目製造開始に関する情報が一切聞かれないことを考えると、両者が何らかの原因で本件を進められなかった可能性も否定できない。

　その他、アントノウ社が現在積極的に宣伝しているのが開発中の中型輸送機 An-178 である。余談ながら、アントノウ社は、An-178 がこれまでのもの異なり、ロシア製の部品を一切排除して建造している（78％がウクライナ製部品）と強調している。

An-178 プロトタイプ
（©Oleg Belyakov）

IT 大国　PayPal や WhatsApp、3D-Coat の創始者を輩出

2019 年 10 月、安倍首相（当時）は、東京でのゼレンシキー大統領との会談時に「ウクライナに IT 調査団を派遣する予定だ」と伝えた。日本政府が、ウクライナの IT 市場に関心の目を向けていることの証左である。しかし、それはどうしてであろうか。実は、その背景には、ウクライナが最近「隠れた IT 大国」として知名度を高めていることがある。

PayPal と WhatsApp の創始者

ネット決済サービス PayPal と、インスタントメッセンジャーアプリの WhatsApp の創始者は、実はウクライナ出身者であることをご存知だろうか。

PayPal の共同創始者マックス・レヴチン（Max Levchyn、宇語：Максиміліан Левчин/マクシミリアン・レウチン）は、1975 年にソヴィエト時代のウクライナのキーウで生まれ、1991 年にアメリカ・イリノイ州シカゴへ移住。1998 年に仲間とともに PayPal を開発している。

WhatsApp の共同創始者、ジャン・クム（Jan Koum、宇語：Ян Кум/ヤン・クム）は、1976 年のキーウ近郊ファスチウ生まれのユダヤ系であり、1992 年にカリフォルニアに移住。2009 年に仲間のブライアン・アクトンとともに WhatsApp を開発した。

この二人のように、ソ連の産業の中心であったウクライナは、しばしば技術者の中に、際立って能力の高い人材を輩出する土地であった。しかし、ウクライナ独立以降、国内経済は混乱を

WhatsApp もウクライナ出身者が開発した

極め、能力のある者はすぐに国外に出て行ってしまった（頭脳流出）。その結果、どれだけウクライナから優れた人物が現れても、ウクライナという国自体に注目が集まることはほとんどなかった。

それが、近年になって、ようやくウクライナ国内のビジネス環境が改善したことで、状況が変わってきている。世銀のビジネス環境ランキング（Doing Business）では、ウクライナは2013 年度の 137 位から 2020 年度の 64 位まで順位を上げており、ネット環境も過去 10 年で急速に整備されたため、ウクライナ国内で起業し、国内の優位性を生かしつつ、IT 分野で世界を相手にビジネスをしようとする者が増えてきている。2019 年のウクライナの IT 業界全体の収益は約 50 億米ドルで、この額は毎年着実に伸びており、国内には、IT 関連サービスを提供する企業が 1600 社以上登録されており、約 18 万 5000 人がこの分野に従事している。

ウクライナがこの分野に持つ優位性は、豊富な人材の他に、市場の物価の安さ、つまり開発コストの低さが挙げられる。IT 市場で同じ質のプロダクトやサービスを作れば、自ずと価格競争が生じるのだが、ウクライナ産商品は同レベルの他国製品と比べて圧倒的にコストパフォーマンスが高い。例を挙げれば、3D-Coatという、ウクライナの Pilgway 社が開発しているスカルプト・ペイントソフトは、この価格

マックス・レヴチン

ジャン・クム

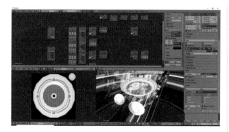
3D-Coat の使用画面

ウクライナ・エストニア政府の IT 協力覚書署名（president.gov.ua）

帯からは信じられない性能を有しており、同業他社を震撼させている。この 3D-Coat の成功の背景には、「アンドリー・シャパヒンという極めて能力の高い天才プログラマが、コストの低いウクライナで、ほぼ一人で開発しているから」という、他国では簡単に真似のできない理由がある。

同様に、ユーティリティソフト CleanMyMac X も最近評判を集めているウクライナの若者達が作った便利な MAC 用ユーティリティソフトだ。使ってみればわかるが、類似のソフトにはない圧倒的な快適さがある。他にも、Setapp、Gramarly、Gitlab といったソフトウェアの評判が高い。

ところで、日本では東欧の IT 大国としてはエストニアが有名だが、エストニアの場合は政府サービスの電子化が優れている点で有名になった面が大きい。ウクライナの場合は、エストニアとは異なり、政府の電子化は現在進行形であり、2019 年 11 月にウクライナ政府がエストニアやリトアニアの政府と IT 分野協力の文書に署名し、国のシステムのデジタル化をこれら 2 国に学び、急速に進めているところである。ウクライナの「IT 大国」らしさが際立つのは、むしろ前述の IT 市場であろう。次々と高性能ソフトをリーズナブルな価格で市場に送り出し続けるウクライナの天才プログラマ達には、注目をせずにはいられない。なお、このウクライナの優位性に注目し、キーウにオフィ

スを構え、日本人が CEO を務める IT コンサル企業（AGO-RA）も登場している。同社も、ウクライナの特徴として、人材の豊富さ、能力の高さ、開発コストの低さを挙げており、「ウクライナは東欧のシリコンバレーだ」とその魅力を主張している。

これらが、冒頭に書いた、日本政府がウクライナに IT 調査団を派遣することの背景にあるのだろう。2019 年 9 月にウクライナのホンチャルーク首相も、日本ウクライナ友好議連との会談時、「IT 産業はウクライナで最も進歩的な産業」と指摘しており、日本とウクライナのへの同分野の協力に期待を示していた。IT 大国ウクライナが「隠れ」られなくなる日は近そうである。

安倍首相（当時）とゼレンシキー大統領の会談（president.gov.ua）

模型　一向一揆の Red Box や木造模型の Ugears 等個性メーカー

©Master Box

©The Red Box

©Ugears

　ウクライナと模型を結び付けられる人は、それこそマニアであろう。しかし、そのマニアの間では、ウクライナ発のプラモデルは「一風変わっている」模型として注目を集めている。例えば、Master Box 社は、その独特なシチュエーションが売りだ。第二次世界大戦中のアメリカ軍とドイツ軍が美女の水浴びを覗くために一時休戦する状況、未成年らしき男女が武器を引きずるナチス・ドイツの市民軍の模型等、同社のプラモは他社にはない個性を放っている。

　他にも、ウクライナには、ICM や The Red Box といった、個性のあるプラモ会社が複数ある。The Red Box 社（ドニプロ）は、ウクライナ・コサックや日本の一向一揆のプラモも作っており、カタログを見ているだけでも飽きない。

　ウクライナのプラモデル企業には、日本のタミヤほどの精密さこそないが、彼らのウクライナらしい着眼点には何とも言えない味があり、それが人気の秘訣となっている。日本にもこれらウクライナのプラモデルを取り扱っているお店がある。

　また、ウクライナには、プラモ以外にも、精巧な木製模型を販売する会社もある。Ugears 社の木造模型は特に有名であり、からくりのような複雑な動きと見た目の美しさから国外からの注文も多いという。写真では伝えにくいが、機関車模型の走る姿は、息を飲む美しさであるし、宝石箱も蓋を開ける時の動作に目を見張る。是非サイトにアクセスして動画を見て欲しい。一つ 5000 円前後と安くはないが、ウクライナの精細な工芸文化を目と指先で感じることができる良いお土産かもしれない。Ugears の模型は、キーウでは大型玩具屋で、日本では東京ハンズ等で取り扱われている。

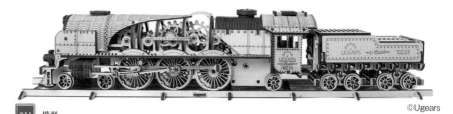

©Ugears

「ウクライナにおける日本年」に際してマリヤ・ルバン（Марія Рубан）が制作した日本とウクライナを比べる水彩画

日宇関係　　クリミア占領以降急接近、北方領土とサムライで親近感

2014 年以降接近する日本とウクライナ

　日本とウクライナの政府間の関係はここ数年で急速に発展してきている。そもそも、日本とウクライナの間には、領土問題や歴史問題のような深刻な対立が存在せず、日本がウクライナと関係を深めることにはもともと何の障害もなかった。日本政府は、ウクライナで新しい大統領が就任する度に日本へ招待し、ウクライナの発展のために様々な支援を少しずつ実現していた。東日本大震災以降は、チェルノブイリと福島という不幸な共通点を有する両国は、原発事故後の協力も進めていた。

　しかし、二国関係の発展が急激に加速したのは、いささか奇妙に聞こえるかもしれないが、間違いなく 2014 年以降である。2014 年、ロシアがウクライナに対する侵略を始めると、日本政府は、いち早くウクライナの領土一体性を支持するメッセージを出し、ウクライナに対する多額の支援を、そしてロシア連邦に対する制裁を発表した。

　日本の対ウクライナ支援は多岐にわたるが、特にクリミア占領やドンバス戦争の結果、自らの住居を離れざるを得なくなった国内避難民（IDP）への支援や、戦闘で破壊された建物の修復等が、目立っている。2014 年 3 月以降、日本政府は、総額 18.6 億ドルの支援を表明している（2018 年 2 月時点）。この支援総額は国別では最大規模のものであり、紛争により困難な状況にあるウクライナを日本政府が積極的に支援していることがわかる。

　ハイレベルの往来も以前より活発化した。2015 年には、安倍首相が日本の首相として初めてウクライナを訪問し、2016 年には、ポロシェンコ当時ウクライナ大統領が日本を訪問、2019 年にはゼレンシキー大統領が天皇陛下即位礼に合わせて訪日し、日宇首脳会談を実現している。

　2017 年、日本とウクライナは、外交関係樹立 25 周年を記念し、ウクライナ国内にて「ウクライナにおける日本年」を実施した。1 年を通じて、ウクライナ全土での桜の植樹、日本年を記念する映画・テレビ番組・絵本・ビール等の発表、大小様々な展覧会を通じた伝統文化や現代アート作品の紹介、和太鼓や人形浄瑠璃、茶道デモンストレーション等の文化行事の開催が実施された他、日本からは経団連ミッションがウクライナを訪問し、またウクライナ国民が日本を旅行しやすくするためのビザ取得要件の緩和が発表される等、ウクライナ国民が日本をより深く知ることのできる、多くの機会が実現された一年であった。

　なお、2017 年は、日本とウクライナだけでなく、世界中の国がウクライナとの間で外交関係樹立 25 周年を迎えていた。その中で、日本

だけが追加的に「ウクライナにおける日本年」を祝う権利を得ることができたのである。このことからも、日本とウクライナの関係が非常に高い水準にあることが理解できるであろう。

このように両国関係は近年急速に発展しているが、その背景にはいくつかの注目すべき要因がある。

欧州とアジア：不可分の安全保障

日本は、2014年以降のロシアのクリミア占領・ドンバス侵略を「力による現状変更」であり、決して認めないと表明し、対露制裁の発動と国際機関や G7 等と連携したウクライナ支援を決めた。

安倍首相（当時）は、北方領土問題解決のためにプーチン露大統領と良好な関係を維持しているが、ウクライナ問題に関しては、対露制裁も解除せず、クリミアに関しても原則的な立場を維持した。その立場について、安倍は、2016年10月3日の衆議院予算委員会で民進党（当時）の前原委員の質問に対し、こう説明している。

「ウクライナで起こっていること、あるいは南シナ海で起こっていること、これは両方とも、現状変更の試みであって、認めるわけにはいかないというのが日本の一貫した不変の立場である」

南シナ海問題とは、言い換えれば、中国の問題である。中国は、各国の批判や国際裁判所（南シナ海仲裁裁判）の判決を省みずに、近年、強

北方領土の日の集会参加者（© ヤロスラウ・シャマチイェンコ、2019年2月7日）

大な武力を背景に、領有の認められていない南シナ海の島嶼に軍事施設や人工島を建設し続けている。安倍首相の説明は、日本政府が、ロシアがウクライナに対して行っていることを、中国が南シナ海で行っているのと同じ、「力による現状変更」とみなしていることを意味する。日本政府は、仮に現在のロシアのウクライナに対する行為を許せば、中国が現在行っていること、未来に行うかもしれないことに対する批判が不可能になることを適切に理解していると言える。この国際関係上の論理をもって、日本は国際社会と協力して、ウクライナ問題の解決をサポートしているのである。

二つの不法占領

もう一つ、日本とウクライナの関係を考える際に重要な点がある。2014年3月にクリミアで行われたいわゆる「住民投票」は、ロシア軍の武力占領下で、ウクライナ国内法に反して行われたことから、ウクライナ政府にも国際社会にも、その実施も結果も認められていない。国連総会は、決議をもってこの「住民投票」を無効とし、クリミアは引き続きウクライナ領であると確認するとともに、ロシアを「ウクライナ領クリミアの占領国」と定めている。

そして、この結果、遠く離れる日本とウクライナは、ロシアとの関係で共通の問題を抱えることになったのである。つまり、日本は北方領土を、ウクライナはクリミアを、ロシアに不法に占領されている、という共通点である。この日本が、仮にロシアによるクリミア「併合」を許してしまえば、それ以降、他の国に北方領土問題における自身の主張の正当性を理解してもらうことはできなくなるし、また、将来中国が尖閣諸島だけでなく、例えば沖縄についても「もともと我々の土地であった」と言い出した時、日本が中国を批判することが困難になるのである。

ウクライナ市民の北方領土問題への関心

なお、この「共通の占領」の視点は、日本国内よりも、現在占領をより身近に感じるウクライナでこそ広まっているように思う。少なくと

も筆者は、2014年以降、ウクライナ人の間における北方領土問題に関する高まりを強く感じている。一例を挙げると、日本では毎年2月7日は北方領土の日と定められているが、2017年2月7日、キーウでは、ウクライナ市民が集まり、「北方領土もクリミアも占領されているが、どちらの領土も元の国にである日本とウクライナに返還されるべき。ウクライナと日本は同じ問題を抱えているのだ」として、日本人との連帯を表明する集会が開かれた。2019年の北方領土の日にも、「ロシア！ クリル（千島列島）は日本固有の領土だ」「クリミアはウクライナ領、北方領土は日本領」とのメッセージを掲げるキーウ市民達が集会を開いている（2019年2月25日朝日新聞デジタル「北方領土問題、膨らむ疑心暗鬼 喜田尚」参照）。これらは、ひとえにウクライナ人が現在抱える自国の困難な状況と比較し、似た問題を抱える日本について以前よりよく考えるようになり、結果、日本に共感を覚える市民が増えたからだろうと思う。

日宇安全保障協力のはじまり

　安全保障・国防分野では、日本とウクライナの具体的な協力というものは、これまでほとんど見られなかった。しかし、昨今の二国間関係を受け、小さな変化として、両国の防衛関係者による対話が行われるようになっている。例えば、「ウクライナにおける日本年」最中の2017年2月には元国家安全保障・国防会議書記のパルビー当時最高会議議長が日本を訪問した際、自衛隊の横須賀基地を視察し、防衛省側代表と会談している。同年8月には、日本の防衛省の真部朗防衛審議官がキーウを訪問し、ウクライナ国防省のイヴァン・ルスナク国防第一次官と地域情勢や防衛問題に関する意見交換を行ったことが発表されている。この延長で、2018年10月には、両国の外務・防衛／国防省の高官による「2+2」フォーマットによる第1回安保協議が開催された。加えて同日、ウクライナ国防省と日本防衛省との間で「防衛協力・交流に関する覚書」も署名されている。これらの動きは、緒に就いたとは言えようが、

今後どのように発展していくかは現時点では未知数である。しかし、考えてみれば、ウクライナは、現在世界で唯一ロシアと交戦している国である。同じくロシアの隣国である日本にとって、ウクライナの東部の前線での地上戦の傾向やサイバー空間での戦い、ロシアが展開する電子戦や情報戦を交えたハイブリッド戦争に関する最新の経験を有するウクライナと安保・国防分野の対話は、決して無駄にはなるまい。

日本企業のウクライナ進出

　なお、経済面では、ウクライナがEUに近く、労働力の質が高く安価である、という理由で、日本企業がウクライナに工場を建て、ウクライナで作った製品をEUに輸出する、という新しいビジネスモデルが試されている。かつて、安い労働力を求めて多くの日本企業が東南アジアに工場を建てたが、そのやり方が現在ウクライナで行われているのである。ウクライナ西部のリヴィウ州やテルノーピリ州で、非鉄金属メーカーの株式会社フジクラ等の日本企業の工場が稼働している。

ウクライナ・ラーメン

　ウクライナの社会における日本の人気は高い。両国関係は良好であり、ウクライナの様々なところで日本文化に触れる機会が生まれており、寿司・アニメは言うまでもなく、抹茶、スポーツ、文学、日本語と関心は多岐にわたる。

　その中で、特に近年目立って注目を集めている日本文化が、ラーメンである。5、6年前までは、ラーメンの話をしても「ラーメン？ 何それ？」という反応が多かったが、最近、キーウにはラーメンを提供するお店が増えており、ラーメン・ブームが来ていると言える。しかも、中国の拉面（Lamian）ではなく、日本のラーメン（Ramen）として広まっているのである。欧州で広がったラーメン・ブームがウクライナにも到来したと見ることもできるが、ロンドンやベルリンと違い、ウクライナ在住の日本人が200人程度という中で、ウクライナ人をメイン・ターゲットにラーメンが増えているというのは、大変興味深い。

ラーメン（キーウの Noodle vs Marketing）

日本をイメージしたビール「Do Tokio」（カールシケ醸造所）。ラベルは鶴の絵

日本人を主役にしたウクライナ情報政策省作成短編映画『ジャークユ（ありがとう）』YouTube で公開されている（https://www.youtube.com/watch?v=DCmduC5w3_s）

しかし、ラーメンが食べられるところが増えたのは事実だが、正直に言えば、日本人の口に合うラーメンばかりではない。数の限られた美味しいラーメンの中で、おすすめは「Noodle vs Marketing」という名前のラーメン屋。ここの店長のジェーニャ・ミハイレンコさんは、「ウクライナには、一つの食事だけを提供し、お客さんがさっと入ってさっと食べられるお店がこれまでなかった。ラーメンだけを出す店を作りたかった」と述べるが、実は、日本どころかアジアにも全く行ったことがなく、日本のラーメンの味は全く知らないという。その中で、入手可能な情報と料理人としての自分の知識を融合させて、ウクライナの食材のみを使ったウクライナ風ラーメンを開発したのである。ここのラーメンの味は、少し日本のラーメンとは違うが、「これはこれでおいしい」と思える丁寧な味。料理の基本がしっかりしているのであろう。自家製麺はコシがしっかりしており、食べ応えがあるし、スープは、鶏ガラベースらしいが、日本のラーメンとは違う隠し味があるようで、ウクライナ料理を思わせるコクが出ている。ピンク色の半熟卵は、一見ドキッとするが、実はビーツで着色したもので、味は良い。このお店のウクライナ・ラーメン、味にうるさいキーウっ子の間で瞬く間に大人気となり、最近では開店前から行列ができるほどの人気店となっている。ソ連時代はともかく、現在キーウで行列ができる店はほとんどないので、ここのラーメン人気は異例である。

このお店のもう一つ面白いところは、通常、ウクライナは他のヨーロッパの国同様、食事をする時に音を出すのはマナー違反と思われるのだが、店長のジェーニャさんが「ラーメンはすって食べるものだ」とわざわざ自分で麺をすすって見せるデモンストレーション動画を公開しており、お客の中にもそれに習って、麺をすする人が増えてきていることである。スープを飲む際に丼を手で持って飲む、というのも、ウクライナの伝統ではタブーだが、このお店では問題ない。このように随所に日本の食文化を伝えようとする努力が見られるのだ。

なお、キーウ以外にも、リヴィウ、ハルキ

ウ、ドニプロなどでもラーメン人気は広まっている。

在日ウクライナ人コミュニティ

「ウクライナ人」と言っても、皆が皆ウクライナで暮らしているわけではない。多くのウクライナ人が海外で仕事を見つけたり、結婚を機に移住したり、留学などの様々な理由で外国に滞在したりしており、その中で何らかの理由で日本で暮らすウクライナ人も少なからずいるのである。

2018年6月時点の日本政府公開の統計データでは、1855人の在留ウクライナ国籍者が登録されている。

それぞれの生活はもちろん千差万別ではあろうが、それでも彼らが日本でどのような生活をしているのか興味のある方もいらっしゃるかもしれない。そのような方達には、在留ウクライナ人の一部が運営している「クラヤニー（Краяни）」（「端っこで暮らす人々」の意）という名前のコミュニティを紹介したい。

クラヤニーの参加者達は、ウクライナの祝日を日本で祝うイベントを開いたり、ウクライナ本土と連携した公共パフォーマンスを実施したり、日本人向けにウクライナ料理教室を開いたりしている。中でも目立ったものは、東京ウクライナ・パレードである。参加者達は、ウクライナの民族衣装ヴィシヴァンカを着て、東京の銀座を練り歩き、その後広場に移動し、ウクライナの民謡等を歌いながら、参加者同士で交流している。誰でも参加可能である。類似のイベントは、名古屋でも開かれている。

また、在日ウクライナ人もウクライナ本国の情勢に呼応し、例えば、2014年から続くロシアによるウクライナ領クリミア・ドンバスの占領について、日本にあるロシア大使館や総領事館の前で抗議を行うこともある。

日本でのウクライナの民族楽器演奏

また、ウクライナの民族楽器バンドゥーラを演奏する在日ウクライナ人もいる。最も有名なのは、ナターシャ・グジー。6歳の頃にチェルノブイリ原発の際に被曝し、避難生活を経て、

ヴィシヴァンカを着るパレード参加者

クラヤニーの使っているマーク

近年ウクライナ発3Dアニメが進化している。新作ウクライナ・アニメ映画『MAVKA. The Forest Song』の一場面。作家レーシャ・ウクラインカの『森の歌』を題材にし、森の精霊「マウカ」を主役にしたもの。

1980年、ウクライナ・ソヴィエトで作られた児童向けアニメ『カピトーシカ（Капітошка）』の一場面。喋ったり飛び跳ねたりするしずくと、子供の狼が出会い、仲良くなる話。

ナターシャ・グジー　　　カテリーナ

絵本『てぶくろ』

ウクライナ人と日本人（© 夏目）

現在は日本で音楽活動している。バンドゥーラで日本の有名な曲も弾ける彼女は、日本のテレビにもしばしば取り上げられている。

　もう一人、日本国内で活動するバンドゥーラ奏者が、カテリーナである。幼少期からバンドゥーラの演奏を学んだ彼女は、2008年に東京へ活動拠点を移し、以後も精力的な演奏活動を行っている。

　その他にも、日本の様々な分野で活躍するウクライナ人がいる。歴史研究者のオリガ・ホメンコの他、若いアンドリー・ナザレンコやアンドリー・グレンコが保守層に人気があり、三者とも書籍を出版している。

　本といえば、日本ですっかり定着しているウクライナ発のものとして、絵本好きなら一度は見かけたことがあるであろう昔話『てぶくろ』がある。冬の森の中に落ちている手袋にたくさんの森の動物が集まってくる……という、この楽しくてユーモアのある昔話は、実はウクライナの民話なのである。ウクライナ語の名前も、てぶくろを意味する「ルカヴィーチカ（Рукавичка）」。自然とともに文化を育んできたウクライナらしい昔話だ。

未来に向けた二国間関係

　ところで、日本とウクライナについて述べる時、しばしば両国はサムライとコサックに例えられることがある。遠く離れた国であるが、武士と戦士は自ずと通じるものがある、だからこそウクライナの危機において日本はいち早く手を差し伸べてくれたのだ、という、多分にナイーブかつ、ファンタジーじみた話である。しかし、現実は、面白いことにこのファンタジー以上に関係が発展してきていることである。これは、皆がウクライナを訪問し、ウクライナ人と話をしてみれば感じることであろう。「困難な時に助けてくれるのが真の友人であるが、ましてやはるか遠くのアジアから、日本はウクライナを助けてくれた」と多くのウクライナの人達があなたの訪問を大いに歓迎してくれることであろう。そして、あなたがウクライナを知ることは、日本とウクライナの関係を更にもう少しだけ前に進めるのである。

参考文献

日本語

伊東孝之、井内敏夫、中井和夫編『ポーランド・ウクライナ・バルト史』山川出版社、1998 年
黒川祐次『物語　ウクライナの歴史——ヨーロッパ最後の大国』中公新書、2002 年
チャールズ・キング（前田弘毅他訳）『黒海の歴史——ユーラシア地政学の要諦における文明世界』明石
　　書店、2017 年
林佳世子『オスマン帝国 500 年の歴史』講談社、2016 年
ヘロドトス（松平千秋訳）『歴史』（全 3 巻）岩波文庫、1971 年
六鹿茂夫編『黒海地域の国際関係』名古屋大学出版界、2017 年
中井和夫『ウクライナ・ナショナリズム——独立のディレンマ』東京大学出版界、1998 年
野村真理『ガリツィアのユダヤ人——ポーランド人とウクライナ人のはざまで』人文書院、2008 年
西谷公明『通貨誕生——ウクライナ独立を賭けた闘い』都市出版、1994 年
真野森作『ルポ　プーチンの戦争』筑摩書房、2018 年
小泉悠『「帝国」ロシアの地政学「勢力圏」で読むユーラシア戦略』東京堂出版、2019 年
中澤英彦『ニューエクスプレス　ウクライナ語』白水社、2009 年
アンドレイ・クルコフ（吉岡ゆき訳）『ウクライナ日記　国民的作家が綴った祖国激動の 155 日』ホーム
　　社、2015 年
藤井悦子、オリガ・ホメンコ訳『現代ウクライナ短編集』群像社、2005 年
オリガ・ホメンコ『ウクライナから愛をこめて』群像社、2014 年
ショレム・アレイヘム（西成彦訳）『牛乳屋テヴィエ』岩波書店、2012 年
アンドレイ・クルコフ（沼野恭子訳）『ペンギンの憂鬱』新潮社、2004 年
タラス・シェフチェンコ（藤井悦子訳）『シェフチェンコ詩集　コブザール』群像社、2018 年
佐藤康彦『イスラエル・ウクライナ紀行——東欧ユダヤ人の跡をたずねて』彩流社、1997 年
岡部芳彦『マイダン革命はなぜ起こったか』ドニエプル出版、2016 年
服部倫卓、原田義也編『ウクライナを知るための 65 章』明石書店、2018 年
数多久遠『北方領土秘録 外交という名の戦場』祥伝社、2018 年
O．ボティチャク、V．カルポフ、竹内高明（長勢了治訳）『ウクライナに抑留された日本人』東洋書店、
　　2013 年
服部倫卓『ウクライナ・ベラルーシ・モルドバ経済図説』東洋書店、2011 年
『ユーラシア研究　第 51 号　特集：ウクライナ問題』ユーラシア研究所、2014 年

英語

Alan W. Fisher *The Crimean Tatars* (Hoover Institution Press Publication), Stanford, Hoover Press, 1978.
Anne Applebaum, *Red Famine: Stalin's War on Ukraine*, New York, London, Toronto, Sydney and Auckland,
　　Doubleday, 2017.
A.Markoff, *Famine in USSR*, Paris, The Russian Economic Bulletin, No.9, 1933.
Charles King, *The Black Sea: A History*, New York, Oxford University Press, 2004.
Darya Kavitskaya, *Crimean Tatar*, Muenchen, Lincom Europe, 2010.
Ian Moris, *The Measure of Civilization*, N.J., Princeton University Press, 2013.
Marko Pavlyshyn, *Lonely Planet Ukrainian Phrasebook & Dictionary*, Lonely Planet, 2014.
Olena Bekh and James Dingley, *Complete Ukrainian: Teach Yourself*, London, Teach Yourself, 2016.
Orest Subtelny, *Ukraine: A History*, Toronto, University of Toronto Press, 1987.
Paul Robert Magocsi, *This Blessed Land: Crimea and the Crimean Tatars*, Toronto, University of Toronto Press,
　　2014.
Paul Robert Magocsi, *A History of Ukraine*, Toronto and London, University of Washington Press, 1996.

Volodymyr Yermolenko, ed. *Ukraine in Histories and Stories. Essays by Ukrainian Intellectuals*, Kyiv, Internews Ukraine, 2019.

ウクライナ語

Бестерс-Дільґер. Ю. *Мовна політика та мовна ситуація в Україні* / Київ. : Видавничий дім «Києво-Могилянська академія», 2010.

Бєлєсков М. *Аудит зовнішньої політики: Україна-Японія* / Київ. : Інститут світової політики, 2016.

Бурдо Н., Відейко М. *Трипільська культура: Спогади про золотий вік* / Харків. : Фоліо, 2007.

Галушко К. *Росіяни в Україні* // Енциклопедія історії України : у 10 т. / редкол.: В. А. Смолій та ін. : Інститут історії України НАН України. — Київ. : Наукова думка, 2012. — Т. 9 : Прил — С. — С. 334.

Гайворонський О. *Країна Крим. Нариси про пам'ятки історії Кримського ханату.* / Київ-Бахчисарай. : Майстер Книг, 2017.

Грицак Я. *Нариси Історії України: Формування модерної української нації XIX-XX ст.* / Київ. : Генеза, 2000.

Грушевський М. *На порозі нової України: гадки і мрії* / Київ. : Петро Барський у Київі, 1918.

Касьянов Г. *Україна 1991 – 2007. Нариси новітньої історії.* / Київ. : Наш час, 2007.

Касьянов Г., Смолій В., Толочко О. *Україна в російському історичному дискурсі: проблеми дослідження та інтерпретації* / Київ. : Національна академія наук України Інститут історії України, 2013.

Комар В. *Східна політика Польщі 1918—1921 рр.: від федералізму до прометеїзму* / Володимир Комар. // Україна: культурна спадщина, національна свідомість, державність. — 2009. — 18. — С. 42-50

Корній Л., Сюта Б. *Українська музична культура. Погляд крізь віки* / Київ. : Музична Україна, 2014.

Логвиненко Б. *Ukraїner. Країна зсередини.* / Львів. : Видавництво Старого Лева, 2019.

Мусаєва С., Алієв А. *Мустафа Джемілєв. Незламний.* / Харків. : Vivat, 2017.

Соболєва О. *Кримськотатарська кухня* / Київ. : їzhak, 2019.

Чухліб Т. *Козаки і татари. Українсько-кримські союзи 1500−1700-х років* / Київ. : Києво-Могилянська академія, 2017.

Яковенко Н. *Нариси Історії України з найдавніших часів до кінця XVIII ст.* / Київ. : Генеза, 1997.

Якубович М. *Філософська думка Кримського ханства.* / Київ. : Комора, 2017.

Особливості релігійного і церковно-релігійного самовизначення українських громадян: тенденції 2010-2018рр. / Київ. : Центр Разумкова, 2018.

ロシア語

Маркевич Н. *Обычаи, поверья, кухня и напитки малороссиян.* Киев, 1860.

Усейнов С.М. Миреев В.А. Сахаджиев В.Ю. *Изучайте крымскотатарский язык.* Симферополь, Оджакъ, 2005.

クリミア・タタール語

Abibullaeva E.E. Belalova L.N. *Oquv körgezme qullanması*, Fidançıq, Simferopol-Aqmescit, 2018.

Web サイト

ウクルインフォルム日本語版　https://www.ukrinform.jp/
便りがないのは良い便り～ Pas de Nouvelles, Bonnes Nouvelles ～（まーりゃさん夫婦のブログ）
https://nouvelles.blog.shinobi.jp/

あとがき

　なぜウクライナに関心を持ったのか、と聞かれたら、高校生の時、進路に悩んでいた際に、自宅にあった父所有の地理の本にてウクライナの存在を知り、興味が湧いたからだと答えている。確か東欧についての本で、20ページぐらいのところに、ウクライナの文化、言語、歴史、産業について手短かながらもわかりやすく紹介され、独立したこの国で、言葉や伝統、様々なものが復興していると書いてあったのだと思う。それは面白いな、もっと知りたいな、と思っていたら、丁度自宅にインターネットがやってきたので、色々検索していると、ジオシティーズのチャットでカルムイク研究者の荒井幸康さんと偶然知り合い、東京でウクライナ語を教える方がいると聞き、上京した。大学一年生の冬休みにカムチャッカに旅行したのだが、その時ラジオから聞こえてきた音楽に一耳惚れして買ったCDが、ウクライナのオケアン・エリジ（Океан Ельзи）だった（曲名は「カーヴァチャイ（Кавачай）」）。大学二年生の夏にはヤフオクで買ったウクライナー眼レフの「キエフ19（Киев19）」を持ってインドに40日間の旅行をした。その半年後に、キーウを初めて訪れた。その時の20歳の私のはじめての感動はこの本の「はじめに」に少し反映されている。そうこうしているうちに、気がつくと私の人生は写真とウクライナで一杯になっているが、ウクライナは深く掘り下げても広く歩き回っても面白く、飽きも後悔もない。

　それより問題は別のところにある。日本でのウクライナの情報は、必要に迫られた時に、ロシアを中心に活動する方により片手間に伝えられることが多かった。その結果、ウクライナは、戦争、チョルノービリ（チェルノブイリ）、汚職、旧ソ連、貧困という負の言葉にまみれ、「う……、暗いなぁ」というイメージをまとってしまったように思う。とりわけ、2014年に戦争が始まり、いわゆる「フェイクニュース」によりウクライナについてあることないことが拡散されるようになると、情報はいよいよ混乱を極めた。世に言うハイブリッド戦争の一端である。

　これはさすがに私も知っている範囲で何か世に伝えなければいけないぞ、との思いが強くなったが、しかし一体、ありのままのウクライナを伝えるにはどうしたら良いものか。とりあえずツイッターに何か書いてみるか、と、情報の海に向かい色々呟いていたら、友達ブロガーのまーりゃさんづてでパブリブの濱崎誉史朗さんから連絡があり、『ウクライナ、明るいな』という題名で本を書いてみないかとの提案を受けた。これは渡りに船だと思い、快諾した。以降、今日まで濱崎さんとは建設的に妥協することなく楽しく執筆が行えた。私の当初抱いていた曖昧なイメージを本の形にまで昇華することができたのは、間違いなく濱崎さんの助言と熱心な協力のおかげである。心からの感謝を伝えたい（なお、提案された題名を巡る議論は紛糾した）。

　執筆に際し、後押しとなったのは、ある雨の日の早稲田で友人と二人で聞いた、東京外国語大学名誉教授の中澤英彦先生からの「一人一冊」とのお言葉である。ウクライナに携わる者一人一人が一冊ずつ本を書いて必勝、というわけだ。また、大学時代のゼミ友で、ロシア・ユダヤ史研究の鶴見太郎君には、いくつか原稿の確認をしてもらい、有益なコメントをもらった。『タタールスタンファンブック』のタタ村こと櫻間瑞希さんには、クリミア・タタールとヴォルガ・タタールの比較という貴重な原稿を提供して頂いた。チェルカーシ国立大学のフェージル・ホンツァ（Федір Гонца）君とカバーのオタマンを描いた画家のナターリヤ・パウルセンコ（Наталія Павлусенко）さんは、作品を無料提供して下さった。皆に大変感謝している。

　こうして出来上がるこの本は、一つ一つの場所を訪れ、写真を撮り、人と話し、蓄積された知識を伝えることを通じて、楽しくおいしく美しいウクライナを様々な工夫でわかりやすく伝えることを目的にしている。この本を手に、多彩な伝統、深みある文化、複雑な歴史を持つウクライナを訪れる方が一人でも増えたら嬉しい。

　なお、この「あとがき」を書くにあたり、少し気になり、実家の父に私が高校の時にウクライナを発見した本を探してもらった。書名は『地球を旅する地理の本』（大月書店、1994年）とのこと。なかなか良い名前である。さしづめ、この『ウクライナ・ファンブック』は、その本に触発されて地球を旅した一読者による一つの結果であろう。この本も、次の誰かの旅と発見に繋がればと思う。

平野高志　Hirano Takashi

1981 年、鳥取県生まれ。東京外国語大学ロシア・東欧課程卒。2013 年、リヴィウ国立大学修士課程修了（国際関係学）。2014 〜 18 年、在ウクライナ日本国大使館専門調査員。2018 年より、ウクルインフォルム通信日本語版編集者。キーウ在住。写真家としても活動。

Tumblr : https://hiranotakashi.tumblr.com/
Twitter : https://twitter.com/hiranotakasi/
Mail : hiranotakaci@gmail.com

・各都市市街地図 Fedir Gontsa 提供
・カバーのコサック［Отаман Іван Сірко］絵画
　Natalia Pavlusenko 提供

世界過激音楽 Vol.9
東欧ブラックメタルガイドブック２
ウクライナ・ベラルーシ・バルト・バルカンの暗黒音楽
岡田早由
第２弾は旧ソ連構成国「新東欧」とバルカン
ブラックメタルは更に過激化！
ウクライナ侵略で民族主義が先鋭化！
A5 判並製 328 ページ　2400 円＋税

ニッチジャーニー Vol.1
ウクライナ・ファンブック
東スラヴの源泉・中東欧の穴場国

2020 年 3 月 1 日　初版第 1 刷発行
2022 年 4 月 1 日　初版第 3 刷発行
著者：平野高志
装幀＆デザイン：合同会社パブリブ
発行人：濱崎誉史朗
発行所：合同会社パブリブ
〒 103-0004
東京都中央区東日本橋 2 丁目 28 番 4 号
日本橋 CET ビル 2 階
03-6383-1810
office@publibjp.com
印刷＆製本：シナノ印刷株式会社

世界ディアスポラ列伝 Vol.1
亡命ハンガリー人列伝
脱出者・逃亡犯・難民で知るマジャール人の歴史
木村香織
時代の節目ごとに多くの偉大な亡命者を輩出した
61 人の亡命者の軌跡で辿る激動のハンガリー史
A5 判並製 352 ページ　2600 円＋税